ATLANTIS

Das verborgene Wissen der Welt

BASTEI
LÜBBE

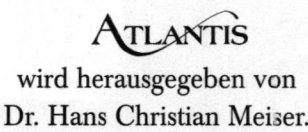

ATLANTIS

wird herausgegeben von
Dr. Hans Christian Meiser.

Über den Autor:

Johannes von Buttlar, 1940 in Berlin geboren, studierte Psychologie, Philosophie, Astronomie, Physik und Mathematik. Er ist laut FOCUS-Magazin einer der erfolgreichsten und meistgelesenen Sachbuchautoren der Gegenwart. Von mittlerweile 23 veröffentlichten Büchern wurden bisher weltweit mehr als 26 Millionen Exemplare in 30 Sprachen verkauft.

ATLANTIS

Johannes von

Buttlar
Zeitreisen

Das »Granny-Paradox« oder
Besucher aus der Zukunft

BASTEI LÜBBE TASCHENBUCH
Band 70163

1. Auflage: Oktober 2000

Vollständige Taschenbuchausgabe
der im Gustav Lübbe Verlag erschienenen Hardcoverausgabe

Bastei Lübbe Taschenbücher und Gustav Lübbe Verlag
sind Imprints der Verlagsgruppe Lübbe

© 1998/2000 by
Verlagsgruppe Lübbe GmbH & Co. KG,
Bergisch Gladbach
Umschlaggestaltung: Wustmann & Ziegenfeuter,
Dortmund
Satz: Textverarbeitung Garbe, Köln
Druck und Verarbeitung: Ebner Ulm
Printed in Germany
ISBN 3-404-70163-1

Sie finden uns im Internet unter
http://www.luebbe.de

Der Preis dieses Bandes versteht sich einschließlich
der gesetzlichen Mehrwertsteuer.

JANNIS
in herzlicher Zuneigung gewidmet

Inhalt

Auftakt

Aller Wahrscheinlichkeit nach werden unsere Nachfahren eher eine bereits existierende Zeitreisemaschine entdecken, mit der sie dann ohne Schwierigkeiten die Vergangenheit aufsuchen können, als sich mit dem Bau einer eigenen zu befassen. So manche begeisterten Verfechter von Zeitreisen gehen davon aus, daß bei uns deshalb noch keine Zeitreisenden aufgetaucht sind, weil die Erfindung der Zeitreisemaschine noch nicht erfolgt ist – so der englische Wissenschaftsautor John Gribbin.

In diesem Zusammenhang ließ man allerdings einige mögliche Erklärungen unberücksichtigt. Einerseits wäre es natürlich möglich, daß deshalb keine Besuche aus der Zukunft zu verzeichnen sind, weil sich die Menschheit selbst um ihre Zukunft betrogen hat. Andererseits ist es aber viel wahrscheinlicher, daß Zeitreisende nicht nur heute, sondern vor allem in der Vergangenheit immer wieder aufgetaucht sind, ohne als solche erkannt worden zu sein.

Darüber hinaus wäre es vorstellbar, daß Zeitreisende möglicherweise einem Gesetz unterliegen, das es ihnen verbietet, in Auftreten und Erscheinungsbild als Besucher aus der Zukunft identifiziert zu werden. Schließlich würden Zeitreisen eine Fülle von Gefahren und Risiken mit sich bringen.

»Die frühen Zeitreisen waren ein riskantes Unterfangen. Vor dem Jahr 2015, als noch Amateure federführend waren, gab es Probleme von geradezu legendärem Ausmaß. So wurde im 21. Jahrhundert eine Hausfrau aus Philadelphia als Hexe verbrannt, weil sie sich ein Zigarillo mit einem Einwegfeuerzeug angezündet hatte. Und ein Versicherungsangestellter aus Los Angeles glaubte, er könnte unbemerkt eine aufregende Nacht im Hause des Sultans Süleiman I. (1494-1566) verbringen. Er kam zwar wieder nach Hause zurück, aber ohne den von den meisten Männern als unentbehrlich erachteten ›kleinen Unterschied‹.

Bald war jede Woche jemand in der Oprah Winfrey Show oder in Geraldos Talk-Show eingeladen, der Horrorgeschichten vom Stapel ließ«, berichten die englischen Autoren Howard J. Blumenthal, Dorothy F. Curley und Brad Williams in ihrer köstlichen Satire: *Reiseführer für Zeitreisende. Touristikinformation für Reisen in die 4. Dimension.*

Inzwischen hat sich das Thema Zeitreisen zum ernsthaften Studienobjekt gemausert – wenn auch vorläufig noch rein theoretisch. Umwälzende naturwissenschaftliche Erkenntnisse nach der Ära Einstein lassen Reisen durch Raum und Zeit – zum Gestern oder Vorgestern, zum Morgen oder Übermorgen – nicht mehr als Utopie erscheinen. Es sollte also auch nicht als abwegig gelten, daß einige faszinierende Persönlichkeiten der Geschichte sowie bisher merkwürdig unerklärliche Erscheinungen, wie beispielsweise einige authentische Zwischenfälle im Zusammenhang mit dem UFO-Phänomen, durch Zeitreisen erklärt werden könnten.

Wenn wir Gefangene der Zeit sind, dann nicht, weil uns ein fundamentales Gesetz abhält, ihre Fesseln zu sprengen. Vielmehr verfügen wir bis jetzt nicht über die notwendige Technologie, um der Zeit zu entfliehen; ebensowenig wie wir vor hundert Jahren der Erde nicht entweichen konnten.

Ich bin fest davon überzeugt, daß der wissenschaftliche Nachweis über die Möglichkeit von Reisen in der Zeit – in die Vergangenheit und in die Zukunft – unmittelbar bevorsteht.

Im Ursprung war die Zeit

Zeitreisen. In der Zeit zu reisen könnte bedeuten, das Schicksal zu revidieren, in andere Bahnen zu lenken oder auch mitzuerleben, wie bedeutende Männer und Frauen Geschichte machen. Es könnte aber ebenso heißen, die Erbauer der Pyramiden oder jene von Stonehenge bei der Arbeit zu bewundern; Jesus von Nazareth, Buddha und Mohammed zu begegnen; im sumerischen Uruk zu wandeln; sich in den Straßen des antiken Griechenland oder des alten Rom zu ergehen.

Es wäre natürlich auch möglich, in die Zukunft zu reisen und sich dort zum Beispiel Informationen über Aktienkurse, technologische Entdeckungen und vieles andere mehr zu beschaffen.

Zeitreisen öffnen Tür und Tor: zur Geschichte unserer Welt, zu unseren Ahnen und in die Zukunft. Sie bieten uns aber nicht zuletzt die Aussicht, die Geheimnisse der Zeiten zu erfassen.

Zeitreisen – nur ein Stoff für Science-Fiction-Lieferanten und -Konsumenten? Weit gefehlt! Denn führende Mathematiker und Physiker haben die Überzeugung gewonnen, daß Zeitreisen im Bereich des Möglichen liegen; und damit stellen sie das althergebrachte Weltbild auf den Kopf.

Zum besseren Verständnis dieses revolutionierenden Konzepts und seiner Konsequenzen müssen wir das faszinierende »Reich der Zeit« näher untersuchen. Allerdings darf nicht vergessen werden, daß der Begriff Zeit vom Menschen erdacht wurde und in Wahrheit lediglich das Standardmaß von Positionsveränderungen eines Objekts im Raum darstellt – vergleichbar dem Uhrzeiger auf dem Zifferblatt. So beruht alles auf den Bewegungen unseres Planeten relativ zur Sonne und schließlich der Abstimmung auf atomare Eigenschwingungen.

Oft wird gesagt, ein dreidimensionales Objekt existiere nicht nur, weil es aus drei Dimensionen besteht, sondern auch, weil sein Platz im Raum von denselben drei Dimensionen als bestimmter Punkt in der Zeit beschrieben wird. So startet beispielsweise ein Flugzeug um zwölf Uhr mittags vom dreidimensionalen Heathrow Airport in London und landet gegen 13.30 Uhr auf dem dreidimensionalen Frankfurter Rhein-Main-Flughafen. Das Flugzeug befindet sich also zu einer bestimmten Zeit an einem Ort und begibt sich dann an einen anderen, alles verglichen mit dem Standardmaß der Positionsveränderung eines Uhrzeigers, während er sich auf dem Zifferblatt fortbewegt. Danach wird der Zeitbegriff als eine Aneinanderreihung von Ereignissen betrachtet – beziehungsweise mit einem Bewegungsablauf in Verbindung gebracht. Bliebe die Zeit theoretisch stehen, gäbe es keine Ereignisse, keine Bewegung mehr.

Beschäftigen wir uns näher mit der Geschichte der Zeitvorstellungen, ist es schon erstaunlich wie unterschiedlich die Auffassungen auf diesem Gebiet sind.

Von allen uns bekannten Völkern waren die Maya von der Zeit am meisten besessen. Wurden im europäischen Altertum die Wochentage als unter dem Einfluß der wichtigsten Himmelskörper stehend betrachtet – Saturn-Tag. Sonnen-Tag, Mond-Tag und so fort –, war für die Maya jeder Tag ein von ihren Göttern bestimmter. Jedes Monument und jeder Altar wurden errichtet, um den Ablauf der Zeit festzuhalten; keiner diente der Verherrlichung von Oberhäuptern oder Eroberern. In der Vorstellungswelt der Maya wurden die Zeitabschnitte als die von einer Hierarchie göttlicher Boten überbrachte Last betrachtet. Sie personifizierten die jeweiligen Zahlen als Perioden, die als Tage, Monate, Jahre, Dekaden und Jahrhunderte unterschieden wurden.

Das Zeitkonzept der Maya war magisch und von Vielgötterei geprägt. Die von den göttlichen Boten benutzte Straße kannte weder Anfang noch Ende, denn die Ereignisse liefen in einem Kalenderzeitrad ab: Daraus wurden – vorgegeben durch die Götter – zyklisch wiederkehrende Pflichten abgeleitet.

Für die Maya hatte die Vergangenheit wesentlich mehr Bedeutung als die Zukunft. Denn ihrer Geschichte entnahmen sie, daß alle wichtigen Ereignisse sich in einem ständig wiederkehrenden Zyklus von zweihundertsechzig Jahren wiederholen.

Schon im antiken Griechenland hatten sich Philosophen mit dem Phänomen Zeit auseinandergesetzt. Beispielsweise machte Heraklit von Ephesos (um 550-480 v. Chr.) einmal folgende Feststellung: »Es ist nicht möglich, zweimal in denselben Fluß zu steigen.« Ereignisse sind demnach nicht wiederholbar. So kann ein Mensch nicht ein zweites Mal an derselben Stelle in einem Fluß die gleichen Umstände erleben, da es sich am nächsten Tag weder um dasselbe Wasser, denselben Ufersand noch dasselbe Flußbett handelt. Auch der Mensch hat sich verändert; er ist um einen Tag älter geworden und hat neue Erfahrungen gesammelt. Mit diesem Beispiel bezieht sich Heraklit auf den irreversiblen Ablauf der Zeit, den sogenannten Zeitpfeil.

Der Philosoph Anaximander aus Milet (um 610-546 v. Chr.) hingegen ging von der Überlegung aus, daß, woraus auch immer etwas hervorgegangen sein mag, es naturgemäß in den Zustand zurückkehrt, aus dem es entstanden ist. Anfang und Ende sind eins. »Etwas« ist sich seines Ursprungs bewußt; daher kehrt es in einem stetig wiederkehrenden Zyklus an seinen Ausgangspunkt zurück. Ein Zeitkonzept, in dem sich alles im Kreis bewegt, rückgekoppelt und umkehrbar ist.

Schon zu Beginn der Überlegungen im Zusammenhang mit dem Problem Zeit stellte sich heraus, mit welchen Schwierigkeiten die Erstellung eines einheitlichen Zeitkonzepts verbunden ist. So darf es weiter nicht verwundern, daß sich beide Auffassungen – das Zeitpfeil- und das Zeitkreiskonzept – so lange gehalten haben.

Mit Beginn der wissenschaftlichen Revolution im 17. Jahrhundert setzten sich bedeutende Denker zunehmend mit dem Problem Zeit auseinander. Vor allem der deutsche Philosoph Immanuel Kant (1724-1804) spielte dabei eine herausragende Rolle. Denn er ging davon aus, Zeit stehe mit Intuition im Zusammenhang, sei also eher subjektiver Natur, und der Gedanke einer wissenschaftlich linear verlaufenden Zeit sei als Konsequenz der Tatsache anzusehen, daß wir rationale Kreaturen sind.

»Raum und Zeit sind weder reine Relationsbegriffe noch absolute Bedingungen der Möglichkeit der Dinge an sich selbst, sondern subjektive Formen, unter denen der Mensch die Dinge betrachtet«, sagte Kant.

Gegen Ende des vergangenen Jahrhunderts wurde nachgewiesen, daß die Kantsche Theorie über die Zeit, vor allem auch aus psychologischer Sicht, nicht zufriedenstellend ist. In einem aufsehenerregenden Essay über die Entwicklung unseres Zeitkonzepts argumentierte der Franzose Jean-Marie Guyau (1854-1888), die Zeitvorstellung sei als Konsequenz unserer Erfahrungen mit der Welt und als Resultat einer langen Evolution entstanden. Sobald sich der Mensch durch die eigenen Bewegungen einer räumlichen Vorstellung bewußt werde und darüber nachdenke, führe dies im Zusammenhang mit Anstrengung und Erschöpfung möglicherweise zu einem Zeitgefühl. Nach Guyau ist der Mensch im Besitz einer den Tieren fehlenden »Kraft«, die ihn befähige, den Gedanken Zeit aus dem Wiedererkennen oder bestimmte Merkmale aus dem Bewußtsein abzuleiten, die für unsere Erfahrungsdaten charakteristisch sind.

Viel Zeit und Kraft wurden darauf verwendet, die physiologische und psychologische Basis unseres Zeitbewußtseins zu ergründen. Traditionsgemäß betrachten wir unseren Körper als mit den drei physischen Sinnen – dem Sehen, dem Hören und dem Fühlen – ausgestattet, ergänzt durch die zwei chemischen Sinne Geschmack und Geruch. Haben wir aber nicht darüber hinaus ein bestimmtes Empfinden für die Zeit, eine Art Zeitsinn für das Vorher, Jetzt und Nachher?

So argumentierte zum Beispiel der österreichische Physiker und Philosoph Ernst Mach (1838-1916), Wegbereiter der Einsteinschen Relativitätstheorie, daß uns eine spezielle Sinneswahrnehmung direkten zeitlichen Bewußtseins zu eigen sei, verbunden mit der Fähigkeit, unsere Aufmerksamkeit von einer Sache auf die andere zu konzentrieren.

Der französische Psychologe Pierre Janet (1859-1947) wies 1928 die Idee zurück, wir seien mit einem speziellen Zeitsinn ausgestattet.

Es ist müßig, hier alle widersprüchlichen Argumente und Theorien zum Begriff Zeit aufzuführen. Über ein Problem, das den englischen Naturforscher Robert Hooke (1635-1703) bereits im 17. Jahrhundert irritierte, machte er sich mit folgenden Worten Luft: »Ich würde bezweifeln, welchen Sinn es haben sollte, über Zeit informiert zu werden; denn alle Informationen, die wir über unsere Sinne erhalten, sind flüchtiger Natur und halten nicht länger als der vom Objekt übermittelte Eindruck ...«

Da sich Mathematiker, Physiker, Philosophen und Psychologen mit dem Phänomen Zeit befaßt haben, ist es verständlich, daß sich aus den verschiedensten Standpunkten auch entsprechend unterschiedliche Modellvorstellungen entwickelt haben.

Es bringt uns nicht weiter, wenn wir vorgeben, die Zeit habe nur durch das menschliche Bewußtsein Bedeutung erlangt. Denn selbst wenn die Menschheit plötzlich unterginge, würde das Universum mit seinem Raum, seiner Zeit, Materie und Energie sowie seinen mehrdimensionalen Bewegungsabläufen fortbestehen.

Erst die rasante Fortentwicklung der modernen Astronomie und Physik brachte neue Perspektiven des Phänomens Zeit in unserem Universum mit sich. Noch zu Anfang dieses Jahrhunderts (1908) war das Universum für die Astronomen wesentlich kleiner als heute. Genauer gesagt, die in ihren Ausmaßen noch nicht völlig erfaßte Milchstraße wurde als Grenze betrachtet. Zudem gingen die Wissenschaftler davon aus, der Kosmos sei grundsätzlich beständig, unveränderlich und in seinen Gesetzmäßigkeiten so verläßlich wie ein gut funktionierendes Uhrwerk.

Allerdings befand sich die klassische Physik schon längst in einer Krise. Es brodelte unter der Oberfläche. Verantwortlich dafür war eine Reihe von genialen Denkern, die hartnäckig den Umsturz, eine Neuordnung des bisherigen Weltbildes anstrebten.

Nach den Erkenntnissen des 19. Jahrhunderts stand fest, daß es sich bei Magnetismus und Elektrizität um artverwandte Phänomene handelt. So beschrieb Michael Faraday (1791-1867) als erster präzise die Zusammenhänge zwischen Magnetismus und Elektrizität. Die erfolgreiche Einführung des sogenannten Feldbegriffs, den der Schotte James Clerk Maxwell (1831-1879) mathematisch umgesetzt hatte, war nicht nur eine hinreichende Erklärung für seine Beobachtungen, sondern auch für die Entstehung der Newtonschen Fernwirkung. Denn Sir Isaac Newton (1643-1727) zufolge wirkt eine Kraft unmittelbar und ohne Zeitverzögerung.

Bis dahin konnte allerdings nicht erklärt werden, wie diese Kraft die Zwischenräume von einem Objekt zum anderen überbrückt. Durch die Existenz überall vorhandener Feldlinien ließen sich jedoch die Beziehungen verschiedener Körper zueinander erklären, zwischen denen sich elektrische oder magnetische Reaktionen abspielen. Maxwell erbrachte den mathematischen Nachweis, daß Elektrizität und Magnetismus eine einzige Grundkraft verkörpern: die elektromagnetische Kraft.

Eine Konsequenz aus der Maxwellschen Gleichung war die Tatsache, daß sich elektromagnetische Felder im Vakuum mit rund dreihunderttausend Kilometern in der Sekunde fortbewegen, also mit der bereits unabhängig davon festgestellten Geschwindigkeit des Lichts. Demnach schien Licht mit einer elektromagnetischen Welle einer bestimmten Frequenz identisch zu sein.

Durch den Faradayschen und den Maxwellschen Feldbegriff wurde das physikalische Weltbild grundlegend erweitert. Bis dahin waren nur Materie und auf sie einwirkende Kräfte bekannt. Seit Maxwell kann physikalische Realität jedoch auf zweierlei Arten in Erscheinung treten: sowohl in Form von Materie als auch in der von Feldern.

1905 wurde in der Fachzeitschrift *Annalen der Physik* eine epochemachende Arbeit veröffentlicht, die von einem damals noch völlig unbekannten jungen Mann stammte, einem sechsundzwanzigjährigen Patentsachbearbeiter aus Bern namens Albert Einstein (1879-1955). Ihm sollte es gelingen, das damals vorherrschende Raum-/Zeitverständnis radikal zu verändern.

Um die Entwicklung des Weltbildes vor Einstein verständlicher zu machen, wollen wir kurz auf einige wesentliche Wendepunkte in der Astronomie eingehen.

Beginnen wir mit dem um 100 n. Chr. geborenen griechischen Naturforscher und Astronomen Claudius Ptolemäus, der im zweiten Drittel des 2. Jahrhunderts in Alexandria lebte. Seine hinterlassenen wissenschaftlichen Erkenntnisse und Werke zeigten bis ins 17. Jahrhundert (!) hinein Wirkung. Sein astronomischer Nachlaß, in dem er Errungenschaften seiner Zeit erfaßt, neu geordnet und in vieler Beziehung ergänzt hat, ist am nachhaltigsten geblieben. Schließlich vereinte er die verschiedenen Vorstellungen über den Kosmos in einem konzentrischen Weltbild mit der absoluten Kugelform als Ausgangspunkt sowie mit mathematischen Berechnungen.

Das ptolemäische Weltbild zeigte die Erde umgeben von Feuer, Luft und Wasser. Die Kristallsphäre des Mondes drehte sich mit ihren Elementen über der Erde und unterhalb der Sonnen- und Planetensphäre. Eine merkwürdige »Zwiebel«, die ihrerseits von der Sphäre der Fixsterne eingehüllt war. Das Ganze war schließlich von der »Primummobile«-Sphäre umgeben.

Da Ptolemäus überzeugender argumentieren konnte als seine Konkurrenten, gelang es ihm, seine Vorstellungen durchzusetzen. Ergebnis: Das ptolemäische Weltsystem konnte seine herrschende Rolle tausend Jahre behaupten. Trotzdem kam es bereits zu Zeiten Leonardo da Vincis (1452-1519) zu verbissenen, ketzerischen Diskussionen über die Eigenrotation der Erde und ihren Umlauf um die Sonne – wofür nicht zuletzt Nikolaus Kopernikus (1473-1543) verantwortlich war.

Der in Thorn an der Weichsel geborene Kopernikus wollte seine Studien im Süden Europas vervollständigen und schrieb sich deshalb Ende 1496 in die Studienliste der Universität Bologna ein. Schon nach kurzer Zeit wurde Kopernikus Assistent des Astronomen Domenico Maria di Novara (1464-1514), mit dem ihn später eine enge Freundschaft verband. Offenbar wurde bereits zu dieser Zeit der Grundstein für die kopernikanischen Ideen vom heliozentrischen System gelegt. Denn Novara, der lediglich aus finanziellen Gründen für das ptolemäische Weltbild eintrat, schien seinen intellektuellen Wissensstand allem Anschein nach von Platon (427-348/347 v. Chr.) und Aristarchos von Samos (um 310 - um 230 v. Chr.) abzuleiten.

Dieser griechische Astronom hatte sich bereits in der Antike für ein heliozentrisches Weltbild eingesetzt, in dem die Erde um die Sonne rotiert. Seine Zeitgenossen hatten gegen diese Anschauung allerdings Widerspruch erhoben.

1505 kehrte Nikolaus Kopernikus in die Heimat zurück. Von seinem Italien-Aufenthalt nahm er die feste Überzeugung mit, daß das heliozentrische System auf Tatsachen beruht. Schon damals ging er davon aus, daß die Sonne der Mittelpunkt der kreisförmigen Planetenbahnen ist, daß also die Erde die Sonne umkreist und sich gleichzeitig täglich einmal um die eigene Achse dreht und andererseits der Mond seine Bahn um die Erde zieht.

Auf Betreiben seines Onkels, des Bischofs Watzenrode, war Kopernikus schon 1497 in das ermländische Domkapitel zu Frauenburg aufgenommen worden. Nach dem Ableben des Bischofs im Jahr 1512 wurde er unter anderem auch mit dem Amt eines Kanzlers des Frauenburger Domkapitels betraut. Zwischen 1512 und 1530 – den Jahren seiner Tätigkeit für das Bistum Ermland – konzentrierte sich seine Arbeit darauf, sein Weltbild mit den Himmelsphänomenen in Einklang zu bringen. Das Manuskript seines Werkes *De revolutionibus orbium cœlestium libri VI* übergab er dem Bischof von Kulm erst auf dessen eindringliche Bitten hin. Die Veröffentlichung erlebte Kopernikus jedoch nicht mehr: Die erste gedruckte Version seines Lebenswerks konnte man ihm am 24. Mai 1543 nur noch in die erstarrten Hände legen.

Das neue Weltbild verursachte zunächst kein Echo. Da es sich mit dem Wahrnehmungsvermögen der Sinne nicht vereinbaren ließ, wurde es nicht verstanden.

Bedauerlicherweise hatte Kopernikus nicht völlig mit der Tradition gebrochen, sondern an der irrigen Auffassung festgehalten, daß sich die Planeten in absolut perfekten Kreisbahnen bewegten. Das beeinträchtigte die Klarheit seines Himmelsschemas ganz erheblich.

In Unkenntnis der Bewegungsgesetze kam es außerdem zu ernsthaften Diskussionen: Wenn sich die Erde tatsächlich wie ein Kreisel drehte, müßte doch alles, was nicht fest mit ihrer Oberfläche verbunden war – also auch die Menschen –, heruntergeschleudert werden. Schließlich war der Ruhezustand Voraussetzung für die Stabilität der Erde! Darüber hinaus müßten durch die scheinbare Bewegungslosigkeit der Sterne derart phantastische Entfernungen im Spiel sein, daß sich diese mit den vorherrschenden Ansichten nicht in Einklang bringen ließen.

Selbst der bedeutende Astronom Johannes Kepler (1571-1630) betrachtete sie als »schwer verdauliche Brocken«. Kopernikus war sich natürlich darüber im klaren, daß sich mit der Umlaufbahn der Erde stellare perspektivische Verschiebungen ergeben mußten, auch wenn er fest damit rechnete, daß zukünftige Entfernungsmessungen seine Theorie belegen würden.

Mit der eher zufälligen Entdeckung des Fernrohrs durch den holländischen Brillenmacher Hans Lipershey im Jahr 1609 erweiterte sich der astronomische Horizont in kaum vorstellbarem Maß. Galileo Galilei (1564-1642), der 1609 in Padua davon gehört hatte, machte sich daraufhin unverzüglich an die Arbeit und baute – ohne Einzelheiten zu kennen – eine mit optischen Gläsern ausgestattete »Röhre«. Schon 1610 erntete er den Lohn seiner Arbeit, als es ihm gelang, mit seinem Instrument die Mondgebirge, die Satelliten des Jupiter und die Milchstraße näher in Augenschein nehmen zu können. Als er 1611 die Venusphasen, die Sonnenflecken und letztlich auch die Saturnringe identifizieren konnte, war der Anfang zur »Entschleierung« des Himmels gemacht.

Damit war zwar eine brillante Illustration des kopernikanischen Systems gelungen, jedoch keine Demonstration desselben. Aber der von dem neuen Weltbild absolut überzeugte Galilei konnte es in seinen berühmten *Dialogen* literarisch so überzeugend präsentieren, daß es nun allgemein akzeptiert wurde. Im wesentlichen setzte sich Galilei für die neuen Ansichten ein – durch Anerkennung der Bewegungsgesetze sowie einer Kraft als Bewegungsursache. Das nunmehr allen physikalischen Zaubers beraubte Himmelsproblem wurde dem Verstand als rein mechanisches Phänomen erklärt. Von nun an waren die Planeten gewöhnliche Projektile, die klare Überlegungen über die Natur ihrer Bahnen erlaubten.

Seinen Einsatz für die kopernikanische Lehre mußte Galilei allerdings teuer bezahlen. In endlosen Auseinandersetzungen mit der katholischen Kirche hatte er bei jedem Papstwechsel immer wieder um die Anerkennung dieses Weltbildes nachgesucht, ja, gerungen. Doch vergeblich. Am Ende wurde er wegen Ketzerei vor das Inquisitionsgericht zitiert.

Doch im Gegensatz zu dem italienischen Dominikanermönch Giordano Bruno (1548-1600), der wegen Ketzerei sieben Jahre lang ohne Urteilsspruch eingekerkert war und schließlich in Rom auf dem Scheiterhaufen verbrannt wurde, gelang es den kirchlichen Schergen, Galilei so lange »garzukochen«, bis er der vermeintlichen Irrlehre abschwor.

Zu lebenslänglichem Hausarrest verurteilt, durfte er bis zu seinem Lebensende sein Landhaus in der Nähe von Florenz nicht mehr verlassen. Trotzdem legte Galilei in seinen letzten Lebensjahren noch den Grundstein für die Lehre von der Dynamik.

Erst im Jahr 1980, dreihundertsechsundvierzig Jahre nach Galileis Verurteilung, bequemten sich die Oberhäupter der katholischen Kirche, über den eigenen Schatten zu springen und öffentlich die längst fällige Rehabilitation Galileis vorzunehmen. Zähneknirschend mußte man sich den wissenschaftlichen Errungenschaften »unterordnen«. Denn: »Sie bewegt sich doch!«

Knapp hundert Jahre nach Kopernikus erblickte Johannes Kepler am 27. Dezember 1571 im württembergischen Weil der Stadt das Licht der Welt. Eigentlich wollte er Theologe werden, sattelte aber um auf Astronomie. Bis Kepler hatten sich die Astronomen mit der genauen Beschreibung der Bewegungen von Sternen zufriedengegeben; ihnen genügte die geometrische Darstellung der Planeten. Das kopernikanische Weltbild erfuhr also erst durch Kepler die entscheidende Vervollkommnung.

Als kaiserlicher Hofastronom Rudolfs II. und Nachfolger Tycho Brahes (1546-1601) wertete Kepler dessen astronomische Hinterlassenschaften aus und kam nach akribischer Analyse der Marsortsbestimmungen zu dem Ergebnis, daß die Marsbahn einen elliptischen Verlauf nimmt. Er »entsorgte« den »ptolemäischen Plunder« und legte einen harmonischen Plan an, nach dem unser Sonnensystem geordnet ist. Kepler zufolge unterliegen die Planetenbahnen bestimmten Gesetzmäßigkeiten und bewegen sich in elliptischen Bahnen um die Sonne, nicht in Kreisbahnen.

Kepler suchte nach einer mechanischen Erklärung für die Umlaufbahnen der Planeten um die Sonne. Dabei ging er von der gegenseitigen Anziehungskraft schwerer Körper aus, das heißt, vom Einfluß einer zentralen Kraft magnetischen (natürlichen) Ursprungs. Keplers Bestreben war auf eine rein physikalische Astronomie ausgerichtet, auch wenn ihm leider die volle Bedeutung der Gesetze, die er entdeckt hatte, entgangen war.

Erst achtzig Jahre später sollte Isaac Newton, der Sohn eines englischen Landwirts, das Problem lösen, warum Planeten sich in elliptischen Bahnen um die Sonne bewegen. Unter Anwendung der Keplerschen Gesetze konnte Newton nachweisen, daß sich die Bahn eines Planeten um die Sonne auch dann berechnen läßt, wenn sie nur teilweise zu beobachten ist.

Die grundlegenden Vorarbeiten zu seinem Werk *Philosophiae naturalis principia mathematica* (Mathematische Prinzipien der Naturlehre) begann Newton bereits während der Pestjahre 1665/66 in seiner Heimat im englischen Lincolnshire. Mit dieser Arbeit wurde eine neue Ära wissenschaftlichen Denkens eingeleitet.

Schon immer hatten die unerklärlichen Eigenschaften der Schwerkraft Gelehrte fasziniert, denn sie führten zu der Frage, warum Gegenstände zu Boden fallen. Was war verantwortlich dafür, daß die Erde Gegenstände »anzieht«, ohne bildlich gesprochen – danach zu »greifen«? Offensichtlich war die Luft nicht schuld daran; schließlich werden Gegenstände auch im Vakuum abwärts »gezogen«.

Nicht weniger geheimnisvoll verhielt es sich mit der Kraft der Sonne, die allem Anschein nach die Planeten in einer ständigen Umlaufbahn gefangenhielt. Nachdem Newton Gegenstände im freien Fall wie auch die Bewegung der Planeten um die Sonne beobachtet hatte, leitete er daraus schließlich die seiner Meinung nach den Tatsachen am meisten entsprechende Formel ab: jedes Objekt im Universum zieht ein anderes mit der Kraft an, das der Größe seiner Masse mit dem Quadrat des Abstandes zwischen ihren Schwerpunkten entspricht. Das führte Newton zu der Schlußfolgerung, daß der Mond von der Erde und die Planeten von der Sonne durch eine Kraft der gleichen Art angezogen werden: durch die Gravitation. Er erkannte als erster, daß sich dieses physikalische Phänomen durch genaue Berechnungen erfassen läßt.

Gleich zu Beginn seines 1686 veröffentlichten Werkes befaßte sich Newton mit den zwei grundlegenden Begriffen Zeit und Raum. Er baute nicht nur sein System darauf auf, sondern legte auch das Fundament für die wissenschaftlichen Erkenntnisse der nächsten zweihundert Jahre.

Für Newton waren Zeit und Raum eigenständige Gefüge: *absolute Zeit* – die unabhängig von Materie stets regelmäßig abläuft; und *absoluter Raum* – der unabhängig von Materie immer gleich bleibt.

Durch Newtons »Prinzipien« wurde in der Wissenschaft ein Zeichen beispiellosen Fortschritts gesetzt, der vor allem eine Vereinheitlichung darstellte. Unerwartet lichtete sich das für die Wissenschaftler bislang undurchdringliche Dunkel und verhieß ihnen neue Wege.

Der herausragende französische Mathematiker, Physiker und Astronom Pierre Simon Marquis de Laplace (1749-1827) hat mit seiner Annahme, daß »Schwarze Sterne« existieren – Sterne, deren ungeheure Schwerkraft das Entweichen von Licht ausschließt, sogenannte Schwarze Löcher –, als erster ein physikalisches Phänomen erkannt, das inzwischen zum festen Bestandteil moderner Astrophysik und Kosmologie geworden ist.

Die Newtonschen Gravitations- und Bewegungsgesetze sollten mehr als zweihundert Jahre Bestand haben, da sie zur Bestimmung der Planetenbewegungen und zur Erklärung des Verhaltens von Gasen sowie von alltäglichen physikalischen Phänomenen völlig ausreichend waren. Eine Änderung trat erst gegen Ende des 19. Jahrhunderts ein, als durch Experimente der Nachweis erbracht werden konnte, daß Licht ein wellenförmiger Vorgang sein kann und kein Partikelstrom ist, der sich nach mechanischen Gesetzen fortbewegt. Damit wurde das Newtonsche Modell in Frage gestellt.

Außerdem veranschaulichten Faraday und Maxwell, daß elektromagnetische Phänomene, also auch Licht, kaum in das Newtonsche System einzuordnen sind.

Auch wenn die wellenförmige Ausbreitung von Licht durch Experimente untermauert wurde, kam es doch immer wieder zu unüberbrückbaren Schwierigkeiten, wenn es die Einwirkung von Licht auf Materie oder umgekehrt zu deuten galt. Nachdem Physiker kaum noch Zweifel daran hatten, daß im Weltraum praktisch keine herkömmliche Materie existiert, stellte sich die berechtigte Frage, wie es dann möglich war, aus Wellen bestehendes Licht zu übertragen. Man vermutete eine feine, unsichtbare Substanz, die es dem Licht ermöglichte, Entfernungen – wie die zwischen Sonne und Erde – zu überbrücken. Diese hypothetische Substanz erhielt die Bezeichnung Äther.

1887 versuchten die amerikanischen Physiker Albert Abraham Michelson (1852-1931) und Edward Williams Morley (1838-1923) mit einer komplizierten, mit Spiegeln versehenen Apparatur die Existenz von Äther nachzuweisen und dessen Auswirkungen auf die Geschwindigkeit des Lichts zu bestimmen. Die Versuchsergebnisse zeigten jedoch, daß es zwischen dem quer durch die hypothetische – durch die Erdbewegung verursachte – Ätherströmung ausgestrahlten und dem wieder reflektierten Licht keinen Zeitunterschied gab.

Existierte also überhaupt kein Äther?

War den Naturwissenschaftlern ein Merkmal der physikalischen Welt entgangen? Ein Problem, mit dem sich vor allem die beiden Physiker George Francis Fitzgerald (1851-1901) und Hendrik Antoon Lorentz (1853-1928) auseinandersetzten. Fitzgerald, der die Äthertheorie aufrechterhalten wollte, präsentierte eine neue These, derzufolge sich alle in Bewegung befindlichen Objekte in Richtung ihrer Bewegung verkürzen. Eine Annahme, nach der die Kontraktion gerade noch genügen würde, um die durch den »Ätherstrom« verursachte Schwankung der Lichtgeschwindigkeit wieder außer Kraft zu setzen. Dieser These zufolge wäre ein in Bewegung befindlicher Zollstock beispielsweise kürzer als ein statischer und würde sich mit fortschreitender Geschwindigkeit immer weiter verkürzen.

Warum?

Weil – nach Fitzgerald – eine solche Kontraktion durch den Druck des entgegenkommenden Ätherstroms ausgelöst wird – vergleichbar einem Gummiball, der sich beim Aufprall auf eine Wand verkürzt, weil er flacher wird.

Lorentz, der im Zusammenhang mit der Theorie des Elektrons Entscheidendes leistete, untermauerte die Fitzgeraldsche Hypothese noch durch eine mathematische Formel und Erläuterung. Er ging davon aus, daß ein elektrisch geladener Körper im Verlauf seiner Fortbewegung durch den »Ätherstrom« elektromagnetische Kräfte produziert, die für die Kontraktion – auf Grund einer Umstrukturierung der Materie des Körpers – direkt verantwortlich sind.

Obwohl der hochangesehene französische Mathematiker und Physiker Henri Poincaré (1854-1912) auf dem im Jahr 1900 in Paris stattfindenden Internationalen physikalischen Kongreß das Thema Äther mehr oder weniger durch Allgemeinbetrachtungen, wie zum Beispiel »Existiert unser Äther wirklich? ...«, abhandelte, hielt Lorentz weiter an dessen Existenz fest. Dabei berief er sich auf ein wechselseitiges Verhältnis zwischen den Entfernungen und Zeiten, wie sie von sich relativ aufeinander zu bewegenden Beobachtern festgestellt werden. Mit anderen Worten: Die Beziehung zwischen den Daten der Zeit- und Entfernungsmessung ist durch mathematische Gleichungen – die sogenannte Lorentz-Transformation – meßbar, sobald verschiedene Beobachter, die sich in relativ zueinander bewegten Beziehungssystemen befinden, das gleiche Ereignis beschreiben.

Erst in den vergangenen knapp zweihundert Jahren wurde der Glaube an den im wesentlichen unveränderlichen Zustand des Universums – als einem »verläßlichen mechanischen Räderwerk« – unterminiert. Bis ins 19. Jahrhundert hatte die Evolutionstheorie wenig Einfluß auf die Betrachtungsweise des Menschen, was die Welt betraf. Daran änderte auch die Tatsache nichts, daß eine Reihe früherer Hochkulturen bereits von Vorstellungen über die Geburt des Universums und die Entstehung unserer Welt ausging, womit dem Kosmos eine Entwicklungsgeschichte unterstellt wurde. Die rasante Fortentwicklung von Astronomie und Physik seit dem letzten Jahrhundert brachte es mit sich, daß immer mehr Wissenschaftler dem Ursprung und der Entwicklungsgeschichte des Universums, vor allem aber dem Phänomen Zeit auf den Grund gehen wollten.

Sie fragten sich: Wie alt und wie groß ist unser Universum? Wo endet das Universum? Gibt es eine Grenze für den Kosmos und die Zeit? Im Raum können wir hin und her reisen. Trifft das auch auf die Zeit zu, in der die Vergangenheit anders ist als Gegenwart und Zukunft?

Für uns ist Vergangenheit das, was gewesen ist. Dennoch ist sie real, weil sie einmal gegenwärtig war. Alles Jetzige ist im gleichen Moment schon vergangen, wie zum Beispiel ein ausgesprochener Gedanke, der nicht mehr der Gegenwart angehört. Danach ist ablaufende Zeit wirklich, festgelegt und unveränderlich. Die Zukunft hingegen ist nur eine Möglichkeit, denn sie ist ungewiß, scheinbar offen und damit beeinflußbar. Die Zeit teilt sich für uns dennoch in zwei Bereiche auf: in die abgeschlossene wachsende Vergangenheit und die offene Zukunft. Der von uns als Gegenwart bezeichnete Zeitabschnitt ist in Wahrheit nichts anderes als Bewegung – eine Reise in die Zukunft.

Sind wir damit dem Zeitstrom total ausgeliefert wie ein Blatt, das vom dahinströmenden Fluß davongetragen wird?

Der Tag ohne Gestern

Am 4. November 1915 erläuterte Albert Einstein einem gespannt lauschenden Fachpublikum der Preußischen Akademie der Wissenschaften in Berlin seine allgemeine Relativitätstheorie, die mit den althergebrachten Vorstellungen von Raum und Zeit grundlegend brach.

Von Natur aus war Einstein mit einem sechsten Sinn für die Schwachstellen der herkömmlichen Physik ausgerüstet. Zu seiner Zeit war es oft üblich, Hilfstheorien heranzuziehen, um neueste Forschungsergebnisse mit traditionellen, oft widersprüchlichen Thesen in Übereinstimmung zu bringen oder sie auch kurzweg zu ignorieren. Ganz anders Einstein. Er setzte seinen ihm, als Schüler, schnöde abgesprochenen Verstand brillant ein, um die seinerzeit gängigen und akzeptierten physikalischen Gesetze zu »zerpflücken«. In genialen Erwägungen gelang es ihm, Raum, Zeit und Materie in einem Modell zu vereinen, das der Physik völlig neue Ansatzpunkte bescherte.

Der Sechsundzwanzigjährige, ein Außenseiter der physikalischen Szene, präsentierte bereits in seinen ersten Arbeiten von 1905 eine Anzahl revolutionierender Ideen, darunter die Feststellung, daß mit der Existenz von Atomen gerechnet werden müsse. Die wissenschaftlichen Koryphäen jener Zeit erhoben natürlich heftig Einspruch gegen diese Behauptung.

Einstein ließ den Begriff Äther ganz bewußt außer acht. Vielmehr ging er davon aus, daß sich einerseits durch ein

Experiment nur relative Bewegung nachweisen läßt – nämlich die Bewegung eines Beobachters in bezug auf einen anderen – und daß sich andererseits Licht ohne seinen Ursprung, seine Quelle, stets mit konstanter Geschwindigkeit durch den Kosmos fortbewegt.

Eine Aussage, die mit dem gesunden Menschenverstand unvereinbar war. Denn normalerweise würde das bedeuten, daß sich das von einem Raumschiff in Flugrichtung ausgestrahlte Licht mit der eigenen Geschwindigkeit sowie zusätzlich mit der des Raumschiffs fortbewegt. Ein Vorgang wie bei einer Rolltreppe, die wir hinauflaufen, um schneller oben zu sein: also Rolltreppe plus Eigentempo.

Paradoxerweise trifft dieses Prinzip aber nicht auf Licht zu. Denn ob nun beispielsweise ein Stern auf uns zukommt oder sich von uns entfernt, die Geschwindigkeit des von ihm ausgestrahlten Lichts bleibt unverändert. Würde sich, um bei diesem Beispiel zu bleiben, die Rolltreppe mit Lichtgeschwindigkeit bewegen und liefen wir zusätzlich noch hinauf, kämen wir trotzdem nicht schneller oben an.

Nach Einstein verkörpert die Lichtgeschwindigkeit nicht nur eine Naturkonstante mit gleichbleibendem Wert, sondern auch eine mit oberem Grenzwert – einer Höchstgeschwindigkeit in der mechanischen und elektromagnetischen Welt. Da die Lichtgeschwindigkeit im luftleeren Raum rund dreihunderttausend Kilometer pro Sekunde beträgt, läßt sich auch erklären, warum die Bewegung der Erde durch den Äther nicht feststellbar ist.

Gedankenexperimente, die auf einfachen mathematischen Schlußfolgerungen beruhten, führten Einstein zu Ergebnissen, die am Newtonschen System ernsthafte Zweifel aufkommen ließen. Newtons Ansicht von der absoluten, universal unabänderlichen und von der Vergangenheit in die

Zukunft einen stetigen Verlauf einhaltenden Zeit widerlegte Einstein folgendermaßen:

Ein Mann hat sich während eines Gewitters in der Nähe eines Bahndamms untergestellt und beobachtet, wie zwei Blitze gleichzeitig in die Gleise einschlagen. Er folgert daraus, daß beide Blitze zur gleichen Zeit niedergingen – der eine weit weg von ihm im Osten, der andere gleich weit entfernt im Westen. Im Moment der Blitzeinschläge rast ein aus östlicher Richtung kommender Zug an ihm vorbei gegen Westen.

Ein Reisender hat die Blitze vom Fenster seines Abteils aus ebenfalls beobachtet, ist jedoch der Ansicht, daß sie nicht gleichzeitig einschlugen. Denn durch den sich rasch in westlicher Richtung entfernenden Zug braucht das Licht des im Osten eingeschlagenen Blitzes länger, um den Reisenden im Zug zu erreichen. Den im Westen niedergegangenen Blitz sieht er früher, da er selbst in westlicher Richtung fährt, ihn das Licht also schneller erreicht. Im Gegensatz zum Beobachter am Bahndamm, dem zwei gleichzeitig einschlagende Blitze aufgefallen sind, nimmt der Zugreisende zwei aufeinanderfolgende wahr: den ersten im Westen, danach den zweiten im Osten.

Es besteht aber durchaus die Möglichkeit, daß der Zugreisende bei einer anderen Zeitfolge zwei Blitze gleichzeitig einschlagen sieht.

Welche Wahrnehmung stimmt nun? Nach Einstein beide, da die Zeitrechnungen von der Wahl des Bezugsrahmens abhängig sind. Im angeführten Beispiel also entweder vom Beobachter am Bahndamm oder vom Zugreisenden.

Einstein hat damit den uns bekannten Gleichzeitigkeitsbegriff relativiert, wonach jedem Bezugskörper und jedem Koordinatensystem seine eigene Zeit zusteht. Mit anderen Worten: In unserem Universum gibt es keine absolute Messung, jede ist von der relativen Geschwindigkeit des Beobachters abhängig und von dem, was er registriert. Nachdem sich im Universum alles bewegt, ist jede Messung relativ und keine absolut.

Da es nicht in seine Vorstellungswelt paßte, nach der Zeit und Entfernung beziehungsweise Länge gleichermaßen unbeständig und von der relativen Bewegung eines Beobachters abhängig sind, verwarf Einstein das Newtonsche Konzept der »absoluten Länge« endgültig.

Diese Theorien zogen einige ausgefallene Schlußfolgerungen über die Auswirkungen relativistischer Geschwindigkeiten – also annähernd Lichtgeschwindigkeit – nach sich. 1905 schockierte Einstein dann die Fachwelt mit dem exotischen Begriff der »Zeitdilatation« und stellte den gesunden Menschenverstand damit vor geradezu extreme Anforderungen; den gesunden Menschenverstand hielt er ohnehin für ein »Fossil vorgefaßter Meinungen, die sich bis zum achtzehnten Lebensjahr festgesetzt haben«.

In vier »tollkühnen« Gleichungen widerlegte Einstein die Newtonsche Behauptung, Zeit laufe überall mit einer konstanten Geschwindigkeit von sechzig Minuten in der Stunde ab.

Für viele ist das verblüffendste Resultat der Relativitätstheorie jedoch die Tatsache, daß Zeit durch Bewegung beeinflußt wird. So verläuft die Zeit für zwei sich relativ zueinander bewegende Beobachter unterschiedlich, ein Sachverhalt, der faszinierende Konsequenzen beinhaltet.

Angenommen, irgendwann in der Zukunft wären alle technischen Probleme im Zusammenhang mit der Konstruktion eines Raumschiffs, das mit Lichtgeschwindigkeit reisen kann, gelöst, verginge die Zeit im Raumschiff siebenmal langsamer als die auf der Erde. Bei neunundneunzig Prozent der Lichtgeschwindigkeit würden von den sechzig

Minuten auf der Erde für den Raumfahrer im Raumschiff nur sechs Minuten vergehen. Allerdings würde das vom Raumfahrer nicht registriert werden, ebensowenig wie die Tatsache, daß sein Alterungsprozeß siebenmal langsamer verliefe als der seiner Angehörigen auf der Erde. Diese besondere Eigenheit der Zeit konnte bereits in Experimenten nachgewiesen werden.

So laufen Uhren, die mit einem in relativer Bewegung befindlichen Körper verbunden sind, langsamer als Uhren im Ruhezustand. Hier geht es um eine Eigenart, die bei atomar angetriebenen Uhren ebenso festgestellt wurde wie bei Uhren mit anderen Laufwerken.

Sobald wir gelten lassen, daß bei Systemen, die in Bewegung sind, Raum und Zeit anders verlaufen als bei ruhenden Systemen – und beide durch die Lorentz-Transformation mathematisch unter einen Hut gebracht werden können –, wird klar, welchen Rang die Lichtgeschwindigkeit als universale Konstante einnimmt.

Lassen wir die Einschränkungen der Relativitätstheorie einmal außer acht und gehen davon aus, daß die Beschleunigung eines Raumschiffs bis auf Lichtgeschwindigkeit möglich wäre, würde die Zeit der Astronauten stillstehen und ihre Reisezeit im Nu in Nullzeit vergehen. Könnten sie sogar noch über die Lichtgeschwindigkeit hinaus beschleunigen, liefe ihre Zeit rückwärts ab; das heißt, sie wären auf dem Weg in die eigene Vergangenheit.

Den größten Teil seines Lebens bemühte sich Einstein darum, in einer umfassenden Theorie des Universums den Elektromagnetismus mit der Gravitation zu vereinen. Diesem Projekt widmete er sich von 1920 bis zu seinem Tod im Jahr 1955. Doch schlugen seine Bemühungen leider fehl, da er die Kernkräfte nicht berücksichtigte.

Mit seiner allgemeinen Relativitätstheorie legte Einstein dann 1915 eine gänzlich neue Deutung der Schwerkraft vor und ersetzte damit die alte Newtonsche Theorie. Nach Einstein ist Gravitation keine Kraft nach konventioneller Ansicht, sondern eine geometrische Eigenschaft des Raums, verursacht durch die darin befindliche Materie. Das heißt, der Raum wird durch schwere Objekte innerhalb seines Bereichs verformt beziehungsweise gekrümmt. Einstein sagte voraus, daß die Lichtstrahlen eines hinter der Sonne passierenden Sterns durch die Schwerkraft der Sonne gebogen werden. Als sich diese Voraussage in einem 1919 durchgeführten Experiment während einer Sonnenfinsternis bewahrheitete, wurde Einstein über Nacht international bekannt.

Er war von einem inzwischen berühmt gewordenen Gedankenexperiment ausgegangen – und zwar von einem immens beschleunigten, hypothetischen »Weltraum-Fahrstuhl«, der sich mit annähernd Lichtgeschwindigkeit aufwärts bewegt. Ein Lichtstrahl, der dabei durch einen Spalt in der Aufzugswand dringt, erschiene einem Beobachter in der Kabine als Bogen, der an einer tieferen Stelle an der Wand gegenüber wieder verschwindet. Weshalb? Weil der Fahrstuhl auch im Moment des eindringenden Lichtstrahls unaufhaltsam nach oben »schießt«. Für den Kabinenbeobachter entsteht jedoch der Eindruck, der Lichtstrahl würde durch die Schwerkraft gekrümmt. Denn er glaubt, in der fensterlosen Kabine ganz normal auf dem Boden zu stehen, während seine Füße in Wahrheit durch die Beschleunigung auf den Boden gepreßt werden.

In einem anderen Gedankenexperiment ging Einstein von einem abwärts sausenden Fahrstuhl aus, dessen Seile gerissen sind. Eine Person in diesem Fahrstuhl würde völlig gewichtslos darin schweben und könnte sich mühelos von Wand zu Wand oder vom Boden zur Decke abstoßen. So machen es die Astronauten in ihren Raumkapseln, die sich im freien Fall befinden. Wird die Schwerkraft durch die Beschleunigung des abstürzenden Fahrstuhls aufgehoben, bedeutet dies, daß Schwerkraft und Beschleunigung äquivalent sind.

Einsteins allgemeine Relativitätstheorie war der Grundstein zur modernen Kosmologie und erweiterte seine vorangegangene, für viele schwer verdauliche spezielle Relativitätstheorie, die unser Verständnis für Raum, Zeit und Bewegung für immer veränderte. Darüber hinaus präsentierte er der Welt mit seiner berühmten Formel $E = mc^2$ den Schlüssel zum Nuklearzeitalter. Diese Formel definiert, wieviel Energie (E) aus Masse (m) entsteht. Das heißt, Masse muß mit dem Quadrat der Lichtgeschwindigkeit (c) multipliziert werden. Offensichtlich führt angesichts dieses enormen Multiplikators bereits ganz wenig Masse zu einem gewaltigen Energie-Umwandlungsprozeß. Damit belegt Einstein, daß Masse nichts anderes ist als verfestigte Energie. Und Photonen beziehungsweise Lichtquanten seien somit auch nichts anderes als Teilchen, die sich ihrer Masse entledigt hätten und nun in Form von Energie mit Lichtgeschwindigkeit fortbewegten. Unterhalb der Lichtgeschwindigkeit verliefe dieser Prozeß jedoch umgekehrt: Durch die Verlangsamung verdichte sich Energie wieder zu Masse.

1921 stellte der deutsche Mathematiker Theodor Kaluza die Behauptung auf, Schwerkraft und Elektromagnetismus ließen sich vereinen, wenn die Einsteinschen Gleichungen fünf Dimensionen voraussetzten und nicht vier. Der schwedische Physiker Oscar Klein fügte in diesem Zusammenhang 1926 noch hinzu, daß diese zusätzliche Dimension in gewissem Sinn fest aufgerollt und unsichtbar sei.

Einstein akzeptierte Kaluza und Klein anfänglich, änderte dann aber seine Meinung. Statt dessen verfolgte er von nun an seinen eigenen mathematischen Ansatz zum Problem der Vereinheitlichung. Zuerst war er überzeugt, den richtigen Weg eingeschlagen zu haben. Und 1929 berichteten die Zeitungen, er sei dem Geheimnis des Universums auf der Spur mit dem Erfolg, daß er sich vor den Medien in Sicherheit bringen und verstecken mußte.

Aber der Jubel war verfrüht. Einstein mußte zugeben, daß er sich geirrt hatte. 1931 erzählte er dem österreichischen Physiker Wolfgang Pauli (1900-1958), der seine Theorie kritisch beurteilt hatte: »Du hattest also doch recht, du Schurke!«

Trotzdem ließ Einstein bis zu seinem Tod von diesem Problem nicht ab. Am Tag vor seinem Ableben, dem 18. April 1955, hatte er gebeten, ihm die letzten Seiten seiner Vereinheitlichungsberechnungen zu bringen, so, als wollte er einen letzten Anlauf nehmen.

Zu Beginn von Einsteins Arbeit an den Vereinheitlichungstheorien waren in der Physik nur drei Kräfte bekannt: Schwerkraft, elektrische Kraft und Magnetismus. Die beiden letzteren waren bereits um 1860 von Maxwell zum Elektromagnetismus vereint worden.

In den dreißiger Jahren unseres Jahrhunderts wurden dann zwei weitere Naturkräfte entdeckt: die für den radioaktiven Beta-Zerfall verantwortliche schwache Wechselwirkung und die starke Kernkraft, die Protonen und Neutronen im Atomkern aneinanderbindet. Jede Theorie, die das ganze Universum beschreibt, muß diese Kräfte mit einbeziehen.

Einstein beschloß jedoch, sie zu ignorieren, da sie durch die von ihm verabscheute Quantenmechanik beschrieben wurden. Für jeden anderen hätte das den wissenschaftlichen Selbstmord bedeutet. Nicht so für Einstein; er machte weiter.

Einsteins Traum hat ihn überdauert. Eine neue Generation von Physikern hat die Herausforderung einer vereinheitlichenden Feldtheorie angenommen. Zwanzig Jahre nach Einsteins Tod wurde ein wichtiger Schritt auf dem Weg zu einer großen einheitlichen Feldtheorie getan. 1977 gelang dem amerikanischen Elementarphysiker Steven Weinberg und seinen Kollegen Abdus Salam und Sheldon Lee Glashow, die elektromagnetische Kraft mit der schwachen Wechselwirkung zu vereinen. Denn die elektromagnetische Kraft und die schwache Wechselwirkung sind nur unterschiedliche Aspekte der elektroschwachen Kraft (Weinberg-Salam-Theorie). Die drei Wissenschaftler wurden für diese Arbeit 1979 mit dem Nobelpreis für Physik ausgezeichnet.

Sollte es eines Tages gelingen, die Vorstellung einer allumfassenden Universalkraft in einer einheitlichen Formel festzulegen, dann waren es Maxwell mit der Entdeckung der elektromagnetischen Kraft und Einstein mit der Relativitätstheorie, die hierzu den Grundstein setzten. In Fortführung der Maxwellschen Gleichungen der elektromagnetischen Felder hatte Einstein das Prinzip der Vereinheitlichung erfaßt und war sich einer vereinigenden Symmetrie bewußt, die scheinbar so Unterschiedliches wie Raum und Zeit ebenso miteinander verbindet wie Materie und Energie.

Das klassisch-deterministische Weltbild der Physiker wurde in den dreißiger bis sechziger Jahren unseres Jahrhunderts durch die Quantentheorie grundlegend verändert.

Der Einsteinschen Relativitätstheorie – mit Gravitation und elektromagnetischer Kraft – folgte die Theorie von der Quantenmechanik, die Basis zum Verständnis der Materie. Diese Theorie behandelt die Welt subatomarer Phänomene und wurde vor allem von dem genialen Physiker Werner Heisenberg (1901-1976) ausgearbeitet. Den wesentlichen Teil der Quantenmechanik formulierte er bereits als Vierundzwanzigjähriger; 1932 wurde er mit dem Nobelpreis für Physik ausgezeichnet. Vater der Quantentheorie war jedoch der Nobelpreisträger von 1918, Max Planck (1858-1947).

Die Quantenmechanik macht klar, daß eine allein auf Ursache und Wirkung ausgerichtete Denkweise zum Verständnis der Natur nicht mehr ausreichend war. Mit seiner Unschärferelation veranschaulichte Heisenberg, daß bestimmte komplementäre Eigenschaften eines Teilchens, wie der Standort und die Geschwindigkeit beziehungsweise die Lage und der Impuls, nicht gleichzeitig zu bestimmen sind; eines von beiden muß bekannt sein, um das jeweils komplementäre ermitteln zu können. Die Erkenntnis, daß Beobachter und zu beobachtendes Objekt unlösbar miteinander verbunden sind, ist eine weitere wesentliche Einzelheit der Unschärferelation. Mit anderen Worten, es hat keinen Sinn, ein Phänomen zu bestimmen, ohne den Beobachter mit seinem Meßinstrumentarium als entscheidenden Faktor einzubeziehen.

Im Bereich der subatomaren Welt ist alles so winzig und schnell, so unscharf, daß materielle Konzepte keine Bedeutung haben. Der Mikrokosmos verkörpert eine Welt der Wellenfunktionen und Wahrscheinlichkeiten, da sich beispielsweise das Verhalten eines Elektrons nicht voraussagen läßt. Im Gegensatz zur Relativitätstheorie, die sich erfolgreich mit Sternen, Galaxien und der Raum-Zeit befaßt, erforscht die Quantenmechanik die Welt der Elementarteilchen, der Neutronen, der Protonen und der Atome.

So stellten der Harvard-Professor für theoretische Physik Michio Kaku und die Journalistin Jennifer Trainer in ihrem Buch *Jenseits von Einstein* fest:

»Die Relativitätstheorie enthüllt das Geheimnis der Energie, der Schwerkraft und der Raum-Zeit; die andere dominierende Theorie des 20. Jahrhunderts, die Quantenmechanik, ist dagegen eine Theorie der Materie. Kurz gesagt, sie beschreibt die Atomphysik, indem sie die dualen Konzepte von Wellen und Teilchen miteinander verknüpft. Einstein war aber im Gegensatz zu den Physikern der heutigen Zeit nicht klar, daß der Schlüssel zu einer einheitlichen Feldtheorie in der Verbindung von Relativitätstheorie und Quantenmechanik liegt. Er war Meister im Erkennen des Wesens der Naturkräfte. Seine Schwäche lag aber in seinem mangelnden Verständnis der Materie, insbesondere der Atomkerne.«

Es ist kaum vorstellbar, daß dem Genie Albert Einstein ein Fehler unterlaufen sein könnte. Und dennoch passierte es, als er 1917 seine berühmte Arbeit *Kosmologische Betrachtungen zur allgemeinen Relativitätstheorie* veröffentlichte. Nach seinen Berechnungen war das Universum durch die Schwerkraft zu einer geschlossenen vierdimensionalen Sphäre gekrümmt, mit einem Durchmesser von etwa hundert Millionen Lichtjahren.

Nach Einstein besteht das Universum aus den drei unbekannten räumlichen Dimensionen und einer zusätzlichen Zeitdimension, die in seinen jungen Jahren nicht durch die euklidische Geometrie beschrieben werden konnte. Auf der Suche nach neuen Maßsystemen, die es ermöglichten, Raum und Zeit zu beschreiben, setzte sich Einstein mit seinem alten Freund, dem bekannten Mathematiker Marcel Groß-mann, in Verbindung. Er war die »richtige Adresse«, um Einstein mit einer damals noch »obskuren«, nichteuklidischen Geometrie auszustatten, die der deutsche Mathematiker Bernhard Riemann (1826-1866) im 19. Jahrhundert entwickelt hatte. Sie war auf die neue, vierdimensionale Welt Einsteins anwendbar.

Die Riemannsche Geometrie kennt keine Parallelen. Die kürzeste Verbindung zwischen zwei Punkten ist bei ihm nicht eine Gerade, sondern eine geodätische Linie, also die kürzeste Verbindung zweier Punkte auf einer gekrümmten Fläche. Selbst Mathematik-Ignoranten müßte die Riemannsche Erläuterung einleuchten, daß für unterschiedliche Vorgänge verschiedenartige Formeln gültig sind. Mit anderen Worten, die Länge der kürzesten Strecke zwischen zwei Punkten auf einer gekrümmten Oberfläche unterliegt einer anderen Formel als die Länge einer Linie zwischen zwei Punkten auf einer ebenen Fläche.

Einstein benutzte die Riemannsche Geometrie nur, um Gleichungen aufzustellen, mit denen er die Bewegungen der Planetenbahnen und die Struktur des Universums schilderte.

Sein mathematisches Modell des Universums zeigte jedoch störende Eigenschaften. Die darin befindlichen Himmelskörper, wie zum Beispiel Galaxien, drifteten entweder auseinander oder bewegten sich aufeinander zu. Da Einstein aber nicht wissen konnte, was der amerikanische Astronom Edwin Powell Hubble (1889-1953) später entdecken sollte, stand dies im Widerspruch zu seiner innersten Überzeugung. Wie die meisten Wissenschaftler seiner Epoche glaubte er an ein statisches, unveränderliches Universum. Um die Galaxien von ihrer irritierenden Fortbewegung abzuhalten, ergänzte Einstein seine Gleichung durch einen neuen Begriff – die Kosmologische Konstante –, die eine abstoßende Kraft darstellt und im Gegensatz zur normalen Anziehungskraft mit der Entfernung zwischen den Himmelskörpern zunimmt. Es handelt sich hierbei um eine hypothetische Kraft, die sich der Gravitation entgegenstemmt.

Das von Einstein zugefügte »Extrastück« war ein mathematischer Schwindel, ein fiktiver Antischwerkraftmechanismus, der Materie eher auseinanderriß als zusammenhielt. Obwohl es seinen Ergebnissen ein konventionelles Ansehen verlieh, war Einstein nie damit zufrieden. Die formale Arbeit wurde dadurch zerstört. Später gab er zu, daß die »Kosmologische Konstante die größte Eselei meines Lebens« war. Wenn er akzeptiert hätte, was seine großartigen Gleichungen besagten, hätte Einstein das expandierende Universum über eine Dekade früher vorausgesagt, als es von Hubble entdeckt wurde.

Der holländische Astronom Willem de Sitter (1872-1934) legte 1917 eine Lösung zu den Einsteinschen Gleichungen vor. Unter Beibehaltung der falschen Kosmologischen Konstante kam er zu einem geradezu absurd erscheinenden Resultat: Danach war das de Sittersche Universum leer und konnte seinen statischen Zustand nur aufrechterhalten, solange es keine Materie enthielt! Als andere Wissenschaftler diesem Modell jedoch zwei Objekte – Sternensysteme – zufügten, passierte etwas Merkwürdiges: Sie entfernten sich voneinander.

Der in Sankt Petersburg/Leningrad lebende russische Mathematiker und Meteorologe Alexander Alexandrowitsch Friedmann (1888-1925) warf zwischen 1922 und 1924 die Kosmologische Konstante über Bord und entwickelte eigene Lösungen zu den Einsteinschen Gleichungen, die aber alle von einem expandierenden Universum ausgingen. Friedmann betonte, daß Einstein mit seinem angeblichen Beweis, das Universum sei zeitlich stabil und unveränderlich, ein mathematischer Irrtum unterlaufen war:

»Es ist Studenten der höheren Mathematik wohl bekannt, daß man beide Seiten einer Gleichung durch eine beliebige Summe teilen darf, vorausgesetzt, daß dieser Betrag nicht Null ist. Einstein hat jedoch im Verlauf seiner Beweisführung beide Seiten einer seiner Zwischengleichungen durch einen komplizierten Terminus geteilt, der unter gewissen Umständen gleich Null werden konnte. Im Fall aber, daß dieser Terminus gleich Null wird, ist Einsteins Beweis nicht mehr stichhaltig.«

Und Friedmann erkannte, daß dies eine Anzahl vollständig neuer Weltbilder ermöglichte: ein expandierendes, ein zusammenstürzendes und ein pulsierendes Universum.

Aus diesem Grund war Einsteins ursprüngliche Gravitationsgleichung richtig, ihre Änderung jedoch falsch.

Im Jahr 1927 präsentierte der belgische Astrophysiker und Mathematiker Abbé Georges Henri Lemaître (1894-1966) die Theorie eines expandierenden Universums, das seinen Anfang in der Zeit hatte – und bezeichnete es als »ein[en] Tag ohne ein Gestern«. Obwohl er Friedmanns Arbeit offensichtlich nicht kannte, war er von der Geburt des Universums durch eine Explosion überzeugt. Diese Überlegung wurde in einer nur wenig gelesenen belgischen Zeitschrift veröffentlicht und blieb bis zu Hubbles Entdeckung des expandierenden Universums unbeachtet.

Lemaître schlug vor, das anfängliche Universum als hochgradig verdichtete Materie zu betrachten, die er als »Ur-Atom« bezeichnete *(L'atome primitif)*, eine Art von riesigem superschwerem Neutron, das durch etwas wie Radioaktivität zum Bersten gebracht wurde. Eine Ansicht, die im Gegensatz zur heutigen steht, nach der sich im Universum zuerst die einfachsten Atomkerne bilden, bevor komplexere Strukturen entstehen. Obwohl sich die Ideen Lemaîtres in mancher Hinsicht von der modernen Kosmologie unterscheiden, wird er zu Recht als Vater der Urknall-Theorie, des Big bang, betrachtet.

Es begann vor etwa fünfzehn bis zwanzig Milliarden Jahren. Und was war vorher? Es gab kein Vorher. Zeit, Raum und alles, was dazugehört, entstand als Raum- und zeitloser Punkt. Punkt! Nämlich in einem bestimmten Moment (dem ersten) in der Zeit des Daseins. Einschränkend muß hier jedoch festgestellt werden, daß dies den anerkannten Theorien entspricht, die uns bisher über den Ursprung des Universums bekannt sind.

Im Anfang von Raum und Zeit war alles in einem einzigen unendlichen, verdichteten Kern enthalten, der dann explosionsartig expandierte. Nach dem Big bang verteilte sich die in einem einzigen Punkt konzentrierte ungeheure Energie in Blitzesschnelle in alle Richtungen. Der Ausdruck »Energie« wird hier absichtlich benutzt, da Materie bei den zu diesem Zeitpunkt vorherrschenden unvorstellbar hohen Temperaturen noch nicht existieren konnte. Das sich weiter ausdehnende Universum wurde kühler und konnte daher einen Großteil der Energie in Form von Elektronen, Protonen und Neutronen nebst einer Reihe exotischer Elementarteilchen verdichten. In diesem Moment war das Universum eine zehnmillionstel Sekunde alt. Die Ausdehnung hielt an und damit auch die Abkühlung.

Nachdem einige Minuten vergangen waren, hatte sich die Temperatur so weit abgekühlt, daß sich Partikel fest miteinander verbinden konnten. Aus Atomen bestehende Materie, wie die, aus der alles um uns herum entsteht, begann zu existieren. Dieser Entstehungsprozeß von Atomen hielt über die nächsten fünfhunderttausend Jahre an. In diesem Zeitraum sollte die Materie in der Weiterentwicklung des Universums eine bedeutende Rolle spielen.

Während sich das Universum ständig weiter ausdehnte, verursachten örtliche Abweichungen Materieverdichtungen, die sich unter dem Einfluß der Gravitation zu riesigen isolierten, rotierenden Staub- und Gaswolken, zu sogenannten Proto-Galaxien und Galaxienhaufen, formierten. Im Inneren dieser Proto-Galaxien setzte sich der Verdichtungsprozeß fort, und es entstanden stellare Wolken, deren Zentren wiederum zu Sternen komprimierten. Da in den äußeren Schichten dieser stellaren Wolken die Masse jedoch nicht ausreichte, um einen Kernfusionsprozeß auszulösen, der die Sterne mit Energie versorgte, formten sich in vielen Fällen »nur« Planeten.

So entstanden Galaxien mit ihren Sonnensystemen – gewaltige Galaxienhaufen, die sich wiederum zu Superhaufen gruppierten. Spiralförmige, elliptische und kugelförmige Sternensysteme von unbestimmter Form werden heute vom Hubble-Weltraumteleskop in beeindruckenden Fotos dokumentiert.

Die Erde ist in einem solchen Sternensystem – der spiralförmigen Milchstraße – entstanden und ein unvorstellbar kleines Pünktchen in der Raum-Zeit.

Jenseits der Zeitbarriere

D as Leben war für Äonen erdgebunden. Doch nun hat es sich durch den Menschen auf den Weg gemacht, um seinen Heimatplaneten zu verlassen und im All neue Möglichkeiten und andere Welten zu erkunden. Nie zuvor hat der Mensch mehr als eine Welt zum Erforschen besessen – zumindest unsere Zivilisation. Inzwischen haben die im Lauf des Raum-Zeitalters gewonnenen, wenigen Erfahrungen für die damit verbundenen grundsätzlichen Fragen ihn bereits aufnahmefähiger gemacht: Wo liegt der Ursprung? Existiert eine fundamentale kosmische Strategie, die zu einem reflektierenden Bewußtsein führt, wie bei uns Menschen? Welche Zukunftsaussichten hat das Leben? Und stellt sich so etwas wie die Sinnfrage?

Die Suche nach Antworten auf derart profunde Fragen führt notwendigerweise zu anderen Welten, wahrscheinlich zu fremden Zivilisationen im All. Schon im 17. Jahrhundert spekulierten der niederländische Mathematiker, Physiker und Astronom Christiaan Huygens (1629-1695) und sein berühmter Zeitgenosse Sir Isaac Newton über die Möglichkeit von Leben in anderen Welten. So schrieb Huygens in seinem Buch *Cosmotheoros:* »Ein Mensch, der die Kopernikanische Ansicht teilt, (daß die Sonne und die Erde der Mittelpunkt des Sonnensystems sind), kommt sicher manchmal auf den Gedanken, daß die übrigen Planeten im Sonnensystem auch lebensfreundlich und bewohnt sein könnten – genau wie die Erde.« Und Newton sinnierte, daß ähnlich wie beim Mikroskop, durch das alle möglichen Lebensformen entdeckt worden seien – angefangen beim Wasser bis hin zum Blut –, auch der Himmel über uns mit Wesen bevölkert sein könnte, die wir jedoch nicht verstehen.

Es ist noch nicht allzu lange her, daß sich orthodoxe Dogmatiker des wissenschaftlichen Establishments mehr als zynisch über die Möglichkeit außerirdischen Lebens geäußert haben und gar intelligente Zivilisationen kategorisch ablehnten. Neueste wissenschaftliche Erkenntnisse führten allerdings bei vielen aufgeschlossenen Astronomen und Exobiologen zum Umdenken. In der gewaltigen Raum-Zeit-Blase unseres Universums, mit seinen ungezählten Galaxien und den geschätzten zweihundert bis vierhundert Milliarden Sternen allein in unserer Milchstraße, können wir praktisch sicher sein, daß wir nicht allein sind, sondern Gesellschaft haben. In der »Experimentalküche des Universums« sind die Prozesse, die zur Entstehung des Lebens und seiner Weiterentwicklung führten, nicht nur auf den »Winzling Erde« beschränkt.

Es scheint so, als ob Leben in der kosmischen Evolution so »alltäglich« ist, wie es Gehirn und Augen in der irdischen Evolution sind.

Bisher haben wir zwar noch keinen »handfesten« Beweis, aber es gibt Andeutungen, daß viele der Sterne, die wir am Nachthimmel sehen, von Planeten begleitet werden – genau wie unsere Sonne. Auf manchen dieser Planeten könnte Leben entstanden sein; auf anderen hätte sich Leben aber auch schon Milliarden Jahre früher als auf der Erde entwickeln können.

Möglicherweise betreiben sie schon seit langer Zeit interstellare Raumfahrt und beherrschen Zeitreisetechniken?!

Viele Wissenschaftler sind der Meinung, die beste Methode, mit solchen Zivilisationen Kontakt aufzunehmen, bestehe darin, mit Radioteleskopen nach Lebenszeichen von ihnen zu lauschen. Ebenso wie unsere Radio- und TV-Signale stark genug sind, um in den Weltraum hinausgetragen zu werden, wäre es ja immerhin möglich, daß auch fremde Zivilisationen Bruchstücke ihrer Kultur in den Kosmos ausstrahlen. Vielleicht möchten sie auch, ebenso wie wir, gerne wissen, ob sie allein sind im Universum. Angenommen, es würde sich so verhalten, sollten wir unsere Satellitenschüsseln darauf einstellen und das Universum systematisch nach Lebenszeichen von weit entfernten anderen Lebewesen absuchen.

Aber das ist leichter gesagt als getan, denn das Universum ist von Radiogeräuschen erfüllt. Alles – angefangen bei den Sternen bis hin zu den Wasserstoffmolekülen – strahlt in Tausenden von Frequenzen »Botschaften« aus, die wie Windgeräusche klingen. In seltenen Fällen sind Astronomen auf Signale gestoßen, die sich von den üblichen Radiogeräuschen störend abhoben; es waren so ausgefallene Signale, daß die Lauschenden für einen Augenblick auf die Idee kamen, sie könnten intelligentem Leben auf die Spur gekommen sein. Doch wenn sie ihre Radioteleskope erneut auf den Ursprung der Signale ausrichteten, war nichts mehr zu hören. Vielleicht war es nichts anderes gewesen als eine Abweichung im normalen Geräuschpegel des Universums.

Der 1923 geborene Princeton-Physiker Dr. Freeman John Dyson nimmt an, daß wir das nach Radiosignalen abzusuchende Gebiet wesentlich einengen könnten, wenn nach Hitze geforscht würde und nicht nach Botschaften. Er ist der Ansicht, daß es schwierig sein würde, den Beweis für eine Zivilisation unseres eigenen Evolutionsstadiums zu erbringen. Zivilisationen jedoch, die den totalen Energieausstoß ihrer Sonne nützen, würden einen Großteil dieser Energie wieder in Form von Wärme beziehungsweise Infrarotstrahlung abgeben, die dann von unseren Astronomen entdeckt werden könnte. Ein anderer Vorschlag geht dahin, Sonden auf die Suche nach anderen Zivilisationen zu schicken. Berücksichtigen wir allerdings die immensen Entfernungen, das heißt, den Zeitaufwand, erscheinen solche Unternehmen illusorisch. Die Lichtgeschwindigkeit von dreihunderttausend Kilometern in der Sekunde stellt hier anscheinend ein unüberwindliches Hindernis dar. Auch wenn es heute Modellvorstellungen gibt, auf die wir später noch eingehen werden, um die Gesetze der Physik zu »überlisten«, sind wir vorläufig gezwungen, uns nach dem physikalisch und technisch Machbaren zu richten.

Dreihunderttausend Kilometer pro Sekunde scheint eine unfaßbare Geschwindigkeit zu sein – aber nur solange die damit verbundenen Entfernungen nicht einbezogen werden. So ist der Mond etwa dreihundertachtzigtausend Kilometer von der Erde entfernt und kann mit einer Rakete innerhalb von drei Tagen erreicht werden. Neptun, der zweitletzte Planet in unserem Sonnensystem, ist zehntausendmal weiter von der Erde entfernt als der Mond. Der Raumsonde Voyager gelang es 1989, diesen Planeten nach zehn Jahren unter großen Schwierigkeiten zu erreichen. Aber derartige Entfernungen sind unbedeutend im Vergleich zu denen, die zwischen der Erde und selbst den nächstgelegenen Sternen liegen, wie Alpha Centauri, der mit 4,3 Lichtjahren zehntausendmal weiter von uns entfernt ist als Neptun und hundertmillionenmal weiter als der Mond. Pioneer 10, die bisher schnellste von Menschenhand angefertigte Sonde, hat unser Sonnensystem längst verlassen und stürzt mit über vierzig Kilometern pro Sekunde durch den interstellaren Raum. Das ist aber immer noch siebentausendfünfhundertmal langsamer als die Lichtgeschwindigkeit. Die Sonde würde also beinahe vierzigtausend Jahre brauchen, um Alpha Centauri zu erreichen, und fünfzehn Milliarden Jahre bis zur nächstgelegenen Galaxie. Mit unserer gegenwärtigen Technologie können wir nicht einmal ein Prozent der Lichtgeschwindigkeit erreichen.

Angenommen jedoch, es würde uns gelingen, ein Raumschiff zu entwickeln, das nur ein Drittel der Lichtgeschwindigkeit erzielt, könnten wir innerhalb von vierzig Jahren siebzehn Sterne erreichen, also mühelos im Rahmen der menschlichen Lebensspanne. Nach dem renommierten Raumfahrtingenieur Robert L. Forward von den amerikanischen Hughes Research Laboratories sind wir nicht mehr weit entfernt von den dazu notwendigen Technologien. Durch Wasserstoffbomben angetriebene Kernfusionsraketen wären denkbar, sogar Raumschiffe mit Antimaterieantrieb wären nicht auszuschließen, wenn auch sündhaft teuer.

Der britische Physiker Paul Dirac (1902-1984), eine Schlüsselfigur in der Quantenrevolution von 1920, wurde für seine Voraussage berühmt, daß die Teilchen der materiellen Welt ihr Gegenstück in Form spiegelbildlicher Antimaterieteilchen haben. Diese Prognose erstellte Dirac 1928, als Physikern lediglich zwei Teilchen bekannt waren, das Elektron und das Proton. Allerdings wurde damals schon vermutet, daß ein Neutron existieren mußte. 1932 entdeckte dann der Amerikaner Carl David Anderson (1905-1991), Pionier in der Hochenergiephysik, die Antielektronen beziehungsweise Positronen und wurde dafür mit dem Nobelpreis ausgezeichnet. Inzwischen wurden weitere Antimaterieteilchen identifiziert.

Wenn Antimaterie auf die gleiche Menge Materie trifft, also mit ihr zusammenstößt, werden durch die gegenseitige Zerstrahlung der Materie und Antimaterie zweihundert Prozent – also alles – in Form von Energie freigesetzt. Wissenschaftlern ist es bereits gelungen, Antimaterieteilchen zu produzieren, wenn auch bisher nur in verschwindend kleinen Mengen – bei jedem Versuch nur ein paar subatomare Partikel. Es wurden auch Antiprotonen hergestellt, die im Europäischen Kernforschungszentrum bei Genf gelagert werden. In der Produktion kompliziert und noch schwieriger in der Lagerung ist Antimaterie, die abgebremst, gekühlt und durch Laser oder Magnetfelder sozusagen in der Schwebe »gefangengehalten« werden muß. Darüber hinaus liegen die geschätzten Herstellungskosten im 21. Jahrhundert bei zehn Millionen Dollar für ein Milligramm und bei 9,1 Quadrillionen (1 Quadrillion = 10^{24}) pro Tonne.

Andererseits wäre keine große Menge Antimaterie nötig, um ein Raumschiff anzutreiben. Wenn es erst einmal entwickelt ist, könnte solch ein Transporter Entfernungen von einem Ende des Sonnensystems bis zum anderen in Tagen oder Wochen, statt in Jahren bewältigen. Eine Reise zu unserem Nachbarplaneten Mars würde dann kaum länger dauern, als auf der Erde von einem Kontinent zu einem anderen zu fliegen. Die Reisezeit von einer Sonde zum nächsten Sternensystem würde sich dann von tausend Jahren auf ein Dutzend reduzieren. Nach den Gesetzen der Relativitätstheorie nimmt die Masse eines Raumschiffs oder einer Sonde bei Annäherung an die Lichtgeschwindigkeit bis zur Unendlichkeit zu. Relativistische Geschwindigkeiten benötigen daher enorme Treibstoffmengen, um den ständigen Massezuwachs anzutreiben. Könnte zum Beispiel ein Raumschiff mit Antimaterieantrieb gebaut werden, das neunundneunzig

Prozent der Lichtgeschwindigkeit erreichen kann, würde es fünfhunderttausend Tonnen Antimaterietreibstoff brauchen. Eine Lösung dieses Problems könnte der sogenannte Ramjet sein, ein relativ kleines Raumschiff, das nur wenig Treibstoff mitnehmen muß, da es unterwegs interstellare Wasserstoffatome als Treibstoff aufnimmt. Es wird angenommen, daß im interstellaren Raum Wasserstoffatome in der Menge von wenigstens einem Atom pro zehn Kubikzentimeter verteilt sind. Mit den viel dichteren, ebenfalls vorhandenen Wasserstoffwolken ist ein erheblich höherer Wert zu verzeichnen. Obwohl damit immer noch ein weit besseres Vakuum repräsentiert ist, als es auf der Erde erzeugt werden kann, ließen sich bei Annäherung an die Lichtgeschwindigkeit immer noch ausreichende Mengen dieses dünnen Gases als Treibstoff einsammeln; denn das Raumschiff wäre das Zentrum einer elektromagnetischen Feldstörung, die sich, aller Wahrscheinlichkeit nach, einige hundert oder tausend Kilometer im Radius ausdehnt. Während sich das Schiff durch den Raum fortbewegt, wird interstellares Gas ionisiert und durch das Feld zu einem Reaktionsbereich des Raumschiff-Antriebssystems gelenkt. Dann könnte zum Beispiel Energie durch Kernfusion freigesetzt werden. Diese Energie würde dann dazu verwendet, die nicht umgewandelte Masse zur Erzeugung eines Rückstoßes nach hinten – gegen die Flugrichtung – zu beschleunigen. Da dieser Rückstoß konstant wäre, ließe sich die benötigte Geschwindigkeit für interstellare Reisen erreichen.

Falls jemals ein Ramjet in die Tat umgesetzt wird, wäre es eine echte Zeitreisemaschine. Würde sie nämlich mit einer Besatzung an Bord von der Erde bis zur Mitte der Milchstraße mit nahezu Lichtgeschwindigkeit reisen, träfe sie dort laut Bordzeit einundzwanzig Jahre später ein, während nach den Auswirkungen der Relativitätstheorie auf der Erde inzwischen dreißigtausend Jahre vergangen wären.

Die Rückreise einbezogen, wären auf der Erde sechzigtausend Jahre ins Land gegangen, wenn die Ramjet-Besatzung ihr Schiff verläßt, wären die Mitglieder jedoch nur zweiundvierzig Jahre älter geworden.

Hier werden wir mit den Auswirkungen der Zeitdilatation konfrontiert, das heißt unter anderem, die Zeit in einem sich schnell fortbewegenden Raumschiff-Fahrzeug verlangsamt sich im Verhältnis zur Geschwindigkeit. Für Physiker ist das selbstverständlich, wenn es auch dem normalen Erdenbürger nicht ohne weiteres einleuchtet. Wie viele Menschen lassen sich wohl ohne weiteres davon überzeugen, daß jemand, der sich schnell genug fortbewegt, bei seiner Rückkehr auf die Erde jünger sein soll als seine daheim gebliebenen Kinder? Oder daß er, wenn er mit annähernd Lichtgeschwindigkeit durch das All reist, bei seiner Rückkehr jünger ist als seine Urururenkel. Aber das sind eben die skurrilen Auswirkungen relativistischer Geschwindigkeiten.

In der nachfolgenden Tabelle (S. 54) wird veranschaulicht, wie sich die Zeit im Raumschiff im Verhältnis zur wachsenden Geschwindigkeit verlangsamt beziehungsweise abgebremst wird. Theoretisch würde die Zeit im Raumschiff bei Lichtgeschwindigkeit stehenbleiben.

Würde sich ein Raumschiff beispielsweise mit siebzig Prozent der Lichtgeschwindigkeit fortbewegen, betrüge die auf der Erde gemessene Reisezeit der Astronauten zum nächsten Stern sechs Jahre; die im Raumschiff registrierte Zeit wäre jedoch nur zweieinhalb Jahre.

Denn je schneller sich das Raumschiff fortbewegt, um so langsamer laufen die Borduhren und um so kürzer ist die Reisezeit.

Raumschiff-geschwindigkeit: Prozent der Lichtgeschwindigkeit	Dauer der Raumschiffstunde in Minuten	Dauer der irdischen Stunde in Minuten
0	60.00	60.00
10	59.52	60.00
20	58.70	60.00
30	57.20	60.00
40	55.00	60.00
50	52.10	60.00
60	48.00	60.00
70	42.85	60.00
80	36.00	60.00
90	26.10	60.00
95	18.71	60.00
99	8.53	60.00
99.9	2.78	60.00
99.997	1.17	60.00
100	0	60.00

Hier muß betont werden, daß es bei diesem Effekt nicht um eine Illusion geht, für die Psychologen zuständig sind, sondern um die Tatsache, daß die Zeit im Raumschiff langsamer abläuft als auf der Erde. Und der verlangsamte Alterungsprozeß der Besatzungsmitglieder im Raumschiff stimmt mit den Resultaten ihrer Meßinstrumente überein. Diese verblüffenden Auswirkungen beschrieb Einstein mit seinem sogenannten Zwillingsparadoxon: Einer der Zwillinge begibt sich auf eine interstellare Reise, während der andere auf der Erde zurückbleibt. Wenn sich der »Astronauten-Zwilling« im Raumschiff aber mit sehr hoher Geschwindigkeit von der Erde fortbewegt, ist er bei seiner Rückkehr jünger als sein daheim gebliebener Zwillingsbruder.

Stellen wir uns doch einmal vor, daß Astronauten mit beinahe Lichtgeschwindigkeit zu einem weit entfernten Sonnensystem unterwegs sind. Hin- und Rückreise würden (nach Raumschiffzeit) nur wenige Jahre dauern. Aber in den inzwischen auf der Erde vergangenen Jahrtausenden hätte sich mit Sicherheit alles in unvorstellbarem Maße verändert. Auch die menschliche Zivilisation, wenn sie überhaupt noch existieren sollte, wäre kaum wiederzuerkennen.

Nach der speziellen Relativitätstheorie ist es nicht möglich, ein materielles Objekt auf Lichtgeschwindigkeit zu beschleunigen, da es dazu einer unendlichen Energiemenge bedarf. Das trifft auf ein Raumschiff zu, auf uns selbst oder gar auf etwas Winziges wie ein Elektron – kurz, auf alles, was Masse hat. Denn wenn ein Objekt durch Energie beschleunigt wird, nimmt die Masse ständig zu. Aber das gilt nur, wenn der Antrieb von außen erfolgt – wie beispielsweise das Rückstoßprinzip einer Rakete. Wenn aber ein Objekt – ein Raumschiff – in irgendeiner Weise im Inneren angetrieben werden könnte, gäbe es kein Problem mit dem Massezuwachs.

Was würde passieren, wenn wir etwa die Hälfte der ursprünglichen Masse eines Raumschiffs in reine Energie umwandeln könnten und sie gegen die Flugrichtung ausstoßen würden, und zwar so, daß wir stetig nur mit 1G beschleunigen? Dann würde das Raumfahrzeug durch Aufrechterhaltung des Antriebsimpulses schließlich mit Lichtgeschwindigkeit reisen. Theoretisch würde es für die Astronauten ein knappes Jahr Bordzeit dauern, bis Lichtgeschwindigkeit erreicht wäre. Aber an jedem anderen Ort im Universum würde für einen hypothetischen Beobachter eine Ewigkeit vergehen (vorausgesetzt er würde ewig leben), bis das Raumschiff auf Lichtgeschwindigkeit beschleunigt hätte.

Ist die Lichtgeschwindigkeit erst einmal erreicht, steht dem Raumschiff (hypothetisch) nichts mehr im Weg, um darüber hinaus mit Überlichtgeschwindigkeit weiterzubeschleunigen.

Akzeptieren wir hier einmal die theoretische Möglichkeit der Überlichtgeschwindigkeit und setzen uns mit Raumschiffen auseinander, die sich schneller als Licht fortbewegen. Eine natürliche Konsequenz der Schneller-als-Licht-Reisen hieße, rückwärts in der Zeit, also in die Vergangenheit zu reisen. Es wäre sogar möglich, die Zeit-Licht-Barriere mit einem begrenzten Aufwand an Zeit und Energie zu überqueren – auch wenn dieser Vorgang für jeden hypothetischen Beobachter außerhalb des Raumschiffs ewig dauern würde. Ist aber erst einmal die andere Seite der Lichtgeschwindigkeitsgrenze erreicht, könnten wir uns rückwärts in der Zeit fortbewegen, aber auch jederzeit wieder über die Zeit-Licht-Barriere umkehren. Bei der Wahl der richtigen Raum-Zeit-Koordinaten wäre es möglich, jeden Moment in der Geschichte anzusteuern. Und wie wir gesehen haben, könnten wir jeden Ort und Zeitpunkt im Universum allein schon mit Unterlichtgeschwindigkeit, innerhalb von knapp zwei Jahren, erreichen. Doch mit Überlichtgeschwindigkeit wäre es möglich, die Zeit-Licht-Grenze vorwärts und rückwärts zu überspringen, das heißt, das Tempo auf Unterlichtgeschwindigkeit zu reduzieren und es dabei so einzurichten, daß wir jederzeit an den Ausgangspunkt der Reise, die Erde, zurückkämen. Bei genauer Planung könnte unsere Ankunft sogar zwischen Bord- und Erdzeit koordiniert werden. Überlichtgeschwindigkeit würde allerdings die Herrschaft über Raum- und Zeitreisen mit sich bringen.

Die Lorentz-Transformation besagt, daß die Zeit für ein Objekt, das sich mit Lichtgeschwindigkeit fortbewegt, zum Stillstand kommt. An einem Photon – einem Lichtteilchen saust alles andere mit Lichtgeschwindigkeit vorbei. Solch bizarre Bedingungen bringen einen weiteren verblüffenden Effekt mit sich, und zwar die Raumkontraktion; das heißt, die Entfernungen zwischen Objekten – Sternen, Galaxien etc. – schrumpfen bei Lichtgeschwindigkeit auf Null als Konsequenz der Fitzgerald-Lorentz-Kontraktion. Mit anderen Worten: Für elektromagnetische Wellen ist Zeit nicht existent, sie sind im Universum überall gleichzeitig. Entfernungen existieren für eine elektromagnetische Welle also nicht. Sie ist überall im Universum gegenwärtig, allerdings nicht für einen Beobachter.

Oft ist auch denjenigen, die sich näher mit Einstein befaßt haben, nicht klar, daß die Relativitätstheorie grundsätzlich Überlichtgeschwindigkeit nicht ausschließt. Wenn sich ein Partikel langsamer als das Licht bewegt, benötigt es unendlich viel Energie, um auf Lichtgeschwindigkeit zu beschleunigen. Die Einsteinschen Gleichungen sind in der Beschreibung von Bewegung, mit dem Schwerpunkt Lichtgeschwindigkeit, von Schönheit und Symmetrie. Unter anderem heißt es darin: Falls ein Elementarteilchen existieren sollte, das schneller als das Licht ist, wird es sich immer mit Überlichtgeschwindigkeit fortbewegen. Auf der anderen Seite der Lichtbarriere würde es aber unendlich viel Energie brauchen, um auf Lichtgeschwindigkeit abzubremsen. Da die Gleichungen solche Schneller-als-Licht-Partikel in Erwägung ziehen, erhielten sie sogar einen Namen: Tachyonen. Er stammt aus dem Griechischen und ist mit schnell oder flink gleichzusetzen. Im Gegensatz zu den hypothetischen überlichtschnellen Tachyonen wurden die Langsamer-als-

Licht-Partikel Tardyonen benannt. Auf der anderen Seite der Lichtschranke liegt eine absonderliche Welt, in der alles gegen den Uhrzeigersinn abläuft. Bewegt man sich dort mit ein wenig Überlichtgeschwindigkeit, läuft die Zeit langsam rückwärts. Darin ist eine gewisse Logik, denn wenn die Zeit bei Annäherung an die Lichtgeschwindigkeit langsamer abläuft und dann bei Lichtgeschwindigkeit stillsteht, muß sie bei Überlichtgeschwindigkeit langsamer laufen, als stillzustehen, das heißt also, sie muß rückwärts laufen. Je schneller man sich in der Tachyonenwelt fortbewegt, um so schneller läuft die Zeit rückwärts. Und je mehr Bewegungsenergie ein Teilchen aufweist, um so langsamer bewegt es sich. In anderen Worten: »Durch die Energiezufuhr wird ein Teilchen immer näher an die Lichtgeschwindigkeitsbarriere gebracht. Verliert ein Tachyon aber Energie, bewegt es sich immer schneller und rast in der Zeit zurück«, stellt der englische Wissenschaftsautor John Gribbin in *Jenseits der Zeit* fest.

Nachdem die Existenz überlichtschneller Partikel – zumindest theoretisch – möglich ist, kann es auch nicht weiter überraschen, daß einige Elementarphysiker Überlegungen hinsichtlich des Nachweises solcher Partikel angestellt haben. Eine Möglichkeit ist hier die sogenannte Cherenkow-Strahlung.

Die nach ihrem Entdecker Pavel Cherenkow benannte Strahlung folgt einem Partikel, das sich mit Überlichtgeschwindigkeit durch Materie bewegt, sozusagen auf dem Fuß. Ein sich schnell fortbewegendes Objekt erzeugt beim Durchbrechen der Schallmauer einen Knall. Bei einem sich schnell fortbewegenden geladenen Teilchen ist es ähnlich, da es einen optischen Knall auslöst. Jedoch ein im Vakuum befindliches geladenes Teilchen, das sich schneller als Licht bewegt, müßte die bläulich schimmernde Cherenkow-Strahlung abgeben, vorausgesetzt, daß es noch über genug Energie zum Abstrahlen verfügt.

Durch die Cherenkow-Strahlung wäre es wahrscheinlich möglich, hypothetischen geladenen Tachyonen auf die Spur zu kommen. Allerdings müßten zuerst die kosmischen Strahlenschauer nach diesen aus dem Weltraum stammenden Teilchen in der oberen Schicht der Erdatmosphäre abgesucht werden. Wenn es zu einem »Zusammenstoß« zwischen einem energiegeladenen kosmischen Strahlungsteilchen und einem gewöhnlichen atomaren Teilchen kommt, wird ein Schauer weniger energiereicher Teilchen erzeugt, die sich auf der Erde nachweisen lassen. Handelt es sich bei einigen auf diese Weise entstandenen Partikeln um Tachyonen, bewegen sich diese rückwärts in der Zeit. Sie erreichen die auf der Erde installierten Meßgeräte nicht nur früher als die meisten anderen Teilchen im Schauer, sondern sogar noch bevor die ursprüngliche kosmische Strahlung mit der oberen Atmosphärenschicht in Berührung gekommen ist.

Die mit kosmischer Strahlung befaßten Forscher haben ihre Ergebnisse akribisch nach Spuren solcher Vorläuferzacken, die von ihrem Meßinstrumentarium kurz vor Ankunft der üblichen kosmischen Strahlenschauer angezeigt wurden, durchsucht. Dabei stießen sie auf einige passende Hinweise, wenn daraus auch keinesfalls die eindeutige Existenz von Tachyonen abgeleitet werden kann. Allerdings sorgten die hypothetischen Tachyonen bereits zu Anfang der siebziger Jahre für einige Aufregung. 1973 stießen die in Australien arbeitenden Forscher Roger Clay und Philip Crouch auf Hinweise von Zacken, die anscheinend auf Vorläuferteilchen zurückzuführen waren, die sich mit Überlichtgeschwindigkeit fortbewegt hatten. Bis heute ist allerdings umstritten, ob diese Hinweise wirklich auf Tachyonen zurückzuführen sind. Und daher »existieren« diese überlichtschnellen Teilchen eben nach wie vor lediglich in Form einer Hypothese.

Als Gerald Feinberg, damals Physikprofessor an der Columbia-Universität, USA, seine aufsehenerregende Arbeit über Tachyonen (*Physical Review*, 1967: »Possibility of faster than light particles«) veröffentlichte, geriet die internationale Fachwelt in »Aufruhr«, da die orthodoxe Zeitvorstellung damit auf den Kopf gestellt wurde.

»Was wir im Moment erreicht haben, kann man sich etwa folgendermaßen vorstellen: Wir fahren einen Traktor vor eine Wand, auf der anderen Seite kommen ein paar Schrauben an, allerdings in unendlich hoher Geschwindigkeit«, erklärt der Kölner Physikprofessor Günter Nimtz salopp sein Schneller-als-Licht-Experiment, das zu weltweiten Debatten führte. In diesem Experiment bediente sich Nimtz des sogenannten physikalischen Tunneleffekts: Eine Menge subatomarer Teilchen, die danach auf eine feste Barriere aufprallt, wird paradoxerweise nicht aufgehalten, sondern ein gewisser Prozentsatz dieser Teilchen durchdringt sie angeblich mit Überlichtgeschwindigkeit.

Wenn es sich hier auch um ein bereits seit längerer Zeit bekanntes Phänomen der Quantentheorie handelt, gelang es Professor Nimtz doch als erstem, ein – wenn auch umstrittenes – Schneller-als-Licht-Experiment durchzuführen: Er setzte die Mozart-Sinfonie Nr. 40 in Mikrowellen um und brachte sie durch ein 11,7 Zentimeter langes Hindernis, das die Mozart-Wellen »durchtunneln« mußten, auf ihre überlichtschnelle Reise. Nach Professor Nimtz sollen sie sich ihren Weg mit 4,7-facher Lichtgeschwindigkeit durch das Hindernis gebahnt haben.

Die Experimente von Professor Nimtz könnten unter Umständen ihre Bestätigung in Versuchen finden, die Professor Raymond Chiao von der Universität in Berkeley durchführte. Damit vollzog er die Experimente von Professor Nimtz nach, jedoch nicht mit Mikrowellen, sondern mit Laserstrahlen. Seine Schlußfolgerung lautete: Theoretisch können auch Menschen »getunnelt« werden. Wie das allerdings geschehen könnte, dafür blieb Chiao die Erklärung schuldig.

Die Anwendung der Überlichtgeschwindigkeit brächte übrigens ungeheure Kausalitätsprobleme mit sich. Denn unsere Auffassung von Ursache und Wirkung träfe dann nicht mehr zu, weil hier die Wirkung der Ursache vorausginge. Angenommen, wir würden die Erde mit unendlich hoher Geschwindigkeit, also mit Überlichtgeschwindigkeit, verlassen, um den rund zwölf Lichtjahre entfernten Planeten Achele des Doppelgestirns Epsilon Eridani aufzusuchen, wäre es dann rein theoretisch – ebenso wie die Reise – möglich, mit einem Superteleskop die »Ereignisse von vor zwölf Jahren« als aktuelles Fernsehen mitzuerleben.

Die Verletzung des Kausalitätsgesetzes läßt sich hier durch das Beispiel eines hypothetischen Tachyonentelefons gut demonstrieren: Da sich Tachyonen schneller als Licht fortbewegen, also in Blitzeseile in die Vergangenheit sausen würden, könnten sie Nachrichten aus der Zukunft in die Vergangenheit übermitteln. Mit anderen Worten: die Nachricht träfe vor ihrer Übertragung ein. Zur interstellaren Kontaktaufnahme mit außerirdischen Zivilisationen wäre also eine Tachyonensende- und -empfangsanlage ideal, da die Verbindungsaufnahme damit ganz ohne Zeitverlust zu bewerkstelligen wäre, falls Tachyonen eines Tages tatsächlich nachgewiesen werden sollten.

Leben unter Sternen

Einige Wissenschaftler gehen davon aus, daß jede fortge-schrittene Zivilisation weise und gütig sein müßte, weil sie sich andernfalls höchstwahrscheinlich selbst ausgerottet hätte – so, wie wir es allem Anschein nach zu tun im Begriff sind. Lange anhaltender Fortschritt könnte dagegen nicht nur bedeuten, daß sie die Gefahr der Selbstvernichtung überwunden hat, sondern auch – à la »Independence Day« – den Drang, Aggressionen und Zerstörungswut auf andere Welten zu übertragen.

Bei hochentwickelten Zivilisationen dürften Intelligenz und technologisches Wissen sehr oft Voraussetzung sein. Ist solch ein Entwicklungsstadium erst einmal erreicht, sind damit allerdings auch nicht zu unterschätzende Gefahren verbunden wie: Ausbeutung natürlicher Rohstoffquellen bis hin zum Totalverbrauch, kriegerische Handlungen mit Kernwaffen oder anderen Selbstvernichtungsmechanismen und auch nicht aufzuhaltende Überbevölkerung als globale Bedrohung.

Mit welcher Lebenserwartung könnten Hochzivilisationen denn überhaupt rechnen? Nach Kalkulationen des deutschen Astronomen Sebastian von Hoerner liegt die kritische Phase für die Lebensdauer einer Hochkultur bei viertausendfünfhundert Jahren. Gelingt es ihr, einen solchen Zeitraum zu überdauern, hat sie berechtigte Aussichten, ein hohes Alter zu erreichen, das unvorstellbare Möglichkeiten der

Weiterentwicklung in wissenschaftlich-technologischer und ethischer Hinsicht in sich birgt. Hochentwickelte Zivilisationen haben sicher schon längst die Erfahrung hinter sich gelassen, daß Krieg teuer ist. Außerdem dürfte es kaum durchführbar sein, sich gegenseitig umzubringen und gleichzeitig fortgeschrittene Technologien zu entwickeln, die Reisen zu anderen Sonnensystemen ermöglichen.

Oberflächlich betrachtet hat es den Anschein, als habe die Evolution des Lebens Jäger, Räuber und Krieger bevorzugt – Wesen, die schnell sind, wendig und aggressiv. Dennoch scheint die fundamentale Tendenz allen Lebens im Selbsterhaltungstrieb, in der Kooperation und im Aufbau zu liegen. Auf unserer Erde bedeutet Leben ein riesiges kooperatives Aufbauprojekt, das von unzähligen Arten ausgeführt wird. Es ist also eine Art Symbiose auf globaler Ebene. Von dem Standpunkt aus gesehen, wäre die Jagd – beziehungsweise die Raublust – letztendlich nicht von überragender Bedeutung, sondern entscheidender wäre hier das Kooperationsverhalten. Denn schließlich würden zügellose und besonders fähige Räuber-Jäger-Krieger für jeden Planeten nur eine einzige überlebende Art bedeuten – nichts zu essen, außer sich gegenseitig aufzufressen.

Vorausgesetzt, außerirdische Intelligenzen wären ebenso kontaktfreudig wie wir Menschen, dann würden sie wahrscheinlich versuchen, mit den unterschiedlichsten Kommunikationstechniken Verbindungen herzustellen. Aber eine Verständigung mit Außerirdischen dürfte kaum einfach sein, wie intelligent und bereitwillig sie auch sein mögen, ihre Erfahrungen und ihr Wissen mit uns oder anderen auszutauschen – zu teilen. Außerdem können wir kaum erwarten, mit Wesen Verbindung aufzunehmen, deren Weltanschauung und Auffassung sich von unserer unter Umständen so unterscheidet, wie die von Delphinen sich von der von Ameisen unterscheidet. So wissen wir zwar mittlerweile, daß Delphine und bestimmte Wale mit großen, komplexen Gehirnen ausgestattet sind, wir haben jedoch bisher keinen oder, sagen wir, nur einen ganz beschränkten Weg gefunden, um mit ihnen zu kommunizieren. Wäre es also möglich, sich mit einer anderen Zivilisation in einem anderen Teil des Universums zu verständigen?

Der Astronom Dr. Carl Sagan war der Ansicht, daß die Mathematik unsere beste Chance als interstellare Sprache sei. So könne beispielsweise die Kenntnis von Primzahlen in der Erstellung eines Kommunikationssystems hilfreich sein.

Der Astronom Frank Drake, Professor an der University of California in Santa Cruz und Pionier auf dem Gebiet der Suche nach Radiobotschaften von extraterrestrischer Intelligenz durch Radioteleskope, ist der Ansicht, daß selbst der einfachste Gedankenaustausch von unschätzbarem Wert sein könnte. So beispielsweise ein einfaches Ja oder Nein auf die Frage: »Können wir durch Kernfusion Energie erzeugen?« Eine Antwort auf diese Frage würde der Menschheit viele Milliarden Dollar und Jahre mühsamer Forschungsarbeit ersparen.

In seiner Biographie *Signale von anderen Welten* stellt Drake unter anderem fest: »Die Existenz von Außerirdischen ist kein Problem, das sich auf theoretischer Ebene lösen läßt, gleichgültig, wie zwingend die Argumente auch erscheinen. SETI (Suche nach extraterrestrischer Intelligenz) ist per Definition eine experimentelle Wissenschaft. Wir können sinnvolle Experimente durchführen, um zu entdecken, ob irgendeine andere Zivilisation möglicherweise versucht, mit uns zu kommunizieren. Durch eine entsprechende Entdeckung könnten wir beweisen, daß sie existieren. Aber selbst im ungünstigsten Fall, das heißt, wenn wir keine derartige Entdeckung machen, ist unser Scheitern noch kein Beweis dafür, daß Fremdlinge nicht existieren.«

Es gibt eine beliebige Anzahl von Szenarien, in denen Leben existiert, selbst hochgradig intelligentes Leben, aber es bleibt unentdeckt. Sollten beispielsweise bestimmte Fremdlinge Glasfaserstoffe für ihre gesamten Kommunikationsvorgänge in ihrer Welt benutzen, dann würden keine Radiowellen ausgestrahlt werden, und die Zivilisation bliebe für uns unsichtbar, daher können wir niemals die Nichtexistenz von intelligentem oder anderem Leben im Universum garantieren. Keine noch so große Zahl gescheiterter SETI-Versuche erbringt den Beweis, daß wir allein sind. Wir können nur nachweisen, daß es Leben gibt.

»Ich persönlich glaube nicht, daß wir mit leeren Händen aus unserer Suchaktion gehen werden. Alle auf der Erde beobachteten physikalischen Prozesse hatten irgendwo ihre Gegenstücke. Die Chance, daß ein beliebiger irdischer Prozeß einzigartig im Universum ist, dürfte die unwahrscheinlichste aller Möglichkeiten sein. Andere intelligente Lebensformen werden sich äußerlich sehr von uns unterscheiden – sie könnten dem Wesen aus E.T. ähneln oder uns durch ihre Schönheit blenden –, aber da bin ich sicher, Leben selbst ist ein weitverbreitetes Phänomen«, so Drake.

Ein Erfahrungsaustausch mit einer außerirdischen Zivilisation könnte allerdings auch eine Reihe von Problemen mit sich bringen. Immerhin wäre es möglich, daß unser ethisches, moralisches, religiöses und kulturelles Wertesystem in seinen Grundfesten erschüttert würde, wenn wir uns mit völlig divergierenden Erfahrungen und Ansichten auseinandersetzen müßten. Wie wären dann unsere Reaktionen – Sprachlosigkeit, Schock, Erstaunen, Aggression?! Was geschähe, wenn wir uns mit wesentlich intelligenteren Wesen, als wir es sind, befassen müßten? Würde sich unsere Unterlegenheit etwa in Depressionen, gar einem globalen Minderwertigkeitskomplex äußern oder etwa in Haß umschlagen?

Wie dem auch sei – gehen wir einmal davon aus, daß eine Kontaktaufnahme nicht unter so problematischen Umständen zustande käme und der Empfang einer Radioteleskop-Botschaft zu bestätigen wäre.

Unmittelbar nach der Entdeckung eines intelligenten Signals folgt die delikate Aufgabe, eine Antwort an die absendende Zivilisation zu schicken. »Selbstverständlich habe ich darüber nachgedacht, was ich in einer solch glücklichen Situation antworten würde. Auf diese Gelegenheit habe ich immerhin mein Leben lang gewartet, und das Warten konnte weder mein Vertrauen noch meinen Enthusiasmus schmälern. Trotzdem kann ich nichts Genaueres sagen, denn wenn man ernsthaft nachdenkt, lautet die einzige mögliche Antwort auf die Frage ›Was wirst du sagen?‹ schlicht: ›Es kommt ganz darauf an‹«, schreibt Frank Drake.

Es kommt auf die Art des Signals an und darauf, was es uns sagt. Es kommt auf die weltweite Reaktion an und auf die Entfernung, die die Nachricht zurückgelegt hat. Denn wir werden keinen echten Dialog mit Zivilisationen führen, die unendlich weit von uns entfernt sind, nur ausgiebige Monologe, die sich auf dem interstellaren Postweg in der Ewigkeit kreuzen werden. Es kommt darauf an, ob wir das Signal verstehen. Da der Informationsgehalt einer solchen Botschaft unendlich vielschichtig sein kann, wäre eine von langer Hand vorbereitete und irgendwo in den Akten schlummernde Antwort allenfalls eine von vielen denkbaren Möglichkeiten zu reagieren. Sicher sollte jede Antwort vor ihrer Absendung weltweiten gründlichen Überlegungen von erfahrenen Spezialisten unterliegen.

In einem immer wiederkehrenden Traum empfangen wir unser ersehntes intelligentes Signal von irgendwoher aus der Galaxis. Das Signal ist eindeutig. Es wiederholt sich immer wieder und gestattet uns dadurch, seine Quelle zu bestimmen, die etwa zwanzigtausend Lichtjahre von uns entfernt liegt. Das Signal ist periodisch polarisiert, und offensichtlich hat es einen dichten Informationsgehalt. Aber es wird durch so viele Nebengeräusche gestört, daß wir nicht eine einzige Information entnehmen können. So wissen wir also nur, daß eine andere Zivilisation existiert. Die Nachricht an sich ist nicht zu dechiffrieren.

Sollte sich dieser Traum bewahrheiten, dann wird die dokumentierte Entdeckung fremdartiger Signale natürlich schon die große Neuigkeit sein. Gleichzeitig wird es ein Aufruf sein, der uns auffordert, das zu tun, was immer getan werden muß. Beispielsweise ein viel größeres Radioteleskop-System zu bauen, um Informationen über diese Zivilisation zu erhalten, die uns zeigen, welche Geheimnisse die Außerirdischen mit uns teilen wollen.

So könnte unsere Antwort auf eine Nachricht von einer fremdartigen Zivilisation also eher eine Reaktion auf die Situation sein, als eine tatsächliche Antwort an den Absender. Wir werden die ganze Welt über das Ereignis informieren und ihr mitteilen, daß wir den nächsten Schritt unternehmen, indem wir eine bessere Ausrüstung bauen, mit deren Hilfe wir die empfangene Nachricht auch verstehen wollen. »Wie gerne würde ich in einer solchen Situation den Gang zum Kongreß übernehmen, um dort um Unterstützung für das neue Projekt zu bitten. Ich glaube nicht, daß ich auf großen Widerstand stoßen würde«, sagt Frank Drake.

Noch vor wenigen Jahren hat eine Reihe von Wissenschaftlern die Möglichkeit außerirdischen Lebens kategorisch abgelehnt. Inzwischen hat sich diese Einstellung grundlegend zugunsten der Existenz extraterrestrischen Lebens gewandelt. Nicht zuletzt war dafür die Entdeckung von Lebensbausteinen in den interstellaren Gas- und Staubwolken sowie mikroorganismenähnlichen Strukturen in Meteoriten mitbestimmend. Das Aufspüren anderer Planetensysteme und die überzeugende Hypothese, daß Kometen als Lebensbringer das notwendige biologische Baumaterial zu jungen Planeten transportieren, untermauern die Gewißheit, daß wir nicht allein sind im All. Für die meisten Exobiologen und Evolutionsbiologen ist der Gedanke humanoider Extraterrestrier bis heute unannehmbar; selbst wenn sie bereit sind, exotisches beziehungsweise fremdartiges Leben auf anderen geeigneten Planeten fremder Sonnensysteme zu akzeptieren, ist es für sie unvorstellbar, daß die, wie sie meinen, »von Zufällen gesteuerte Kausalreihe, die auf der Erde schließlich zum Menschen geführt habe, woanders wiederholbar sein könne«.

Auch wenn diese Feststellung auf den ersten Blick zu bestechen scheint, steht sie auf »wackeligen Füßen«. Denn es darf nicht übersehen werden, daß die Existenz erdähnlicher Planeten in anderen Sonnensystemen enorm hoch ist, wie aus Computersimulationen hervorgeht, mit denen die Entstehung von Planetensystemen nachvollzogen worden ist.

Wahrscheinlich entwickeln sich immer wieder Lebensformen, die sich mit der Umwelt ihres Heimatplaneten erfolgreich auseinandersetzen. In vielen Fällen sind dafür Sinnesorgane zur Wahrnehmung und »Greifwerkzeuge«, wie zum Beispiel unsere Hände, notwendig

Zudem war ich immer schon ein überzeugter Verfechter morphogenetischer Felder und morphischer Resonanz. Auch habe ich seit Jahren immer wieder darüber berichtet, wie beispielsweise in meinem Buch *Die Wächter von Eden.*

Der englische Biologe Professor Rupert Sheldrake, Universität Cambridge, geht davon aus, daß alle Formen in der Natur, also Organisationsmuster, durch formbildende Felder bestimmt werden. Diese morphogenetischen Felder verkörpern eine Art Gedächtnis der Natur, das die Erfahrung aller Individuen einer Art – gleichgültig, ob es sich um Pflanzen, Tiere, Menschen oder Außerirdische handelt – speichert. Jedes Individuum stehe durch sogenannte morphische Resonanz mit diesen Feldern in Verbindung, durch die sowohl seine Entwicklung und Form als auch seine charakteristischen Verhaltensweisen gesteuert werden, meint Sheldrake.

»Jedes natürliche System einer bestimmten Art besitzt sein eigenes spezifisches Feld, und so sprechen wir von einem Insulinfeld, einem Buchenfeld, einem Schwalbenfeld … Alle Arten von Atomen, Molekülen, Kristallen, lebenden Organismen werden von solchen Feldern geformt. Morphische Felder sind, wie die bekannten Felder der Physik, nichtmaterielle Kraftzonen, die sich im Raum ausbreiten und in der Zeit andauern. Sie befinden sich innerhalb und in der Umgebung des Systems, welches sie organisieren.«

Sheldrake nimmt sogar an, daß die gesamte Evolution des Universums durch morphische Felder bestimmt worden ist bzw. wird. Die Theorie der morphischen Organisationsfelder deutet hier auf eine entscheidende Konsequenz hin: Die sogenannte Selbstorganisation von Lebenssystemen erhält durch morphische Resonanz Informationen von bereits existierenden Systemen. Danach müßten Leben und Bewußtsein unter der Voraussetzung geeigneter ökologischer Bedingungen im Universum weit verbreitet sein. Nach diesem Prinzip wäre die Voraussetzung humanoider Lebensformen im All in anderen Planetensystemen gegeben.

Ein wichtiges Indiz für die Existenz außerirdischen Lebens könnte der Marsmeteorit »Allen Hills 84001« sein, der sich vor etwa dreizehntausend Jahren von der Marsoberfläche löste und nach einem Irrlauf durch das All schließlich vom Gravitationsfeld der Erde eingefangen wurde und dann in der Antarktis abstürzte. Sorgfältige Untersuchungen haben ergeben, daß mikroskopisch kleine, wurmartige und eiförmige Gebilde in diesen Meteoriten eingeschlossen sind, die versteinerten irdischen Bakterien verblüffend gleichen. Zudem wurden im Umfeld dieser Marsmikroben zum Beispiel auch noch die von irdischen Bakterien ausgeschiedenen Magnetite und Eisensulfide entdeckt. Übrigens besteht seit einigen Jahren kein Zweifel mehr, daß »ALH 84001« vom Mars stammt. Denn NASA-Wissenschaftler haben seine chemische Zusammensetzung mit Bodenproben des Viking Landers verglichen und so eindeutig die verblüffende Übereinstimmung von beiden festgestellt, auch wenn der Lebensnachweis in diesem Meteoriten noch nicht stichhaltig erwiesen ist.

Der unter anderem mit revolutionierenden Fusions-Energieprojekten befaßte amerikanische Plasmaphysiker Dr. John Brandenburg hat kürzlich eine Entdeckung von weitreichender Bedeutung gemacht. Es gelang ihm nämlich, in einer überzeugenden Analyse nachzuweisen, daß einige von den auf der Erde eingeschlagenen CI-kohligen Chondriten oder dunklen Steinmeteoriten, mit ihrem eingeschlossenen organischen Material, ursprünglich vom Planeten Mars stammen. Er beweist anhand des am 14. Mai 1864 im Orgueil, bei Toulouse in Frankreich, niedergegangenen sogenannten Orgueil-Meteoriten, daß dessen eingeschlossene organische Verbindungen durch den Einfluß von Wasser nichtirdischen Ursprungs Veränderungen durchgemacht haben und die geochemische Zusammensetzung dieses Meteoriten eindeutig auf den Mars hinweist. Schon vor der Pathfinder-Mission bestanden kaum Zweifel, daß auf der Marsoberfläche in einer früheren Periode große Wassermengen vorhanden gewesen sein müssen, das heißt: große, flache Meere beziehungsweise Seen. Brandenburg ist der Meinung, daß diese CI-Chondrite, die sich durch ihren Gehalt an Sauerstoff-Isotopen von anderen kohligen Chondriten unterscheiden, der Südhemisphäre des Planeten entstammen.

Die fünf bekannten CI-Meteoriten (kohlige Chondrite) gehören zu einer Untergruppe exotischer, lehmartiger Meteoriten, die wie Ölschiefer aussehen und teerähnliches organisches Material enthalten. Außerordentlich bemerkenswert ist jedoch, daß sie mit versteinerten Mikroorganismen »vollgestopft« sind, die den primitiven Bakterien aus der Frühgeschichte der Erde ähneln.

Der von der NASA im letzten Sommer bekanntgegebene Marsmeteorit ALH 84001 unterscheidet sich wesentlich von den CI-Meteoriten. Der NASA-Meteorit gleicht einem Lavabrocken, dessen Risse mit Kalkstein ausgefüllt sind, und seine organischen Formen können nur in millionstel Teilen gemessen werden; demgegenüber enthalten die CI-Meteoriten einen organischen Anteil von ungefähr zwei Prozent des Gesamtvolumens. Mit anderen Worten, sie beinhalten über zwanzigtausend Prozent mehr organisches Material als der NASA-Meteorit.

Da Meteoriten dieser Klasse seit langer Zeit bekannt sind, ist ihr möglicher Ursprung vom Mars um so überraschender. Wie dem auch sei – Brandenburg hat nachgewiesen, daß sie alle mit Sauerstoff des auf dem Mars gefundenen spezifischen Gewichts ausgestattet sind, der etwas schwerer ist als der auf der Erde vorhandene Sauerstoff.

Die NASA-Entdeckung von Leben in einem Marsmeteoriten wird stark unterstützt, wenn die von Brandenburg herausgestellte Meteoriten-Klasse weiterhin als vom Mars stammend anerkannt wird. Mit einer gültigen Bestätigung dieser Meteoriten als »Marsianer« wird wahrscheinlich die von der NASA verfolgte entscheidende Frage in der Marsforschung jetzt nicht mehr lauten: Hat es Leben auf dem Mars gegeben, sondern: Welche Art von Leben existierte auf dem Mars, und warum ging es unter?

Zur Fortentwicklung des Lebens ist vor allem eine lange Lebenserwartung des Muttergestirns, wie zum Beispiel bei unserer Sonne, notwendig, damit die Ökosphäre – die Temperaturzone – lange genug aufrechterhalten bleibt. Verantwortlich für die Geburt eines Sterns ist die Gravitation, unter deren Einfluß sich interstellare Gas- und Staubwolken bis zu einem Stadium verdichten, das zur Kernfusion führt. Blicken wir zum dunklen Nachthimmel auf, erscheinen uns die Sterne als Symbol der Ewigkeit. Jedoch verglichen mit der enormen Zeitskala unseres Universums, haben Sterne nur eine relativ geringe Lebensspanne. Sobald ihr nuklearer Treibstoff aufgebraucht ist, verblassen einige von ihnen sanft, andere dagegen werden in einer gewaltigen Explosion zu Supernovae und wieder andere verlassen unser Universum mit einem unvorstellbar dramatischen Abgang. Sterne sind durch ungeheure Entfernungen voneinander getrennt; so ist der uns nächstgelegene – abgesehen von unserer Sonne –, der 4,2 Lichtjahre entfernte Stern Proxima Centauri.

Pionier in der Entfernungsbestimmung von Gestirnen war der Amerikaner Harlow Shapley (1885-1972). Aus seinen Beobachtungen vom Mount-Wilson-Observatorium in Kalifornien mit Hilfe von Teleskop, Spektroskop und Fotometer leitete er eine Reihe bedeutender Ergebnisse ab, so zum Beispiel: die Entfernung der Sterne voneinander, die gegenseitige Umlaufgeschwindigkeit von Doppelgestirnen und nicht zuletzt die Bestimmung ihrer Entfernung von der Erde. Zudem erkannte er, daß unser Planetensystem keinen bevorzugten Platz in einem Universum einnimmt, sondern lediglich in einem »Vorort der Milchstraße« Legt.

Der entscheidende Durchbruch in der Entfernungsermittlung von Himmelskörpern (auch am Mount Wilson) gelang jedoch Edwin Powell Hubble (1889-1953). Dies allerdings sehr zum Leidwesen von Shapley, der Hubble nicht ausstehen konnte. In seinen Augen war dieser arrogant und anmaßend, vor allem aber brachte ihn dessen – wie er sich ausdrückte – aufgesetzter Oxford-Akzent in Rage, und das, obwohl Hubble doch, genau wie er selbst, in Missouri zur Welt gekommen war! Hubbles Oxford-Studium spielte hier absolut keine Rolle. Er, Shapley, stand voll und ganz zu seiner Überzeugung, daß Hubble, wenn man ihn nachts plötzlich aus dem Schlaf risse, im unverkennbaren Missouri-Jargon antworten würde. Hubble selbst gab keinen Deut darauf, was die Leute von ihm dachten. Den meisten kam der große Mann mit dem ausgeprägten Kinn, dem schmalen Mund und dem durchdringenden Blick recht unzugänglich vor, wenn auch sein Freundes- und Bekanntenkreis ganz anderer Ansicht war.

1929 entdeckte Hubble, daß sich die als eigenständig erkannten, weit entfernten Galaxien von uns zurückziehen – und zwar um so schneller, je weiter sie von uns entfernt sind. Nach dieser Erkenntnis wird klar, daß Galaxien durch die Ausdehnung der Raum-Zeit voneinander weichen, so wie sich die Flecken auf einem Luftballon beim Aufblasen voneinander entfernen. Damals hatte Hubble aus den »Flucht«-Geschwindigkeiten der Galaxien die Expansionsrate des Universums mit fünfhundert Kilometern pro Sekunde – pro Megaparsec abgeleitet. Ein Megaparsec entspricht 3,26 Millionen Lichtjahren. Aus dem Wert der sogenannten Hubble-Konstante läßt sich der Zeitpunkt nachvollziehen (errechnen), an dem das Universum noch ein hochkomprimierter Punkt war, der dann nach dem Urknall zum expandierenden Universum wurde. Wie sich aber herausstellte, war der erste Hubble-Wert viel zu hoch. Denn nach dieser Konstante wäre das Universum lediglich zwei Milliarden Jahre alt – also wesentlich jünger als die meisten Sterne.

Der amerikanische Astronom Allan Sandage erarbeitete 1956 einen neuen Wert der Hubble-Konstante, mit hundertachtzig Kilometern pro Sekunde, pro Megaparsec, dem ein fünf Milliarden Jahre altes Universum entsprach. Später schraubte Sandage den Wert auf fünfzig herunter, einem Alter des Universums von etwa zwölf Milliarden Jahren entsprechend. Allerdings waren diese Altersbestimmungen von der höchst unsicheren kosmischen Massedichte abhängig.

1976 wurde Sandage von dem französischen Astronomen Gerard de Vaucouleur, Universität Texas, mit einem der Hubble-Konstante entsprechenden Wert von hundert herausgefordert sowie einem zehn Milliarden Jahre alten Universum. Darüber entbrannten hitzige Debatten zwischen den Kontrahenten, von denen jeder eigenwillig darauf bestand, im Recht zu sein. Es ist möglich, daß die Hubble-Konstante nicht nur einen feststehenden Wert hat, sondern unterschiedliche, die für die diversen Entwicklungsstadien des Universums gelten könnten. Nach wie vor bleibt der genaue Wert der Hubble-Konstante als Indiz für die Altersbestimmung des Universums äußerst umstritten. Die Messungen sind kompliziert und stützen sich auf das Prinzip der sogenannten Rotverschiebung.

Schon 1923 war dem amerikanischen Astronomen Vesto Slipher vom Lowell-Observatorium die sonderbare Tatsache aufgefallen, daß bei sechsunddreißig von einundvierzig untersuchten Galaxien das Licht zum roten Ende ihres Spektrums verschoben war. Edwin Hubble deutete die Rotverschiebung anfänglich durch den sogenannten Doppler-Effekt, benannt nach seinem Entdecker, dem österreichischen Mathematiker und Physiker Christian Doppler (1803-1853).

Der Doppler-Effekt läßt sich an einem einfachen Beispiel erläutern: So klingt der Pfeifton eines sich nähernden Zuges höher als unter normalen Umständen, aber tiefer, wenn sich der Zug entfernt. Denn beim Näherkommen des Zuges werden die Schallschwingungen enger zusammengedrängt, während sie sich mit der Entfernung ausdehnen. Dasselbe trifft auch auf Licht und alle anderen Wellenarten zu. Die Rotverschiebung mit ihren längeren Wellen entspricht also der Entweichgeschwindigkeit der Galaxien. Nähert sich jedoch ein Stern oder eine Galaxie, verschiebt sich das Licht zum blauen Ende – es wird also kurzwelliger.

Nunmehr neuesten Schätzungen nach liegt die Hubble-Konstante zwischen etwa fünfzig bis achtzig Kilometern pro Sekunde, pro Megaparsec.

Ebenso paradox wie problematisch ist die Ansicht der meisten Kosmologen, das Universum sei fünfzehn Milliarden Jahre alt. Astronomen behaupten jedenfalls, daß die ältesten im dichten Kugelsternhaufen entdeckten Sterne sogar sechzehn bis neunzehn Milliarden Jahre alt sind. Damit stellt sich die Frage des »Alters-Paradoxons«. Denn offensichtlich kann das Universum nicht jünger sein als seine alten Sterne.

Entweder ist die Altersbestimmung des Universums falsch – das wäre der festgelegte Wert der Hubble-Konstante –, oder die Daten der Kugelsternhaufen stimmen nicht. Der Astronom Gustav Andreas Tammann, Professor für Astronomie an der Universität Basel, legt jedenfalls einen Hubble-Wert von fünfundfünfzig Kilometern pro Sekunde, pro Megaparsec, zugrunde. »Es deutet vieles darauf hin, daß die Kugelsternhaufen nicht so alt sind, wie häufig behauptet wird, und es kann sehr wohl sein, daß sie nur knapp mehr als zwölf Milliarden Jahre alt sind. Dann scheint alles recht gut stimmig«, sagt Tammann.

Da nahe gelegene Sternsysteme unter dem Einfluß der gegenseitigen Gravitationsfelder stehen, müssen Astronomen, um die durch die kosmische Expansion verursachte Rotverschiebung messen zu können, weit ins All hinausblicken, zum Beispiel zum rund fünfzig Millionen Lichtjahre entfernten Virgo-Sternhaufen.

Schon in den vierziger Jahren unseres Jahrhunderts hatte der Physiker Georg Gamow prophezeit, daß sich eines Tages die Reststrahlung des Universums beziehungsweise des Echos von vor knapp zwanzig Milliarden Jahren als gültig erweisen würde. Das geschah dann auch 1965 durch die Physiker Arno Penzias und Robert Wilson von den Bell-Telephone-Laboratorien in Holmdel, New Jersey. Das von ihnen als lästige Störung empfundene Geräusch in ihrer Hornantenne stellte sich als kosmische Hintergrundstrahlung von drei Kelvin (damals drei Grad Kelvin) heraus. Sie gilt bis heute als überzeugender Hinweis auf den Urknall und wird als seine gekühlte Reststrahlung gedeutet.

In der homogen erscheinenden Hintergrundstrahlung registrierte der COBE-Satellit kleine Fluktuationen – »Ripples« –, die sozusagen das Echo des Urknalls verkörpern. Nach Vermutung von Alan Guth, Massachusetts Institute of Technology, Paul Steinhardt, University of Pennsylvania, und dem russischen Physiker Andrej Linde, Moskau, muß dem »Urknall« eine Phase raschen Aufblähens vorausgegangen sein, eine sogenannte Inflationsphase.

Auch Anfang des 21. Jahrhunderts dürfte der Inflationstheorie in der kosmologischen Forschung das Hauptinteresse zukommen. Die mit dem Satelliten COBE erzielten Entdeckungen besiegelten sozusagen den Bund zwischen Quantenphysik und Kosmologie. Zudem wurden diese durch weitere Beobachtungen aus dem Weltraum sowie irdische Experimente noch untermauert.

Mit der Entdeckung kosmischer Schwankungen erhielt vor allem die entscheidende Frage eine Antwort, wie sich Unregelmäßigkeiten von der Größe der Galaxien und Galaxienhaufen in dem aus der gewaltigen Explosion des Urknalls entstehenden Universum überhaupt entwickeln konnten. Die »Ripples« entsprechen Temperaturschwankungen der Hintergrundstrahlung an verschiedenen Stellen des Weltraums von nur einem dreißigmillionstel Grad Kelvin. Mit einer derartigen Messung ist allerdings eine Spitzenleistung erbracht worden. Die Fluktuationen der Hintergrundstrahlung des Universums sind von einer Größenordnung, die den Dichteschwankungen entsprachen, als sich Materie und Strahlung im Frühstadium des Kosmos trennten.

Ob sich das Universum nun bis in alle Ewigkeit ausdehnt – sich also nach dem Zeitpfeil ausrichtet – oder in ferner Zukunft in sich zusammenstürzt, um durch eine neue Inflationsphase – dem Zeitrad folgend – wieder zu erstehen, hängt von seiner Materiedichte ab – und nicht zuletzt auch davon, ob sich unsere Vorstellungen von der Wirklichkeit mit der Wirklichkeit vereinbaren lassen.

Dimensionen des Unmöglichen

Meine Herren! Die Anschauungen von Raum und Zeit, die ich Ihnen entwickeln möchte, sind auf experimentell-physikalischem Boden erwachsen. Ihre Tendenz ist eine radikale. Von Stund an sollen Raum für sich und Zeit für sich völlig zum Schatten herabsinken, und nur eine Art Union der beiden soll Selbständigkeit bewahren«, eröffnete Einsteins ehemaliger Lehrer, der Mathematiker Hermann Minkowski (1864-1909), bei der »Versammlung Deutscher Naturforscher und Ärzte« in Köln seinen Vortrag.

Als einer von Einsteins Lehrern der Eidgenössischen Technischen Hochschule in Zürich bezeichnete Minkowski diesen als sicherlich sehr intelligenten, wenn auch »faulen Hund«, der »von Mathematik nicht im geringsten belastet« sei. Doch nicht nur mit der Mathematik hatte Einstein wenig im Sinn, auch in anderen Fächern wiesen seine Kenntnisse, in Sichtweite der Abschlußprüfungen, erhebliche Lücken auf. Denn Vorlesungen, die ihn langweilten, hatte er konsequent geschwänzt. Um bei der Prüfung nicht durchzufallen, mußte Einstein das Versäumte so gut es ging und mit Hilfe seines Freundes Großmann sowie dessen akribisch geführten Vorlesungsaufzeichnungen nachholen.

Auch wenn Minkowski von Einstein als Schüler wenig beeindruckt war, hielt er von dessen Relativitätstheorie um so mehr! Minkowski ist es auch zu verdanken, daß er Ein-

steins algebraische Darstellung der speziellen Relativitätstheorie als Grundlage für seine geometrische Beschreibung
der Raum-Zeit als vierdimensionales Kontinuum benutzte
und durch die Einführung der Geometrie in die Relativität
das Verständnis und die Klarheit der Einsteinschen Theorie
wesentlich verbesserte.

Einstein beschrieb Minkowskis Beitrag mit folgenden
Worten: »Die den Forderungen der speziellen Relativitätstheorie genügenden Naturgesetze nehmen mathematische
Formen an, in denen die Zeitkoordinate genau dieselbe Rolle spielt wie die drei räumlichen Koordinaten.« In gewisser
Hinsicht war jedoch die von Minkowski für sein Werk
benützte Sprache noch wichtiger. So bezeichnete er beispielsweise ein im dreidimensionalen Raum zu einem bestimmten Zeitpunkt stattfindendes Ereignis als einen »Welt-
punkt«. Eine Reihe zusammenhängender Begebenheiten
nannte er dagegen »Weltlinie«. Die Zeit benannte er als
»vierte Dimension«. Einstein war sich völlig im klaren darüber, daß diese Sprache Unbehagen auslösen würde. »Den
Nichtmathematiker ergreift ein mystischer Schauder, wenn
er von ›vierdimensional‹ hört, ein Gefühl, das dem vom
Theatergespenst hervorgerufenen gleicht«, schrieb er. »Und
doch gibt es keine allgemeinere Aussage darüber als die,
daß unsere gewohnte Welt ein vierdimensionales, zeiträum-
liches Kontinuum ist.«

Albert Einstein nach existieren also alle Objekte in einem
vierdimensionalen Raum-Zeit-Kontinuum mit eng untereinander verknüpften Dimensionen.

Der Begriff Dimension war in der altgriechischen Geometrie noch leicht verständlich. Denn hier war ein einfacher
Punkt nulldimensional. Eine Linie ohne Breite und Höhe
wurde eindimensional genannt und eine sich in Länge und

Breite ausdehnende Fläche – wie beispielsweise die Seite einer Zeitung – galt als zweidimensional. Ein Raum, der lang, hoch und breit ist, war dreidimensional, und die Zeit, die beispielsweise im Schlaf vergeht, war die vierte Dimension. Mittlerweile, besser gesagt, seit wenigen Jahren ist die geometrische Vorstellung der Dimensionen erheblich komplizierter geworden. So entdeckten Mathematiker im Falle einer Küstenlinie zum Beispiel, daß die Dimension einer endlosen komplexen, steigungslosen Linie über eins liegt. Mit anderen Worten, sie befindet sich zwischen einer Linie und einer Fläche. Aufgrund der Chaostheorie werden wir heute also mit fraktalen Dimensionen konfrontiert. Doch das ist nicht alles, denn sogar unsere erprobten Raum-Zeit-Dimensionen haben sich mittlerweile durch das Bestreben, das Universum mit Hilfe der Geometrie auf einen Nenner zu bringen, in der Zahl erhöht.

Ursprünglich wurde das Konzept weiterer Dimensionen, wie bereits erwähnt, 1919 durch Theodor Kaluza und Oskar Klein im Jahr 1926 vorgelegt.

In der Quantenphysik wird das Verhalten eines Elektrons, Photons oder eines anderen Teilchens durch Gleichungen mit vier Variablen beschrieben. Die sogenannte Schrödingersche Gleichung – benannt nach dem österreichischen Physiker Erwin Schrödinger (1887-1961), der sie als erster aufgestellt hat – ist eine Standardform dieser Gleichungen. Kleins Beschreibung der Schrödingerschen Gleichung enthielt fünf statt der ursprünglichen vier Variablen, und er erbrachte den Nachweis, daß die Lösungen dieser Gleichungen nunmehr als Teilchenwellen darstellbar seien, die sich unter dem Einfluß von Gravitationsfeldern ebenso fortbewegen wie unter dem von elektromagnetischen Feldern.

Heute werden alle Theorien, in denen Felder geometrisch in mehr als vier Dimensionen dargestellt werden, Kaluza-Klein-Theorien genannt.

Nachdem die Vereinheitlichung der elektromagnetischen und der schwachen Kraft gelungen war, suchten Elementarphysiker und Mathematiker nun nach einem »renormalisierbaren« Muster zur Vereinigung aller Naturkräfte. Einige Vorschläge zur Vereinigung der elektroschwachen Kraft und der starken Wechselwirkung kamen in den siebziger Jahren »auf den Tisch«. Um das Problem der Unendlichkeit lösen zu können, wurde der starken Kernkraft nun erstmals die Eigenschaft der Renormalisierbarkeit zuerkannt. Ein weiteres Problem ließ sich jedoch nicht bewältigen: Das nur zu bekannte Hindernis der Gravitation wollte hier nicht passen. Denn der Quantenfeldtheorie zufolge stehen die Gravitonen – also die Teilchen der Gravitation – in gegenseitiger Wechselwirkung. Daraus entstünden endlos komplexe Netze mit der Anomalie unendlich starker Kräfte. Eine ausweglose Situation, da dieses Modell nicht renormalisierbar ist. Eine Lösung stünde möglicherweise mit der Superstring-Theorie im Zusammenhang.

Die erste in den siebziger Jahren veröffentlichte String-Theorie geht auf den an der Universität Chicago tätigen renommierten japanischen Physiker Yoichiro Nambu zurück. Er stellte mit dieser Theorie ein neues, provozierendes Konzept der Elementarphysik zur Diskussion: Danach sind Elementarteilchen nicht punktförmig, sondern vielmehr vibrierende, rotierende »Strings« (Schleifen beziehungsweise Fäden) von lediglich 10^{-13} Zentimetern Länge. Nambu zufolge soll es sich bei Elementarteilchen um ausgedehnte Objekte im Raum handeln, deren innere Anregungszustände zur Entstehung verschiedener Energieniveaus und Resonanzen führen.

Die Superstring-Theorie ist eine Weiterentwicklung durch John Schwarz vom California Institute of Technology und Michael Green vom Queen Mary College in London, die sie optimistisch als TOE (»theory of everything« = »Theorie für alles«) bezeichnen.

Das Baumaterial der Materie wären danach winzigste, superfeine schwingende Fäden – Strings. Im Grunde genommen handelt es sich bei diesen Strings um eindimensionale Unebenheiten im Raumgefüge, die an beiden Seiten offen oder geschlossen sein können wie ein Gummiring oder eine geschlossene Schleife. Jeder String ist in einem bestimmten Schwingungszustand, so wie die verschiedenen, von einer schwingenden Violinsaite erzeugten Obertöne, welche in diesem Beispiel den verschiedenen Elementarteilchen entsprechen.

Nachdem in der neuen Theorie die punktförmigen Teilchen durch die Strings ersetzt wurden, erübrigten sich die gefürchteten Unendlichkeiten bei der Quantenbeschreibung der Kräfte.

Wegen der winzigen Größe der Strings, für die unser derzeitiges Beobachtungsinstrumentarium viel zu groß ist, sehen wir die Strings möglicherweise nur als punktförmige Elementarteilchen.

Nach wie vor sieht es so aus, als wäre die Superstring-Theorie die einzige Möglichkeit, um die Relativitätstheorie, wenn auch in abgewandelter Form, mit der Quantenmechanik in Einklang zu bringen – allerdings nur durch die Einführung zusätzlicher Dimensionen.

Zur Zeit setzen einige theoretische Physiker ein Universum aus dem niedrigsten Energiezustand des Superstring-

Modells voraus; das würde ein Universum aus sechs unendlich kleinen, verdichteten beziehungsweise zusammengerollten und vier intakten Dimensionen bedeuten. Teilchen würden sich bei diesem Modell als eindimensionale Strings in einer zehndimensionalen Raum-Zeit »bewegen«. Nach dieser neuen Vorstellung wäre das Universum aus einem zehndimensionalen Zustand beziehungsweise aus einer Art zehndimensionaler Energie entstanden.

Nach dem Urknall »... krümmten sich einige Dimensionen in sich selbst und führten zu den Strukturen, die wir als Materie bezeichnen, also zu den ›Teilchen‹, die in diesen zusammengerollten Dimensionen schwangen; dabei entstanden auch die Naturkräfte als sichtbare Äußerungen der Verzerrungen in der zugrundeliegenden Geometrie«, schreibt John Gribbin in *Die erste Genesis.*

In seinem kosmischen Modell führte der brillante Roger Penrose, Mathematikprofessor an der Universität Oxford, acht Dimensionen ein. Gemeinsam mit seinem ehemaligen Schüler Stephen William Hawking (geb. 1942) erhielt er 1988 den Wolf-Preis für die Arbeit: »Zu unserem Verständnis des Universums«.

In den sogenannten Twistors sieht Penrose den Urstoff des Universums. Twistors sind abstrakte geometrische Objekte, die in einem höherdimensionierten, der Raum-Zeit zugehörigen Raumkomplex operieren. Diese ineinander verschlungenen, Möbiusschleifen ähnelnden Gebilde sind in einem aus vier Raum- und vier Zeitdimensionen bestehenden Kosmos bestimmend. Aus den vier Zeitdimensionen von Penrose ergeben sich rein theoretisch faszinierende Möglichkeiten, da hier das Kausalitätsprinzip außer Kraft gesetzt wird. Folglich könnten zum Beispiel sowohl Zeitreisen in die Zukunft als auch in die Vergangenheit unternommen werden.

»Meiner Ansicht nach machen wir einen großen Fehler, wenn wir die normalen physikalischen Regeln auf die Zeit anwenden, um uns mit dem Bewußtsein auseinanderzusetzen: Tatsächlich wird die Zeit von uns in einer recht merkwürdigen Art und Weise wahrgenommen. Jedenfalls glaube ich, daß eine unterschiedliche Auffassung für den Versuch notwendig ist, bewußte Wahrnehmung in einem konventionellen geordneten Zeitrahmen zu plazieren. Bewußtsein ist schließlich das einzige uns bekannte Phänomen, demzufolge Zeit überhaupt fließen muß! Die Art, in der die moderne Physik die Zeit handhabt, unterscheidet sich grundsätzlich nicht von derjenigen, mit der Raum behandelt wird, und die beschriebene physikalische ›Zeit‹ fließt eigentlich überhaupt nicht; wir haben eben eine statisch erscheinende fixierte ›Raum-Zeit‹, in der sich die Ereignisse in unserem Universum abspielen! Unserer Wahrnehmung nach fließt die Zeit dennoch. Ich vermute, daß hier eine Art Illusion im Spiel ist und die von uns wahrgenommene Zeit in Wirklichkeit nicht in einer linearen Vorwärtsbewegung dahinfließt, wie wir es empfinden. Ich bin der Ansicht, daß wir hier unseren Wahrnehmungen etwas unterstellen, damit sie im Zusammenhang mit der einheitlich fortschreitenden Zeit einer äußeren physikalischen Realität vernünftig erscheinen«, stellt Roger Penrose in *The Emperor's New Mind* fest.

Im Lauf meiner Recherchen zu meinem Buch *Die Wächter von Eden* und dem ZDF-Film *Auf den Spuren der Weltformel* war es mir vergönnt, mit Roger Penrose in der Universität Oxford ein unvergeßliches Gespräch zu führen. Als wir uns verabschiedeten, erwähnte er noch, daß ihn die »Nahtstelle« zwischen Materie und Geist besonders fasziniere. Künstliche Intelligenz oder »Computerdenken« seien mit dem menschlichen Bewußtsein nicht gleichzustellen, zumal die Bewußtseinsabläufe unseres Gehirns weit über das Computerkonzept hinausgingen und sich durch die derzeitige Wissenschaft nicht zufriedenstellend erklären ließen.

Der internationale Ruf von Penrose und Hawking steht allerdings im Zusammenhang mit den sogenannten Schwarzen Löchern beziehungsweise Singularitäten. Nach Penroses Vorstellungen ist die Einbeziehung der Gravitation in die Quantenphysik – also die Quantisierung der Gravitation – von ausschlaggebender Bedeutung. Zudem stellen Penrose und Hawking im Rahmen der allgemeinen Relativitätstheorie unter Beweis, daß sich das Konzept der Singularität nicht umgehen läßt (Singularität = mathematischer Punkt unendlicher Dichte). Außerdem konnten die beiden Wissenschaftler nachweisen, daß der Beginn des Universums niemals verstanden werden würde, wenn sich nicht ein Weg fände, die Gravitation mit allen anderen Kräften in einer einzigen folgerichtigen »Theorie« für alles zu vereinen.

Eine Singularität ist ein »Ort«, an dem die uns bekannten Gesetze der Physik ihre Gültigkeit verlieren. Wörtlich genommen bedeutet die Gleichung: Es ist ein Punkt von null Volumen und unendlicher Dichte – ein geradezu absurder Gedanke! Doch in den sechziger Jahren zeigten Stephen Hawking und Roger Penrose, daß man nicht um eine Singularität am Anfang der Zeit herumkommt, falls die allgemeine Relativitätstheorie eine genaue Beschreibung der Funktionsweise des Universums ist. Die Art der kosmischen Expansion, wie wir sie heute in Verbindung mit Einsteins Gleichungen beobachten, ist der Beweis für eine Singularität am Anfang.

Die Vorstellung der Singularität beziehungsweise der Schwarzen Löcher geht auf den 1873 geborenen deutschen Astronomen Karl Schwarzschild zurück, der bis zu seinem

Tod am 11. Mai 1916 Direktor des Astrophysikalischen Observatoriums in Potsdam war. Er hatte schon vor Einstein erkannt, daß sich das Universum nicht nach Euklidischer Geometrie erfassen läßt. Kurz nachdem Einstein seine allgemeine Relativitätstheorie veröffentlicht hatte, untersuchte Schwarzschild die Geometrie der Raum-Zeit in unmittelbarer Nähe massereicher Sterne. Aus seinen Berechnungen ergab sich, daß grundsätzlich jeder Stern von mehr als dreifacher Sonnengröße einen kritischen Radius haben mußte, dem ein geradezu unheimlich anmutender Vorgang zugrunde lag. Sobald ein Stern bis auf ein Maß unterhalb des sogenannten Schwarzschild-Radius zusammenstürzt, kollabiert er unaufhörlich weiter bis zu unvorstellbarer Dichte – bis zu einem Punkt, wo er sich aus unserer Raum-Zeit »verabschiedet«. Dieser kritische Radius wurde zu einem wichtigen Bestandteil der theoretischen Astrophysik.

Ein Stern wie unsere Sonne bezieht seine Energie aus einem riesigen Wasserstoffvorrat, der natürlich irgendwann einmal erschöpft sein wird. Wann der Zeitpunkt eintritt, ist von der Masse der Sonne abhängig und von ihrem Energieverbrauch, ihrer Leuchtkraft. In der Regel sind die großen schweren Sterne auch die leuchtkräftigsten. Das führt allerdings auch zu einem schnelleren Verbrauch ihres Brennstoffvorrats. Also Sterne, die sozusagen auf großem Fuß leben, haben eine kürzere Lebensdauer.

Besonders leichte Sterne von weniger als einer halben Sonnenmasse können mit ihrem Wasserstoffhaushalt unter Umständen bis zu tausend Milliarden Jahre überdauern. Immerhin reicht der Vorrat unserer Sonne für rund elf Milliarden Jahre. Sterne der fünffachen Sonnenmasse brauchen ihren Brennstoff dagegen schon in hundert Millionen Jahren auf, und noch massereichere Sterne von der zwanzig- oder gar dreißigfachen Größe sind bereits nach einigen Millionen Jahren »ausgebrannt«, das heißt: die Wasserstoff-Fusion ist zu Ende.

Unsere Sonne mit ihren bisher knapp fünf Milliarden Jahren hat etwa die Hälfte ihres Kernbrennstoffs verbraucht. In weiteren fünf Milliarden Jahren ist der Wasserstoff im Zentrum aufgebraucht. Dann arbeitet sich der Fusionsprozeß langsam schalenförmig nach außen vor, und damit vollzieht sich eine deutliche Veränderung des Stern-Erscheinungsbildes. Während er sich aufbläht, wird seine Oberfläche kühler. Auf diese Weise entwickelt sich ein normaler Stern zum sogenannten Roten Riesen. Im Kern des Roten Riesen verdichtet sich das beim Verschmelzungsprozeß des Wasserstoffs entstandene Helium. Daraus folgt eine weitere Kernreaktion sowie die Fusion von Helium zu Kohlenstoff und Sauerstoff. Durch diese Reaktion wird allerdings weniger Energie erzeugt als vorher beim Verschmelzen von Wasserstoff, außerdem dauert sie nicht so lange. Das Leben des Sterns neigt sich dem Ende zu. Auf welche Weise, ist von der Masse abhängig. Sterne bis zur 1,4fachen Masse der Sonne sterben, indem sie ihre Plasmahülle explosionsartig abstoßen. Ihr Überbleibsel ist in diesem Fall ein kleiner, heller Stern – ein sogenannter Weißer Zwerg, der langsam abkühlt, eine geringere Leuchtkraft hat und schließlich zum Schwarzen Zwerg wird. Auf diese Weise hauchen die meisten Sterne ihr Leben aus.

Größere Sterne werfen ihre Hülle in einer gewaltigen Explosion – einer Supernova – ab. Was übrig bleibt, ist ein sehr kleiner, ungeheuer dichter Neutronenstern. Noch größere Sterne, deren Masse die der Sonne um ein Vielfaches übertrifft, beulen die Raum-Zeit im Verlauf ihres Verdichtungsprozesses in derartigem Maß aus, daß schließlich ein rotierender Gravitationstrichter entsteht, in dem der zur Singularität geschrumpfte Stern untergeht. Nur das rotierende Schwarze Loch erinnert an seine ehemalige Existenz. Schwarz, weil die Schwerkraft innerhalb des sogenannten Ereignishorizonts so immens stark ist, daß daraus nicht einmal mehr die Lichtteilchen – die Photonen – entkommen können. Die Raum-Zeit-Struktur um ein Schwarzes Loch ist derart gekrümmt, daß eine Art Horizont entsteht, der nach außen und nach innen wirkt. Wenn sich (theoretisch) jemand außerhalb des Ereignishorizonts befindet, sieht er in Richtung Schwarzes Loch nur schwarz. Und ein anderer, der sich (ebenfalls rein theoretisch) innerhalb des Horizonts aufhält, würde außer schwarz auch nichts sehen.

Durch seine unendlich starke Gravitation ist ein Schwarzes Loch überaus »gefräßig« – es ist eine Art kosmischer Staubsauger, der alles, was ihm vor den »Schlund« kommt, gierig verschluckt. Vom Weltraumteleskop Hubble wurde im Zentrum der Galaxie NGC 4261 im Virgo-Haufen ein schwarzes Riesenloch von über dreihundert Lichtjahren Durchmesser, aufgrund des von ihm angesaugten leuchtenden Gas-und Staubrings, nachgewiesen.

Nach seiner Flucht vor den Nazis im Jahr 1933 in die Vereinigten Staaten hatte sich Einstein in Princeton, New Jersey, niedergelassen. Aber damit befand er sich auch abseits der europäischen Physiker- und Philosophenszene. Doch es dauerte nicht allzu lang, bis er deren Tradition nach Princeton übertrug und im Institute for Advanced Study einen neuen Kreis um sich scharte, dessen Arbeit bald Früchte tragen sollte. Unter anderem im Zusammenhang mit dem Raum-Zeit-Konzept des 1911 geborenen John Archibald

Wheeler, der nicht nur zum großen Experten und Verteidiger der Relativitätstheorie wurde, sondern auch zu einem der bedeutendsten Kosmologen unserer Zeit.

So gab Wheeler zu bedenken: »Auf die Dauer hat sich keiner der angeblichen Widersprüche zu den Voraussagen der allgemeinen Relativitätstheorie bewahrheitet. Keine logische Inkonsequenz wurde je in ihren Grundlagen entdeckt. Und keine anerkannte Alternative von vergleichbarer Klarheit und Tragweite konnte je vorgebracht werden.«

Im September 1939 veröffentlichte er in Zusammenarbeit mit seinem Lehrer, dem berühmten dänischen Physiker und Nobelpreisträger Niels Bohr (1885-1962), Pionier der Quantenmechanik, eine theoretische Abhandlung über den Kernspaltungsprozeß, genauer gesagt, über ein Tropfenmodell des Atomkerns. Es war nicht nur die erste, sondern auch die letzte in der Physical Review frei veröffentlichte, umfassende Studie auf diesem Gebiet, das danach strengster Geheimhaltung unterworfen wurde.

1940 war Wheeler der Leiter einer Forschungsgruppe, die sich mit der Quantenmechanik befaßte, welcher auch Richard Feynman (1918-1988), Physiker am California Institute of Technology und Nobelpreisträger, angehörte. Feynmans Theorie der sogenannten Quantenelektrodynamik, kurz QED genannt, leistete einen wichtigen Beitrag auf dem Weg zur Verschmelzung von spezieller Relativitätstheorie und Quantenmechanik. Aber bekannt wurde Feynman vor allem durch seine Diagramme und die sogenannte S-Matrix (S = Streuung), die sich mit der Kollision und Streuung von Elementarteilchen befassen. Durch die Feynman-Diagramme lassen sich viele Eigenschaften der Materie voraussagen.

Der Princeton-Physiker Wheeler hatte das Establishment nicht allein durch eine in der *Physical Review* 1962 erschienene Gemeinschaftsarbeit mit Robert W. Fuller unter dem Titel »Causality and Multiply-connected-Space-Time« (Kausalität und vielfach-verbundene Raum-Zeit) herausgefordert. Darüber hinaus hatte Wheeler längst nach Hinweisen gesucht, um die Kluft zwischen der allgemeinen Relativitätstheorie und der Quantenphysik zu überbrücken. Nach der allgemeinen Relativitätstheorie war er von der Existenz »Schwarzer Löcher« – wie er sie getauft hatte – absolut überzeugt. Er betrachtete sie als eine Art Treffpunkt zwischen der allgemeinen Relativitätstheorie und der Quantenphysik. Aber gerade daraus ergab sich für ihn, daß sich das Wesen der Raum-Zeit-Struktur nur vom Standpunkt beider Theorien beurteilen läßt.

Der scheinbare Gegensatz zwischen der Relativitätstheorie und der Quantenphysik war dafür »verantwortlich«, daß die moderne Kosmologie das Universum als relativistische Szene hinstellt, in der Energie und Materie von der Quantenphysik bestimmt werden und nicht durch die Relativitätstheorie. Mit seiner Quantisierung des Raums hat Wheeler nun versucht, die Raum-Zeit mit Hilfe beider Theorien einzuordnen. Seiner Meinung nach kennt die Physik kein Prinzip mit der gleichen universalen Macht wie die Quantenphysik. »Je mehr wir ihr nachgehen, um so klarer wird, daß sie das wichtigste Prinzip zu sein scheint, von dem sich alles andere irgendwie ableitet«, sagt Wheeler.

Theoretisch hat Wheeler die Unschärferelation insgesamt auf Raum, Zeit, Materie und Energie ausgedehnt. Hier wird die kosmologische Raumgeometrie nur als eine Wahrscheinlichkeitstheorie angenommen – sozusagen als die Summe der Unschärfen aller Raumquanten im Universum.

Für Wheeler setzt sich der Raum aus sogenannten Geonen, also Raumquanten zusammen. Die daraus von ihm entwickelte neue Wissenschaft wurde unter der Bezeichnung Geometrodynamik bekannt. Sie behandelt die Geometrie als gekrümmten Raum, das heißt, die Dynamik der Geometrie selbst. Da Raum und Zeit gekrümmt sind, müssen sie notwendigerweise über Masse verfügen.

Wheeler betrachtet die Krümmung der Raum-Zeit-Struktur durch die Masse als Beweis für die Existenz seiner hypothetischen Geonen oder Raumteilchen.

Einstein zeigte, daß es in Wahrheit nur gekrümmte Linien gibt und keine geraden. Man müsse sie nur lange genug verfolgen, um diese Tatsache zu erkennen. So beschreibe ein Lichtstrahl, der das gesamte Universum durchquere, einen vollständigen Kreis, bevor er zu seinem Ausgangspunkt zurückkehre. Mit diesem Beispiel erklärte Einstein auch seinen berühmt gewordenen Scherz, daß jemand mit Luchsaugen, der lange genug in den Himmel starre, schließlich seinen eigenen Hinterkopf vor Augen hätte. Allerdings seien einige Ewigkeiten an Geduld gefragt, bevor das »Hinterkopf-Licht-Bild« die Reise um das Universum geschafft hätte.

Wheeler setzte also voraus, daß alles im Universum gewissermaßen gekrümmt ist, ob es nun die Raum-Zeit-Struktur ist, Sterne oder Planeten. Aber jede massive Fläche – aus welchem Material sie auch immer beschaffen ist – weist bei starker Vergrößerung winzige Löcher auf. Wheeler vermutete ähnliches in der Raum-Zeit-Struktur. Er nimmt an, daß die gekrümmte Geonenwand winzige Löcher aufweist, »Wurmlöcher«, wie er sie taufte, und veranschaulicht alles durch einen Vergleich mit dem Ozean: Von einem Flugzeug aus zehn Kilometern Höhe betrachtet, sieht er glatt und unbeweglich aus. Von einem Boot im Wasser aus wirkt er unruhig. Gischt schäumt, und Wellen brechen sich tosend an einer Küstensteilwand. So scheint der Raum vom Standpunkt des Normalbürgers aus glatt und unbewegt zu sein – auf atomarer und nuklearer Ebene homogen. Könnten wir jedoch in Bereiche unterhalb der Größe nuklearer Struktur vorstoßen, hätte die Raumstruktur das Aussehen eines Schwamms. Die Raum-Zeit der Quanten-Geometrodynamik kann auch mit einem Schaumteppich verglichen werden, der durch Quantenfluktuationen immer wieder winzige Löcher von 10^{-33} Zentimetern virtuell (die auftauchen, um sofort wieder zu verschwinden) entstehen läßt.

Wheeler nimmt an, daß die gesamte Raum-Zeit-Struktur von Wurmlöchern durchzogen ist und den Gesetzen der Quanten-Geometrodynamik zufolge aus einer schaumartigen Struktur besteht. Der auf der anderen Seite dieser Wurmlöcher liegende Wheelersche Superraum beziehungsweise Hyperraum ist durch sie mit unserem Universum verbunden. Im Superraum selbst gibt es weder Raum noch Zeit; in dieser »unwirklichen« Welt würden sich alle Geschehnisse sofort zeitlos abspielen. Jede Bewegung hätte sich bereits mit ihrem Beginn vollzogen. Die Frage, ob diese Welt groß oder klein ist, warm oder kalt, Ecken oder Rundungen hat, wäre ohne Bedeutung, da es die uns bekannten Begriffe und Dimensionen dort nicht gibt. Vergangenheit und Zukunft wären im Superraum sinnlos. So verblüffte Wheeler seine interessiert lauschende Zuhörerschaft vor der American Association for the Advancement of Science mit einer faszinierenden Darstellung seines Superraums: »Im Superraum wäre die Frage, was geschieht danach, nichtssagend. Die Worte vorher, nachher und beinahe hätten hier keine Bedeutung mehr, und der Begriff Zeit im üblichen Sinne wäre überhaupt nicht mehr anwendbar.«

Wheeler vergleicht unser Universum in der Form mit einem Kranz. Auf seiner festen, aus unzähligen Geonen bestehenden, gekrümmten Oberfläche sind alle Sternensysteme situiert, während sich der Superraum im Kranzloch befindet. Wheeler und Fuller fragten sich, ob ein mit Lichtgeschwindigkeit »reisendes« Signal von einem anderen überholt werden kann, das eine viel kürzere Strecke durch ein Wurmloch und den Superraum »vorzieht«, und ob die Gesetze der allgemeinen Relativitätstheorie durch solche zeitlosen Reisen verletzt würden? Sie kamen zum Schluß, daß Wurmlöcher nicht nur aufgrund der Einsteinschen Theorie möglich sind, sondern auch als Reiserouten durch sie hindurch.

Wie wir gesehen haben, sind diese Wurmlöcher jedoch so winzig, daß sie als »Eingangstür« für größere Objekte, wie beispielsweise Raumschiffe, offensichtlich ungeeignet wären. Allerdings sehen einige Wissenschaftler, so zum Beispiel der Physikprofessor Matt Visser von der Washington-Universität St. Louis, Missouri, in der Raumquantenfluktuation die Möglichkeit der Entstehung großformatiger Wurmlöcher, die sich zur Durchführung von Zeitreisen eignen könnten.

Die Schleusen des Hyperraums

Kip S. Thorne, Professor für theoretische Physik am California Institute of Technology, befaßte sich bereits Mitte der achtziger Jahre mit der theoretischen Untersuchung von sogenannten Wurm- beziehungsweise Schwarzen Löchern sowie möglichen Hyperraum-Verbindungen durch die normale Raum-Zeit. Er beauftragte zwei Doktoranden, Michael Morris und Ulvi Yurtsever, die Strukturen und das physikalische Verhalten von Wurmlöchern theoretisch zu erforschen. Den damaligen Verfechtern der Relativitätstheorie war längst klar, daß die Gleichungen der Relativitätstheorie solcherart Verbindungen durch den Hyperraum zulassen.

Denn bereits 1935 war in der *Physical Review* eine Gemeinschaftsarbeit von Albert Einstein und Nathan Rosen unter dem Titel »Das Partikel-Problem in der allgemeinen Relativitätstheorie« in Princeton veröffentlicht worden. Als festen Bestandteil der Schwarzschildschen Lösung stellten Einstein und Rosen mit ihren Gleichungen unter Beweis, daß Schwarze Löcher in Wirklichkeit Tore zu zeitlosen Brücken – sogenannte Einstein-Rosen-Brücken – zwischen verschiedenen Regionen der normalen, der ebenen Raum-Zeit verkörpern.

Morris und Yurtsever kamen in ihren Untersuchungen zum Ergebnis, daß die Raum-Zeit-Geometrie der Wurm- oder Schwarzen Löcher Zeitreisen theoretisch zuläßt. Mit anderen Worten: Nach den uns bekannten physikalischen

Gesetzen sind solche Reisen möglich; und die Einstein-Rosen-Brücken bieten uns Verbindungswege durch den Hyperraum, um weitentlegene Bereiche des Universums praktisch im Nu zu erreichen.

Nach den ersten von Schwarzschild durchgeführten Berechnungen Schwarzer Löcher wurde jedoch angenommen, daß Materie, die in ein Schwarzes Loch gerät, zur Singularität zermalmt wird. Hypothetisch würde demnach ein Raumschiff, das zufällig oder absichtlich in ein Schwarzes Loch stürzt, untergehen; das heißt, die ungeheure Schwerkraft und die mörderischen Röntgenstrahlen würden es vernichten. Eine Vermutung, die durch den an der Universität Texas in Austin arbeitenden neuseeländischen Physiker Roy P. Kerr widerlegt werden sollte. In seiner Arbeit wies dieser nämlich eindeutig nach, daß Schwarze Löcher rotieren. Und eine rotierende Masse wie ein Schwarzes Loch würde dabei Raum und Zeit mitschleppen. Nach Kerr sind die Eigenschaften eines rotierenden Schwarzen Lochs außerhalb des Ereignishorizonts denen von Schwarzschild ähnlich. Aber das Innere des Schwarzen Lochs ist hier völlig anders. Denn nach Schwarzschild geht beispielsweise ein Objekt, das in ein Schwarzes Loch stürzt, in der Singularität unter. Doch Kerr zufolge kann ein solches Objekt die Singularität vermeiden, wenn es das rotierende Schwarze Loch – diesen Zeittunnel – durchquert, um in einem anderen Teil des Universums oder gar in einem fremden Universum mit anderen Naturgesetzen durch ein »Weißes Loch« wieder zum Vorschein zu kommen. Nach der Kerrschen Lösung wären rotierende Schwarze Löcher eine Art Transitschleusen zu anderen Welten und anderen Zeiten. Vereinfacht: Ein Schwarzes Loch ist einem Wasserstrudel mit riesiger Öffnung vergleichbar, die theoretisch durchquert werden kann, oder auch dem Auge eines Hurrikans, in dem Ruhe herrscht, während außerhalb die Naturgewalten toben. Kerr konnte darüber hinaus in seinen Gleichungen nachweisen, daß sowohl rotierende Schwarze Löcher als auch rotierende Weiße Löcher über je zwei Ereignishorizonte verfügen: einen äußeren und einen inneren. Dabei ist der innere Ereignishorizont sozusagen das Gegenteil des äußeren, in dessen Bereich Raum und Zeit entartet sind.

Die Struktur eines rotierenden Schwarzen Lochs ist somit recht komplex: die Singularität im Zentrum ist kein mathematischer Punkt, sondern ein Ring, durch den, wenn das Schwarze Loch massiv und groß genug ist, theoretisch ein Raumschiff auf seiner Zeitreise – vorwärts im Raum und rückwärts in der Zeit – hindurchtauchen könnte. Die Ring-Singularität ist vom inneren Ereignishorizont umgeben, den wiederum der äußere Ereignishorizont umschließt. Das Ganze ist umhüllt von der mitgeschleppten Raum-Zeit-Schale, der sogenannten Ergosphäre. Eine weitere Möglichkeit, Schwarze Löcher als Transitschleusen zu anderen Raum-Zeit-Epochen beziehungsweise anderen Welten zu benützen, wäre eine Passage zwischen den Horizonten.

Taucht ein Raumschiff mit seiner Besatzung theoretisch in ein Schwarzes Loch ein und durchquert die Ring-Singularität, steht die Welt nach neuesten Berechnungen sozusagen auf dem Kopf. Denn die Besatzung stieße hier in eine »negative Raum-Zeit« vor, in der sich die Schwerkraft zur abstoßenden Kraft umkehrt. Mit anderen Worten: Das Raumschiff würde nicht mehr gezogen, sondern geschoben.

Schon das ist schwer genug zu verstehen; die dieses Anti-Schwerkraft-Universum beschreibenden Gleichungen weisen jedoch noch eine weitere, noch schwerwiegendere Folgeerscheinung auf. Würde ein Astronaut durch den Ring tauchen, jedoch in seiner Nähe bleiben und in einer entsprechenden Bahn um den Mittelpunkt des Schwarzen Lochs kreisen, wäre er damit auf einer Reise in die Vergangenheit. In gewisser Weise kann man den Ankunftsort erreichen, bevor man abgereist ist. Aber es wäre kaum möglich, sich mit dem Ausgangsort in Verbindung zu setzen, um sich selbst eine Nachricht zukommen zu lassen, bevor man die Reise angetreten hätte.

Noch exotischer als ein normales rotierendes Schwarzes Loch ist eine sogenannte nackte Singularität. Denn sobald die Rotation eines Schwarzen Lochs schnell genug ist, könnte es gegebenenfalls seine Ereignishorizonte abstoßen und wäre damit ein nacktes Schwarzes Loch. Die Konsequenz wäre hier, daß ein Raumschiff durch den Ring in die Region der negativen Raum-Zeit vorstoßen würde und wieder zum Ausgangspunkt zurückkehren könnte, da die Einbahnstraßenhorizonte nun kein Hindernis mehr wären. Denn normalerweise sind Schwarze Löcher ja »Einbahnstraßen«, aus denen es kein Zurück gibt.

»Wenn es irgendwo im Universum eine solche nackte Kerr-Singularität gibt, wäre es im Prinzip möglich, von jedem derzeitigen Aufenthaltsort aus an jeden Ort im Universum und in jede Zeit – Vergangenheit, Gegenwart oder Zukunft –, in die man wollte, zu reisen, wenn man den richtigen Weg findet«, stellt Gribbin fest.

Dazu wäre es nicht einmal nötig, die Lichtgeschwindigkeit zu überschreiten. Außerdem lassen die Gleichungen der allgemeinen Relativitätstheorie die Möglichkeit von Zeitreisen ausdrücklich zu.

Fraglos existieren rotierende Schwarze Löcher, da sie das Resultat übergroßer Sterne sind, die sich um die eigene Achse drehen. In *Die Einstein-Rosen-Brücke* habe ich diesen Prozeß beim Zusammensturz eines solchen Sterns ausführlich beschrieben. Um den Vorgang noch einmal kurz zusammenzufassen: Wenn also ein solcher Stern am Ende seiner Lebensspanne kollabiert, verringert sich der Abstand der Masse von der Achse, und damit erhöht sich die Rotationsgeschwindigkeit – ähnlich wie bei einem Eiskunstläufer, der beim Drehen einer Pirouette die Arme immer näher an den Körper – zur Achse – bringt.

Je weiter der Verdichtungsvorgang eines Sterns fortschreitet, um so mehr erhöht sich seine Rotationsgeschwindigkeit. So kann sich beispielsweise ein Pulsar bis zu viermal oder noch öfter pro Sekunde um die eigene Achse drehen. Da jedoch Schwarze Löcher bedeutend massereicher sind als Pulsare, muß ihre Umdrehungsgeschwindigkeit auch verhältnismäßig höher sein. Demzufolge verfügt jedes Schwarze Loch über Masse und Drehimpuls. So dreht sich, Berechnungen zufolge, ein Schwarzes Loch von zehn Sonnenmassen etwa tausendmal pro Sekunde um die eigene Achse. Sein Durchmesser wäre dabei etwa sechzig Kilometer, und die durch die Zentrifugalkraft geschaffene Öffnung hätte einen Durchmesser von rund sechshundert Metern. Dieses circa sechshundert Meter weite »Loch« wäre sozusagen die »Pforte« zur Einstein-Rosen-Brücke oder der Eingang zur augenblicklichen, zeitlosen Passage in einen anderen Bereich unseres Universums, wenn nicht gar zu Paralleluniversen.

Daher ist es zumindest vorstellbar, daß Schwarze Löcher mit ihrem inneren Ereignishorizont theoretisch einer hochentwickelten Raumfahrtzivilisation eine einzigartige Möglichkeit bieten könnten, über die Einstein-Rosen-Brücke oder den Hyperraum ohne Zeitverlust interstellare oder auch intergalaktische Reisen zu verwirklichen.

Voraussetzung dazu wäre allerdings, daß ein in der Kreisbahn um den Schwarzschild-Radius befindliches Raumschiff seine Geschwindigkeit auf das Rotationstempo des Schwarzen Lochs ausrichtet, um unbeschädigt in seine Öffnung eintauchen zu können. Um sich der Randgeschwindigkeit des Schwarzen Lochs anzugleichen, müßte das Raumschiff bei einem rotierenden Schwarzen Loch von zehn Sonnenmassen auf wenig mehr als sechzig Prozent der Lichtgeschwindigkeit beziehungsweise auf rund hundertsiebenundachtzigtausend Kilometer pro Sekunde beschleunigen! Es würde über die Einstein-Rosen-Brücke oder durch den Wheelerschen Hyperraum – sozusagen vorwärts im Raum und rückwärts in der Zeit – durch einen Raum-Zeit-Sprung an einer anderen Stelle im Universum aus einem Weißen Loch im normalen Raum-Zeit-Kontinuum wieder zum Vorschein kommen. Allerdings ist bisher nicht geklärt, ob diese rotierenden Zeitreisetunnel zu Paralleluniversen führen oder ob sie in einer U-förmigen, durch die enorme Schwerkraft verursachten Biegung tatsächlich wieder zu anderen Regionen unseres Universums leiten.

Lösungen für das Navigationsproblem der »Transitwege« durch Schwarze und Weiße Löcher gibt es allerdings vorläufig nur in Form von Modellvorstellungen. Einen ersten Anlauf in dieser Richtung unternahm bereits in den sechziger Jahren Martin Kruskal, Spezialist für Plasmaphysik und ein Kollege von Wheeler in Princeton. In einer Reihe von Gleichungen arbeitete Kruskal ein Koordinatensystem aus, mit dem er die Struktur eines Schwarzen Lochs beschreiben konnte. Zumindest schuf er damit eine theoretische Basis zur Nutzung der Schwarz-Weiß-Loch-Transitwege. Die Kruskalsche Metrik beziehungsweise seine Diagramme bieten den Schlüssel zum Verständnis Schwarzer Löcher. Später verbesserte Roger Penrose die Kruskalschen Raum-Zeit-Diagramme durch graphische Darstellungen, die inzwischen unter der Bezeichnung Penrose-Diagramme bekannt geworden sind.

Professor Reinhard Genzel und Dr. Andreas Echart vom Max-Planck-Institut für extraterrestrische Physik in München beobachteten das Zentrum unseres Sternensystems jahrelang mit hochempfindlichen Infrarotkameras. Sie fotografierten es von der Europäischen Südsternwarte in Chile aus und stellten dann beim Vergleich ihrer Aufnahmen fest, daß sich die Sterne dort mit der »sagenhaften« Geschwindigkeit von 5,4 Millionen Stundenkilometern zum Zentrum bewegen. Dabei entdeckten die Wissenschaftler im Zentrum der Milchstraße ein Schwarzes Loch, das nach ihren Berechnungen zweieinhalbmillionenmal so schwer ist wie unsere Sonne.

Theoretisch könnte dieses gigantische Schwarze Loch als Zeitmaschine dienen, allerdings nur in Richtung Zukunft. Dazu hätten es die Astronauten nicht einmal nötig, ihr Raumschiff wagemutig in den rotierenden schwarzen Gravitationsschlund hineinzusteuern, sondern müßten sich nur in der Nähe des Ereignishorizonts aufhalten. Je näher sie sich an diesen heranwagen würden, um so stärker wären die Auswirkungen des Zeitsprungeffekts. Bei einem geeigneten Orbit, am Rand des Ereignishorizonts entlang, könnte die Reisedauer, den Uhren des Raumschiffs entsprechend, nur einige Stunden dauern, während draußen, im Universum der ebenen Raum-Zeit, Hunderte oder Tausende von Jahren vergangen sind. Für die Raumfahrer käme das einem gigantischen Zeitsprung in die Zukunft in nur wenigen Stunden gleich.

Wir wollen uns einmal auf eine imaginäre Reise in ein Schwarzes Loch begeben und davon ausgehen, daß sich außerhalb des Ereignishorizonts ein Beobachtungsposten befindet. Von seinem Standpunkt aus muß das von unserem Raumschiff ausgestrahlte Licht an den Seiten des rotierenden Gravitationstunnels mit Lichtgeschwindigkeit aufwärts »kriechen«, dabei jedoch die ständig zunehmende Entfernung bewältigen. Auf dem Weg nach oben wird das Licht zunehmend gedehnt; das heißt, es wird mehr und mehr zum roten Ende verschoben, je tiefer unser Raumschiff in den Höllenschlund eintaucht. Mit der stets größer werdenden Entfernung und Beschleunigung des Raumschiffs verbindet der Beobachtungsposten die immer stärkere Rotverschiebung und die im gleichen Maß schwächer werdende Lichtquelle unseres Raumschiffs – wenn diese auch (theoretisch) nie ganz aus seinem Blickfeld verschwindet. In der Praxis würde die Rotverschiebung allerdings so rapide zunehmen, daß das Licht wie auch jede andere elektromagnetische Strahlung zu schwach wäre, um noch entdeckt werden zu können.

Angenommen, wir würden auf unserem Weg ins Schwarze Loch von unserem Raumschiff aus jede Sekunde, die wir uns weiter vom Beobachtungsposten entfernen, ein Signal an ihn senden, dann muß jedes der aufeinanderfolgenden Signale weiterhin die Wände des endlosen Tunnels »aufwärtsklettern« und braucht daher immer länger, um den Beobachter zu erreichen. Er hätte den Eindruck, als würde sich das Raumschiff ständig langsamer fortbewegen, je mehr es sich dem Ereignishorizont nähert. Soweit es den Beobachter betrifft, würde es ewig dauern, dorthin zu gelangen. Wenn das Raumschiff den Ereignishorizont nach endloser Zeit erreicht, wäre es für den Beobachter allem Anschein nach in der Zeit gefroren. Denn für ihn steht die Zeit um das Raumschiff still.

Nach dem Eintauchen in das Schwarze Loch wird für uns im Raumschiff die Raum-Zeit-Struktur äußerst interessant. Es beginnt damit, daß die Zeit raumähnlich wird und umgekehrt der Raum zeitähnlich. In diesem Fall bedeutet die Raumähnlichkeit der Zeit, daß alle normalerweise mit dem Raum in Verbindung gebrachten Eigenschaften, zum Beispiel sich rückwärts und vorwärts bewegen zu können, auf die Zeit zutreffen. Die Zeitähnlichkeit des Raums bedeutet wiederum, daß die normalerweise mit der Zeit in Zusammenhang gebrachten Eigenschaften nun auf den Raum im Schwarzen Loch zutreffen; das heißt, wir können uns nur in eine Richtung bewegen – vorwärts, es gibt kein Zurück. Wird jedoch die Zeit zum Raum, können wir uns auch rückwärts – zurück in der Zeit bewegen. Beim Passieren des Ereignishorizonts haben wir mit unserem Raumschiff die Lichtgeschwindigkeitsgrenze überschritten und bewegen uns aus diesem Grund nunmehr rückwärts in der Zeit – aber vorwärts im Raum, Richtung Zukunft. Die Passage durch die Einstein-Rosen-Brücke vergeht daher in Nullzeit (!), theoretisch könnten also durch diese Abkürzungen gigantische Entfernungen ohne Zeitverlust überbrückt werden.

Falls wir unsere Reise durch das Schwarze Loch und die Ring-Singularität heil überstehen, werden wir von einem rotierenden Weißen Loch sozusagen wieder »ausgespuckt«. Schwarze und Weiße Löcher verbinden somit zwei Raum-Zeit-Kontinuen.

Schon 1969 hatte der brillante Oxford-Mathematiker Roger Penrose im Zusammenhang mit Schwarzen Löchern eine großartige Entdeckung gemacht. Ausgehend von den

Kerrschen Gleichungen sowie der Feldgleichung von Einstein fand er heraus, daß Schwarze Löcher mit ihrem Drehimpuls die Rotationsenergie des Raum-Zeit-Strudels speichern. Und da sich dieser Vorgang außerhalb des Ereignishorizonts vollzieht, könnte dieses enorme Energiepotential angezapft und genutzt werden. Bei einem äußerst schnell rotierenden Schwarzen Loch wäre der Energieausstoß achtundvierzigmal höher als der gesamte Nuklear-Energieausstoß der Sonne. Wir werden noch erfahren, daß die Rotationsenergie eines Schwarzen Lochs ein ideales Kraftwerk für eine Zeitmaschine darstellen würde.

Der 1942 in Oxford geborene Cambridge-Theoretiker und -Kosmologe Stephen William Hawking – der breiten Öffentlichkeit bekannt geworden durch sein populäres Buch *Eine kurze Geschichte der Zeit* – verblüffte die Welt der Astrophysiker mit der orakelhaften Aussage, daß explodierende Schwarze Löcher nicht mehr schwarz sind. Die Erleuchtung war ihm an einem trüben Novemberabend, kurz vor dem Zubettgehen, gekommen – bei ihm ja kein einfacher Prozeß, da er sich durch eine neuromuskuläre Erkrankung schon sehr früh mit dem Rollstuhl abfinden mußte.

Nachdem er zur Überzeugung gekommen war, daß bestimmte Schwarze Löcher Partikel abstrahlen und schließlich sogar explodieren können – also nicht absolut schwarz sind –, arbeitete er die Schwarze-Loch-Theorie noch einmal akribisch unter allen Gesichtspunkten durch. Seitdem spielen seine theoretischen Studien in der kosmologischen Forschung eine bedeutende Rolle.

In seiner Arbeit verband Hawking drei bis dahin getrennt behandelte Begriffe – Gravitation, Quantenmechanik und Thermodynamik. Damit verdeutlichte er, daß bestimmte Schwarze Löcher unter besonderen Umständen einen Strom von Partikeln abgeben. Dazu sagte Hawking später: »Es hatte den Anschein, als seien die Schwarzen Löcher weiß geworden.« Mit ausströmenden Partikeln, über die er förmlich gestolpert sei, hätte er allerdings zuletzt gerechnet. Unerfreulicherweise hätten sie sein Modell ruiniert, und er hätte nichts unversucht gelassen, um sie wieder »loszuwerden«. Schließlich sei bis zu diesem Zeitpunkt immer vorausgesetzt worden, daß Schwarze Löcher Materie zwar »verschlukken«, aber nicht »ausspucken«.

Hawking ging von der Überlegung aus, daß sich Schwarze Löcher unter Umständen auch schon während des gewaltigen Entstehungsprozesses des Universums gebildet haben könnten. Selbst wenn Sterne mit unter drei Sonnenmassen nicht durch ihren Massedruck zu Schwarzen Löchern kollabiert waren, war ihm bewußt, daß sich Kompressionsvorgänge dieser Art während der Geburt des Universums durchaus abgespielt haben könnten. Doch auch andere Einflüsse hätten dafür verantwortlich gewesen sein können, da auch Himmelskörper mit unter drei Sonnenmassen durch quantenmechanische Prozesse zum Schwarzen Loch werden können.

So hätte beispielsweise der Schwarzschild-Radius für unsere Sonne einen Durchmesser von etwa drei Kilometern. Würde sie sich auf dieses Volumen verdichten, wäre sie als Schwarzes Loch nicht mehr »auffindbar«.

Weil durch den Entstehungsprozeß unseres Universums Schwarze Urlöcher vorausgesetzt werden müssen, ist wahrscheinlich auch unsere Milchstraße von unzähligen Schwarzen Minilöchern durchsetzt. Die einem Schwarzen Urloch entsprechende Masse käme dabei ungefähr einer Milliarde Tonnen gleich, wenn es auch nicht größer als ein Proton wäre und im Raum-Zeit-Kontinuum nicht einmal einem »Wespenstich« entspräche. Der Schwarzschild-Radius muß, nach Hawking, nur die Größe eines Elementarteilchens haben, um durch die allgemeine Relativitätstheorie sowie die Quantenmechanik definiert werden zu können. Damit wäre ein Schwarzes Miniloch quasi ein Bindeglied zwischen den Gesetzmäßigkeiten, die Makro- und Mikrokosmos bestimmen. Das bedeutet, daß Gravitation auch den Gesetzen der Quantenmechanik unterliegt. Auch die Quantengravitation ließe sich demzufolge als Wechselwirkung von Partikeln einordnen.

Der Raum spielt für Hawking bei Entstehungsprozessen eine Schlüsselrolle. Elementarteilchen wie Elektronen und ihre »Spiegelbilder«, die Positronen, bilden sich ständig als Komplementärpaare aus »geborgter« Energie, die höchstwahrscheinlich von starken Gravitationsfeldern stammt. Die »geschuldete« Energie fände dann ihren Ausgleich in der gegenseitigen Zerstrahlung.

Sollte einer der beiden kurzlebigen Partikel im Umkreis eines Schwarzen Lochs dort hineingeraten, könnte sich sein »hinterbliebener« Partner ungehindert vom Schwarzen Loch »absetzen«. Einem in weiter Entfernung zuschauenden Beobachter würde allerdings der Eindruck vermittelt werden, als würde der Zurückgelassene geradewegs das Schwarze Loch verlassen. Die zur Existenz dieses Partikels benötigte Energie – das heißt, die geborgte, aber nicht zurückerstattete Masse – hätte ihren Ursprung in der Masse-Energie des Schwarzen Lochs. Nach Hawkings Berechnungen müßten zu kleine Schwarze Minilöcher, die deswegen nicht geeignet wären, dem Raum Materiemengen zu entziehen, außen am Rand ständig Strahlungsenergie abgeben. Ein Prozeß, durch den sich die Masse des Schwarzen Lochs natürlich laufend reduzieren würde.

Nach der Darstellung von Hawking würde das Schwarze Loch durch den aufgrund der Strahlung eintretenden Energieverlust mit der Zeit evaporieren. Wegen seiner Materiestruktur käme es dann irgendwann zu einer Explosion von der Stärke einer Hundert-Millionen-Megatonnen-Bombe, von einer Flut von Gammastrahlen und hochenergetischen Partikeln begleitet. Bei normalen, also großen Schwarzen Löchern aus stellarer Materie hätte dieser sogenannte Hawkingsche Strahlungsprozeß praktisch keine Auswirkungen.

Je kleiner Schwarze Löcher sind, um so heißer werden sie, jedoch nimmt ihre Lebensdauer auch entsprechend ab. Für Hawking wöge ein urzeitliches Schwarzes Loch eine Milliarde Tonnen, hätte eine Temperatur von hundertzwanzig Millionen Grad, wäre heißer als weißglühend und würde harte Gammastrahlen aussenden. Inzwischen wäre es für die mit unserem Universum gleichzeitig entstandenen Schwarzen Minilöcher an der Zeit, in einer gewaltigen Explosion zu verdampfen.

Ein durch Sternimplosion entstandenes, jüngeres Schwarzes Loch von beispielsweise etwas über zwei Sonnenmassen hat eine sehr niedrige Temperatur. Aus diesem Grund verläuft der Evaporationsprozeß anfangs auch sehr langsam, und zwar so langsam, daß mehr als 10^{67} Jahre vergehen, bevor es merkbar schrumpft. jedoch später, beim zunehmenden Schrumpfprozeß, erhitzt es sich nicht nur dementsprechend, sondern gibt auch mehr Strahlung ab, und der Evaporationsprozeß beschleunigt sich. Wenn sich die Masse des Schwarzen Lochs von tausend bis zu hundert Millionen Tonnen reduziert hat und sein Ereignishorizont nur noch den Bruchteil der Größe eines Atomkerns beträgt, erhitzt sich die Temperatur des Schwarzen Lochs von einer Trillion bis auf hunderttausend Trillionen Grad, um sich dann in einem Sekundenbruchteil in einer ungeheuren Explosion aufzulösen.

»Wenn das, was wir für wirklich halten, von unserer jeweiligen Theorie abhängt, wie können wir dann die Wirklichkeit zur Grundlage unserer Philosophie machen? Ich würde sagen, ich bin tatsächlich insofern ein Realist, als ich glaube, daß uns ein Universum umgibt, das darauf wartet, untersucht und verstanden zu werden ... Aber ohne eine Theorie können wir nicht erkennen, was am Universum real ist. Deshalb vertrete ich die Auffassung, die man als schlicht oder naiv bezeichnet hat, daß eine physikalische Theorie nur ein mathematisches Modell ist, mit dessen Hilfe wir die Ergebnisse unserer Beobachtungen beschreiben. Eine Theorie ist eine gute Theorie, wenn sie ein elegantes Modell ist, wenn sie eine umfassende Klasse von Beobachtungen beschreibt und wenn sie die Ergebnisse neuer Beobachtungen vorhersagt. Darüber hinaus hat es keinen Sinn zu fragen, ob sie mit der Wirklichkeit übereinstimmt, weil wir nicht wissen, welche Wirklichkeit gemeint ist«, reflektiert Stephen Hawking in »Einsteins Traum«.

Einige Autoren haben die Wurmlöcher enthusiastisch als Zeitreisepassagen propagiert. Dabei wurde aber oft übersehen, daß die sogenannten Wurmlöcher instabil sind – im Gegensatz zu den großen Schwarzen Löchern. Wurmlöcher öffnen sich nur einen winzigen Moment, um sich sofort wieder zu schließen. Der Vorgang vollzieht sich in Blitzeseile, so daß nicht einmal ein Partikel genügend Zeit zum Durchschlüpfen fände.

Daher ist es auch nicht weiter erstaunlich, daß einige Physiker den Versuch gemacht haben, den Eingang eines Wurmlochs theoretisch mit bestimmten Techniken offenzuhalten. Um Wurmlöcher von ihrer natürlichen Tendenz des Sich-Verschließens abzuhalten, hat sich zum Beispiel Kip S. Thorne mit der (abstoßenden) Antigravitation befaßt, dem »Spiegelbild« der (anziehenden) Gravitation.

Ließe sich Antigravitation künstlich produzieren? Manchmal entsteht sie, weil sich die Energie des Quantenfeldes hin und wieder negativ verhalten kann. Da Energie Masse voraussetzt, ist negative Energie also gleichbedeutend mit negativer Masse beziehungsweise, rein theoretisch, Antigravitation.

Es wäre auch eine weitere Möglichkeit für die Quanten-Antigravitation denkbar. Nach der allgemeinen Relativitätstheorie hat die Gravitation ihren Ursprung sowohl im Druck als auch in der Masse. Exotische Quantenprozesse könnten einen derartigen Druck ausüben, daß ihre Gravitationskraft mit jener der Masse wetteifert. Unter bestimmten Bedingungen kann dieser Druck nicht nur außerordentlich groß sein, sondern sich auch negativ in Form von Antigravitation auswirken. Unter Einbeziehung dieser Möglichkeiten analysierten Thorne und seine Mitarbeiter eine Anzahl von Wurmloch-Lösungen, wo es gelungen war, den Tunnel durch die Quanten-Antigravitation offenzuhalten, ohne die bekannten physikalischen Gesetze zu verletzen. Durch die Materie zusammenziehende und damit auch Singularitäten erzeugende Schwerkraft wird der Eingang des Wurmlochs verschlossen. Soll er offen bleiben, muß ein negatives, Druck ausübendes Feld – gleichbedeutend mit Antigravitation – vorhanden sein. Die mit dem Unterdruck verbundene Antigravitation hebt die Wirkung der Schwerkraft innerhalb des Wurmlochs auf und hält damit seinen Eingang offen.

Der 1909 im Haag geborene Physiker Hendrik Casimir entdeckte bereits 1948 einen Weg zur Erzeugung von Quanten-Antigravitation: den sogenannten Casimir-Effekt. Das heißt, zwischen zwei parallel aufgestellten Metallplatten, die nur ein winziger Zwischenraum trennt, kommt es durch eine Fülle vergänglicher elektromagnetischer Wellen aller Längen zu Störungen im sogenannten Quantenvakuum, das zu einer minimalen Anziehungskraft führt.

Nachdem nur bestimmte Strahlungswellenlängen zwischen beiden Platten Platz finden, sausen weniger virtuelle Photonen zwischen den Platten umher als außerhalb. Daher wirkt eine äußere Kraft auf die Platten ein und drückt sie zusammen. Mit anderen Worten, ein Antigravitationseffekt entsteht.

Es besteht also die Überlegung, den Casimir-Effekt in den Ein- und Ausgängen künstlich erzeugter Wurmlöcher zu installieren, um sie somit zu Zeitreisemaschinen umzufunktionieren.

Eine weitere intellektuelle Spielerei geht von dem Gedanken aus, mit Hilfe der Anziehungskraft der Gravitation den Ausgang eines Wurmlochs zu dessen Eingang zu schleppen, so wie man beispielsweise Anfang und Ende eines Gartenschlauchs nebeneinander plaziert. Der Zeitreisende würde in die Öffnung des Wurmlochs eintauchen, aber durch einen Zeitsprung umgehend am gleichen Ort, jedoch zu einer anderen Zeit, am Ausgang des Wurmlochs wieder auftauchen.

Existiert vielleicht schon eine Art Verbindungsnetz für Zeitreisende im All, das bereits von fortgeschrittenen fremden Zivilisationen benutzt wird?

Ein Princeton-Physiker hält die sogenannten kosmischen Strings für diesen Zweck geeignet.

Zeitmaschinen und String-Antriebe

Jede Reise durch Raum und Zeit besteht aus zwei Bewegungsarten: aus Raumreisen und aus Zeitreisen. Die eine ist ohne die andere nicht denkbar. Während ihrer Rotation um sich selbst dreht sich die Erde gleichzeitig um die Sonne. Und innerhalb der Milchstraße bewegt sich unser Sonnensystem, während sich unser Sternensystem zur gleichen Zeit innerhalb seines Galaxienhaufens fortbewegt.

Theoretisch wären Zeitreisen ohne Raumreisen zwar machbar, wenn auch unsinnig. Denn würden wir uns zweihundert Jahre in der Zeit fortbewegen, aber nicht im Raum, fänden wir uns irgendwo im Weltall wieder, aber nicht dort, wo sich die Erde vor zweihundert Jahren befunden hat.

Würde uns jedoch eine Raum-Zeit-Maschine zur Kaiserkrönung Karls des Großen transportieren, die am 25. Dezember des Jahres 800 durch Papst Leo III. vollzogen wurde, hätten wir uns nicht nur in der Zeit rückwärts bewegt, sondern auch im Raum und befänden uns also zur richtigen Zeit am richtigen Ort auf der Erde.

Vergleichbares geschähe, wenn wir eine Zeit-Raumreise ins Jahr 1712 unternähmen, um dem französischen »Sonnenkönig«, Ludwig XIV., in Versailles einen Besuch abzustatten. Wir würden den gewählten Ort auf der Erde zum richtigen Zeitpunkt erreichen. Wenn also von Zeitreisen die Rede ist, geht es immer um Reisen durch die Raum-Zeit.

Der amerikanische Kosmologe Richard Gott von der Princeton-Universität schlägt vor, die sogenannten kosmischen Strings als »Schnellstraßen« für Zeitreisen in die Vergangenheit zu nutzen. Einige Kosmologen betrachten diese kosmischen Strings als Relikte, die kurz nach dem Urknall unseres Universums entstanden sind. Nach der heftigen Inflationsphase des Kosmos in den ersten Sekundenbruchteilen der Schöpfung verlief, dieser Theorie zufolge, nicht alles gleichmäßig und glatt. Nach Berechnungen haben sich die mit diesem Übergang in Zusammenhang stehenden Feldveränderungen wahrscheinlich eher in voneinander getrennten, unterschiedlichen Regionen des frühen Universums – in sogenannten Domänen – unabhängig voneinander vollzogen. An den Grenzen dieser durch den Übergang der Inflationsphase zum heutigen Universum entstandenen Domänen kam es jedoch durch negative Schwerkraft zu Verzerrungen in der Raum-Zeit-Struktur. Diese »Risse« in der Raum-Zeit blieben in Form sehr dünner, unendlich langer Röhren-Strings erhalten. Nach dieser Vorstellung betrüge ihr Durchmesser eintausend Milliarden Milliarden Milliardstel eines Zentimeters. Dennoch hätte etwa ein Kilometer Länge dieser kosmischen Strings das Gewicht der gesamten Erde. Und ein solcher sich quer über das Universum erstreckender »Faden« von zehn Milliarden Lichtjahren Länge könnte in einer Kugel von weniger als der Größe eines Atoms zusammengeballt werden, hätte jedoch ein Gewicht wie ein Superhaufen von Galaxien. Einige Kosmologen vermuten sogar, daß Galaxien beziehungsweise Galaxienhaufen überhaupt erst durch die Gravitationsenergie der String-Schleifen entstanden sind. In diesen kosmischen Strings sollen heute noch nicht die superdichten, exotischen Energiefelder des frühen Universums enthalten sein.

Nach der Auffassung von Richard Gott können kosmische Strings die Raum-Zeit derartig verzerren, daß sie von einem Zeitreiseschiff zu einer Reise in die Vergangenheit benutzt werden könnten. Angenommen, zwei unendlich lange, parallel verlaufende Strings würden mit annähernd Lichtgeschwindigkeit in entgegengesetzter Richtung aneinander »vorbeibrausen«, dann würde das Zeitreiseschiff zunächst entlang dem sich in seiner Richtung bewegenden String navigieren, um in einer Schleife zum entgegengesetzt »vorbeirasenden« String überzuwechseln. Bei wiederholtem Überwechseln von einem String zum anderen im Bereich der Zeitschleifen wäre es dem Zeitreiseschiff möglich, weit in die Vergangenheit vorzudringen. Auf das dabei entstehende Granny-Paradoxon kommen wir später zu sprechen.

Der in London geborene und heute an der australischen Universität in Adelaide lehrende Physiker Paul Davies stellt zu den Gottschen String-Reisen in *About Time* bissig fest: Es handele sich um reines »make believe«, das unter dem Problem leide, daß Strings mit der erforderlichen Struktur, Bewegung und unendlichen Länge erst einmal vorhanden sein müßten! Auch wenn Zeitreisen nach den Gesetzen der Physik prinzipiell möglich wären, können Zeitschleifen nur durch Manipulation von Materie und Energie unter äußerst extremen Umständen erzeugt werden.

Der heute an der Tulane University in New Orleans tätige Mathematiker und Physiker Frank Tipler veröffentlichte 1974 in der *Physical Review* eine mathematische Abhandlung für den Konstruktionsplan einer Zeitmaschine unter dem Titel: »Rotierende Zylinder und die Möglichkeit einer globalen Kausalitätsverletzung«, wobei die Bezeichnung »globale Kausalitätsverletzung« gleichbedeutend mit »Zeitreise« ist. Tipler zufolge »gibt es durchaus eine echte theoretische Möglichkeit zur Kausalitätsverletzung im Zusammenhang mit der klassischen allgemeinen Relativitätstheorie«. Seine akribischen Vorarbeiten bieten zudem eine solide Basis für weitere Spekulationen im Zusammenhang mit der Durchführbarkeit von Zeitreisen.

Tipler erstellte einen mathematischen Konstruktionsplan für eine Zeitreisemaschine. Zuerst verschaffte er sich Klarheit darüber, ob theoretisch die Möglichkeit für Reisen durch Raum und Zeit unter der Voraussetzung gegeben ist, daß der durch die Raum-Zeit Reisende wieder an seinen Ausgangspunkt zurückkehrt, auch wenn er sich im Verlauf der Reise zeitweilig rückwärts bewegt. Den Beweis für ein positives Ergebnis in dieser Hinsicht erbrachte bereits 1949 der bedeutende, in Brünn geborene Mathematiker Kurt Gödel (1906-1978), der Ende der dreißiger Jahre in die Vereinigten Staaten auswanderte und dann als Professor in Princeton mit Einstein zusammenarbeitete. Bekannt wurde Gödel vor allem durch den entscheidenden philosophischen Lehrsatz, daß »ein formalistisches System in sich nie widerspruchsfrei sein kann«. Oder mit anderen Worten: jedes System beinhaltet Aussagen, die weder als falsch noch als richtig bezeichnet werden können, das bedeutet, daß selbst die Mathematik nie vollständig sein kann.

Seine Weiterführung der Relativitätstheorie brachte Gödel 1949 zu der Schlußfolgerung, daß massereiche Objekte die Raum-Zeit in ihrem Strudel mit sich ziehen und auf diese Weise geschlossene Zeitschleifen beziehungsweise zeitartig in sich zurückkehrende Weltlinien entstehen. Nach diesem Modell stünden Zeitreisen theoretisch nicht im Widerspruch zur allgemeinen Relativitätstheorie, und die Zeitreisenden müßten nicht einmal die Lichtgeschwindigkeit überschreiten. Im Gödelschen Universum kann der Zeit-

reisende prinzipiell von einem Punkt der Raum-Zeit auf-
brechen und innerhalb der geschlossenen Zeitschleifen das
ganze Universum umkreisen, um schließlich wieder am
Ausgangspunkt zur Ausgangszeit anzukommen.

Ausgangsbasis der Gödelschen Überlegung war unser rotierendes Universum mit seinen ebenfalls rotierenden Mas-
sen. Diesem Konzept zufolge werden die einen Bereich zeit-
artiger Kurven begrenzenden Lichtkegel vom rotierenden
Universum in Richtung Rotation gekippt. Sie sind in einer
Weise verformt, durch die es zu einer Überschneidung von
Teilen des zukünftigen Lichtkegels einer bestimmten Region
mit Teilen des vergangenen Lichtkegels einer Nachbarre-
gion kommt. Ist der Abstand von der Rotationsachse groß
genug, kann es beim Kippen der Lichtkegel zu Wechselwirkungen zwischen Zukunfts- und Vergangenheitskegeln von
jeweils zwei benachbarten Lichtkegeln kommen.

Durch die Wahl seiner Weltlinie könnte ein Gödelscher
Zeitreisender Ereignisse seiner fernen Vergangenheit durch
eine einfache Raumreise miterleben. Als Raum-Zeit-Maschine stünde hier der gesamte Gödelsche Kosmos zur Verfügung. Rein theoretisch vollzöge sich diese Reise an der
zeitartig geschlossenen Weltlinie entlang um das ganze Universum.

Die Rotation spielt auch bei Tiplers Zeitreisemaschine
eine entscheidende Rolle. Seinen Überlegungen zufolge
würde eine rotierende nackte Singularität mit ihren geschlossenen, zeitähnlichen Schleifen eine ideale natürliche
Zeitmaschine verkörpern. Eine nach Tiplers Vorstellungen
künstlich produzierte stellt sich theoretisch nach dem Motto
dar: Man nehme einen unbeschreiblich schnell rotierenden,
hundert Kilometer langen Zylinder von zehn Kilometern
Durchmesser, der wenigstens über die Masse unserer Sonne

verfügt, dazu von unglaublicher Dichte ist und in dessen Zentrum sich eine nackte Singularität mit geschlossenen, zeitähnlichen Schleifen bilden kann! Einfach? Theoretisch selbstverständlich. So könnte der Zeitreisende in einer engen Bahn einen schraubenförmigen Kurs um den Zylinder einschlagen und sich somit in der Zeit vorwärts und rückwärts bewegen. Er könnte am Ausgangspunkt ankommen, bevor er abgereist ist. Umkreist der Zeitreisende den Zylinder in einer engen, spiralförmigen Bahn, bewegt er sich in die Vergangenheit, weil dort die Zeit durch die starke Feldeinwirkung schleifenförmig gekrümmt ist. Befindet er sich jedoch in größerem Abstand vom Zylinder, wo die Raum-Zeit ebener ist, bewegt er sich in die Zukunft.

Mit der Tiplerschen Zeitmaschine könnte man zwar in die Zukunft reisen und auch zurück in die Vergangenheit, aber nicht über den Punkt in der Vergangenheit hinaus, an dem die Zeitmaschine gebaut wurde. Sollten wir also morgen in der Lage sein, eine Zeitmaschine herzustellen, könnten wir damit nicht knapp fünftausend Jahre zurückreisen bis zur sumerischen Hochkultur, um dem Helden Gilgamesch die Hand zu schütteln – es sei denn, daß in jener Epoche bereits eine Zeitmaschine existiert hätte, die wir benutzen könnten.

Für den Bau einer Zeitmaschine gibt es einen Alternativvorschlag, der im wahrsten Sinne des Wortes »in den Sternen« steht: Man reihe zehn Neutronensterne aneinander und beschleunige ihre Rotation bis zur Bildung geschlossener Zeitschleifen. Eine Reihe von Wissenschaftlern aus den USA, Rußland und England – wie beispielsweise die Teams von Matt Visser, Kip Thorne, Ian Redmount, Igor Nowikow, Yakir Aharanow, David Deutsch und Michael Lockwood – befassen sich ernsthaft mit den theoretischen Grundlagen für die Durchführbarkeit von Zeitreisen. Thorne bezeichnet diese internationalen Zeitreisetheoretiker als »Konsortium«.

Auf den ersten Blick könnten diese Überlegungen den Eindruck reiner (überflüssiger) intellektueller Spielereien erwecken. In Wahrheit haben sich aus diesen Zeitreisemodellvorstellungen jedoch interessante quantenmechanische Erkenntnisse ergeben, die unter ihrer Einbeziehung eine praktikablere Lösung für die Durchführbarkeit von Zeitreisen andeuten.

Bei Matt Visser, Physiker an der Washington-Universität in St. Louis, würden Zeitreisende die ebene Fläche einer würfelförmigen Zeitschleuse durchdringen, die aus exotischer Energie negativer Spannung – wie beispielsweise aus kosmischen Strings – besteht und an den Würfelrändern strebenartig angeordnet wäre. Die ebenen Raumflächen der Würfelseiten würden die Zeitreisenden durchqueren, ohne mit den gefährlichen Energiestreben in Berührung zu kommen.

Auch die Manipulation von Wurmlöchern zu Zeitreisemaschinen wurde bereits in Erwägung gezogen. Nach Gribbin würde ein solches Szenario folgendermaßen ablaufen: Der Öffnung eines großen Wurmlochs würde eine genau bemessene elektrische Ladung zugeführt, dann die Öffnung mit Hilfe eines elektrischen Feldes ins Schlepptau genommen. Auf diese Weise könnte es auf eine lange Reise mit nahezu Lichtgeschwindigkeit »entführt« und schließlich neben dem anderen Ende des Wurmlochs »geparkt« werden. Dabei könnte es sich beispielsweise um die Hin- und Rückreise zu einem anderen Stern handeln oder aber auch darum, die in Bewegung befindliche Wurmlochöffnung im Kreis herumzuwirbeln, bis ein ausreichend großer Zeitunterschied zwischen den Uhren im bewegten Bezugssystem und der an der Öffnung, also »zu Hause« befindlichen, hergestellt ist. Wichtig ist, daß diese Zeitdifferenz auch dann bestehen bleibt, wenn die in Bewegung befindliche Öffnung wieder stillsteht. Bei diesem Zeitunterschied handelt es sich um eine reale physikalische Eigenschaft des Raums, die mit der sich fortbewegenden Öffnung zusammenhängt. Dieser weniger als die bewegungslose Öffnung gealterte Bereich befindet sich also, mit der zurück- oder »daheimgebliebenen« Öffnung verglichen, in der Vergangenheit.

Weiterhin führt Gribbin aus, daß die Art der Verbindung zwischen Raum-Zeit und Wurmlochgeometrie für die Funktion der Zeitmaschine garantiert. Ein Zeitreisender, der in die sich fortbewegende Öffnung gleitet, würde also die bewegungslos (am anderen Ende) verharrende Öffnung zu dem Zeitpunkt verlassen, der dem entspricht, der auf den Uhren der sich fortbewegenden Öffnung angezeigt ist.

Bricht also ein Reisender an der stationären Wurmlochöffnung um zwölf Uhr Ortszeit auf, benötigt dann etwa zehn Minuten, um die sich fortbewegende Öffnung zu erreichen, trifft er dort – seiner Armbanduhr und der Uhr an der stationären Öffnung zufolge – um 12.10 Uhr ein. Hier gleitet der Reisende in die sich fortbewegende Öffnung, um fast sofort wieder an der stationären Öffnung anzukommen, jedenfalls nach der eigenen Uhr. Aber dort stehen die Uhrzeiger erst auf 11.10 Uhr. Rasch begibt sich der Zeitreisende nun zur sich fortbewegenden Öffnung, wo er um 11.20 Uhr anlangt. Von dort geht es, wie gehabt, wieder zur stationären Öffnung, wo er um 10.20 Uhr ankommt.

Ein Vorgang, der sich nach Lust und Laune beliebig oft wiederholen läßt und bei dem der Zeitreisende sich bis zu dem Punkt immer wieder in der Zeit rückwärts bewegen kann, der als Zeitunterschied zwischen beiden Wurmlochenden festgelegt wurde. Eine Reise in die Vergangenheit ist jedoch auch bei einer Wurmloch-»Transportmaschine« dieser Art nur bis zum Zeitpunkt ihrer Entstehung möglich. Ebenso wie Tiplers Zeitmaschine bietet auch diese die Gelegenheit für Reisen in die Zukunft, allerdings unbegrenzte. In einem solchen Fall benutzt der Reisende die stationäre Öffnung, um sich im Sekundenbruchteil (nach der eigenen Uhr) zur sich fortbewegenden Öffnung transportieren zu lassen und, im Vergleich zum Universum draußen, eine Stunde später wieder aufzutauchen.

Bei allen Überlegungen über die Konstruktion von Zeitreisemaschinen darf keinesfalls vergessen werden, daß es sich dabei lediglich um hypothetische Vorstellungen handelt, die bei uns in absehbarer Zeit wohl kaum in die Praxis umgesetzt werden können. Das ist auch Kip S. Thorne durchaus bewußt, und aus diesem Grund lehnt er den Begriff Zeitmaschine in seinen Arbeiten ab.

Um jedoch den Wunschtraum einer Zeitreisemaschine erfüllen zu können, muß die technische beziehungsweise physikalische Voraussetzung geschaffen werden, die Geometrie eines begrenzten Raum-Zeit-Abschnitts dynamisch zu verändern, um in diesem Bereich geschlossene Zeitschleifen zu erzeugen.

Durch Erkenntnisse der Quantenkosmologie könnten sich interessante Aussichten für neue Zeitreisetechniken ergeben. Schrittmacher auf diesem Gebiet sind vor allem der amerikanische Kosmologe Lee Smolin und sein russischer Fachkollege Andrej Linde. Für Smolin waren Quantenprozesse in einem Urkosmos dafür verantwortlich, daß sich einige Bereiche darin rasch zu eigenständigen Universen aufblähten, die ihrerseits ebenfalls »Ableger«-Universen produzierten. Nach Smolin würden vor allem durch Schwarze Löcher »Baby«-Universen entstehen, von denen einige zum Teil mit den Erbanlagen des »Mutter«-Universums ausgestattet sind. Allerdings kann nicht ausgeschlossen werden, daß in diesen »Ableger«-Universen andere Raum-Zeit-Bedingungen vorherrschen als im »Mutter«-Universum. Nach diesen Vorstellungen führen die Schwarze-Löcher«-Tunnel beziehungsweise die Einstein-Rosen-Brücken zu anderen Universen und nicht zu unterschiedlichen Regionen unseres eigenen Universums. Bei all diesen Modellvorstellungen bleibt allerdings eine Frage unbeantwortet: Woraus und wie entstand der »Mutter«-Kosmos: aus dem Nichts?

In den letzten Jahren hat der Begriff des NICHTS zunehmend an Bedeutung gewonnen. So gehen Astrophysiker davon aus, daß virtuelle Teilchen durch Quantenfluktuationen aus dem sogenannten Nichts entstehen. Diese virtuellen Teilchen sind so kurzlebig, daß es nur den Anschein ihrer Existenz gibt. Wer weiß, vielleicht sollte auch unser winziges Uruniversum lediglich virtuell in Erscheinung treten, aber durch irgendwelche Umstände ist es offensichtlich anders gekommen.

Wer oder was aber setzte die Strategie und die Gesetzmäßigkeiten für die Entstehung von Raum, Zeit, Energie und Materie fest? Etwa ein metakosmisches »Geistfeld« oder mit anderen Worten: ein morphogenetisches Feld, das Resonanzphänomene aktivierte und weiterhin auslöst?

Eine Zeitmaschine – sollte sie je entstehen – müßte durch quantenmechanische Vorgänge Beschleunigung beziehungsweise Gravitationseffekte simulieren, um in ihrem Umfeld geschlossene Zeitschleifen zu produzieren.

Ebenso wie der Kölner Physiker Günter Nimtz beschäftigt sich auch der amerikanische Physiker Raymond Chiao durch quantenphysikalische Tunneleffekte mit Überlichtgeschwindigkeitsexperimenten. Ähnlich wie Nimtz gelang es auch Chiao in Versuchen, einzelne Photonen mit Überlichtgeschwindigkeit zu tunneln. Wie bereits beschrieben, hatte Nimtz die 40. Sinfonie von Wolfgang Amadeus Mozart in Mikrowellen umgewandelt und führte diese Wellen über zwei verschiedene Bahnen von einem Generator zu einem Empfänger. Zum einen wurde ein Hohlleiter für Mikrowellen benutzt; zum anderen wurden die Mikrowellen durch eine scheinbar undurchdringliche Barriere – ein Rohr – geleitet. Überraschenderweise stellte sich heraus, daß die Signale das Hindernis mit Überlichtgeschwindigkeit durchtunnelten. Das bedeutet allerdings auch, daß sich diese Signale rückwärts in der Zeit bewegt hätten. Auf quantenphysikalischer Ebene existiert eben eine andere Raum-Zeit-Wirklichkeit, ein Aspekt, den ich bereits in meinem Buch Supernova ausführlich behandelt habe.

Als erstaunliches Phänomen der Quantentheorie mußte die Einführung der sogenannten »Nichtlokalität« anerkannt werden. Mit anderen Worten: Wenn bestimmte subatomare Systeme in zwei Teile aufgespaltet werden, beeinflussen die an einem Teil vorgenommenen Messungen die Verhaltensweise des anderen Teils, unabhängig vom Vermessungszeitpunkt und der zwischen beiden Teilen herrschenden Entfernung.

Bei einem quantenphysikalischen Vorgang kann es zur Entstehung eines Photonenpaares kommen, in dessen Verlauf sich die Partner auch getrennt so verhalten, als gäbe es zwischen ihnen eine mysteriöse Verbindung, und zwar unabhängig davon, wie weit sie voneinander entfernt sind.

Unmittelbar nach der »Geburt« solcher Photonenzwillinge saust der eine Zwilling mit Lichtgeschwindigkeit zum einen Ende des Sternensystems, während der andere sich mit gleichem Tempo in entgegengesetzter Richtung davonmacht. Zwei an den gegenüberliegenden Seiten des Sternensystems postierte Beobachter würden beim jeweiligen Eintreffen der Photonenzwillinge feststellen, daß an beiden Photonen wechselseitig übereinstimmende Werte gemessen werden. Beispielsweise konnte bei Elektronenpaaren nachgewiesen werden, daß eine Veränderung der Spinrichtung des einen Elektrons den Spin des anderen Elektrons umgehend veranlaßt, in die gleiche Richtung abzukippen. Woher weiß aber Elektron 2 von der Spinänderung des Elektrons 1?

Gemeinsam mit seinen Kollegen Boris Podolskij und Nathan Rosen veröffentlichte Albert Einstein 1935 in Zusammenhang mit diesem Problem in der *Physical Review* eine Arbeit. Seiner Ansicht nach mußte eine ständige Korrelation bestimmter Eigenschaften von Zwillingspartikeln unter anderem auch darauf schließen lassen, daß der Signalaustausch zwischen ihnen dann auch augenblicklich, das heißt, mit Überlichtgeschwindigkeit vor sich gehen müsse. Da es aber eine Geschwindigkeit über die des Lichts hinaus gemäß der speziellen Relativitätstheorie nicht gäbe (abgesehen von den hypothetischen, überlichtschnellen Tachyonen und dem noch nicht einwandfrei nachgewiesenen Nimtzschen Experiment), müsse die Quantentheorie entweder falsch oder unvollständig sein.

Der Physiker John Bell, damals Mitglied des Europäischen Kernforschungszentrums CERN, legte unter Berücksichtigung dieser Problematik eine geniale mathematische Beweisführung vor, die als »Bellsches Ungleichheits-Theorem« bekannt wurde: Zeigt sich bei Messungen an Zwillingspartikeln bezüglich bestimmter Meßgrößen eine ungewöhnliche, nicht zufällig hervorgerufene Korrelation, muß das nicht unbedingt auf einen mit Überlichtgeschwindigkeit ablaufenden Kommunikationsprozeß zurückzuführen sein. Solche wechselseitigen Übereinstimmungen – das sogenannte EPR- oder Einstein-Podolskij-Rosen-Phänomen – lassen sich unter Umständen auch mit nichträumlichen Eigenschaften der subatomaren Wirklichkeit erläutern. Denn unabhängig von der scheinbaren Entfernung der betreffenden Partikel auf unserer Realitätsebene bestünde gar keine Veranlassung einer Trennung auf subatomarer Ebene, da diese in Wirklichkeit von nichträumlicher Struktur sei. Danach befände sich jeder Ort im Universum für alle Zeit in unmittelbarer Nähe zu jedem anderen Ort.

Unter dieser Voraussetzung gibt es für Bell nur zwei Möglichkeiten: Entweder stimmt die Quantentheorie, oder sie stimmt nicht.

Stimmt sie aber, gibt es auf subatomarer Ebene entweder keine objektive Wirklichkeit, oder alle Regionen des Universums sind irgendwie miteinander verbunden.

In einem ausgefuchsten Experiment mit Hilfe von Spezialapparaturen gelang es 1982 dem amerikanischen Physiker Alain Aspect und seinen Kollegen P. Grangier und G. Roger, die Voraussagen der Quantentheorie in Verbindung mit dem EPR-Phänomen zu bestätigen.

Der amerikanische Physiker David Bohm ist der Meinung, daß wir aufgrund dieser Ergebnisse die vorherrschende Ansicht, daß alle Orte in der Raum-Zeit voneinander getrennt seien, vergessen sollten. Seiner Überzeugung nach müssen wir von der Existenz eines übergeordneten, »multidimensionalen« Kontinuums mit raum-zeitlich untrennbar miteinander verbundenen Punkten (Orten) ausgehen, damit wir die Welt der Quanten verstehen lernen.

In Bohms Theorie der impliziten Ordnung stellt sich das Universum als ein einziges, in sich verwobenes Gebilde dar. Ein jedes Etwas ist, sich umgehend, eines jeden anderen Etwas bewußt, zumindest dann, wenn es einmal in enger Beziehung zu ihm stand, das heißt, phasengekoppelt war.

Auf elementarphysikalischer Ebene existieren Facetten der Wirklichkeit, mit denen wir im alltäglichen Leben nicht konfrontiert werden. So konnte der Nobelpreisträger Richard Feynman nachweisen, daß sich Positronen unter bestimmten Umständen, im wahrsten Sinne des Wortes, in der Zeit rückwärts bewegen und von Elektronen, die sich in der Zeit rückwärts bewegen, nicht zu unterscheiden sind.

»Wir müssen zwischen zwei Arten von Nichtumkehrbarkeit unterscheiden. Von einer Sequenz natürlicher Phänomene wird behauptet, daß sie mikroskopisch unumkehrbar sei, wenn die Reihenfolge dieser Phänomene im zeitlichen Ablauf in jeder Einzelheit nicht im umgekehrten Verlauf in der Natur beobachtet werde. Der Autor ist jedoch davon überzeugt, daß alle physikalischen Phänomene auf mikroskopischer Ebene umkehrbar sind – aber alle offensichtlich unumkehrbaren Phänomene nur makroskopisch unumkehrbar sind«, schrieb Feynman unter anderem 1941.

Das würde bedeuten, daß sich ein Antipartikel wie ein Positron in seiner »Weltlinie« (wie Minkowski den Weg eines Objekts durch die Raum-Zeit nannte) tatsächlich rückwärts in der Zeit bewegen kann. Eine andere Situation stellt sich allerdings zum Beispiel mit einer Blumenvase, die vom Tisch zu Boden fällt. Im wirklichen Leben darf mit Fug und Recht ausgeschlossen werden, daß sich die Scherben der Vase – wie in einem rückwärts laufenden Film – von selbst wieder zusammensetzen und als vollendete Vase auf den Tisch zurückkehren.

Die Weltlinie des Positrons mit ihrem umkehrbaren Zeitpfeil demonstriert jedoch die prinzipielle Möglichkeit von Zeitreisen. Daher ist es auch nicht weiter verwunderlich, daß bereits Vorschläge bestehen, die rückwärts ausgerichtete Zeit der Antimaterie für eine Zeitmaschine zu nützen. Allerdings müßte dafür Materie in Antimaterie umgewandelt werden, was derzeit noch mit enormen physikalischen und technologischen Problemen verknüpft wäre. Der rückwärts gekehrte Zeitpfeil bringt für uns natürlich verwirrende Situationen der Chronologie mit sich – Paradoxa, mit denen sich führende Physiker und Mathematiker nach wie vor auseinandersetzen.

Das Granny-Paradox

Nehmen wir einmal an, ich begebe mich auf eine Reise in die Vergangenheit. Dabei suche ich meine Großmutter (englisch: Granny) auf, als sie noch ein blutjunges, unverheiratetes Mädchen war, Jahre bevor sie meinen Großvater kennenlernte, von ihm Kinder bekam, darunter auch meinen Vater. Auf dieser Zeitreise nehme ich meine junge Großmutter, die natürlich keine Ahnung hat, daß ich ihr zukünftiger Enkel bin, mit auf eine Klettertour in die Alpen. Es kommt zu einem tragischen Unfall, sie stürzt durch mein (unbeabsichtigtes) Verschulden von einem Felsvorsprung in die Tiefe und ist tot. Damit würde mein Vater nie zur Welt kommen und ich natürlich nicht existieren. Frage: Wie kann ich dann in die Vergangenheit reisen und an ihrem Tod die Schuld tragen?

Der Physiker David Deutsch von der Universität Oxford, Experte der »Viele-Welten«-Theorie, auf die wir noch zu sprechen kommen, führte sorgfältige Studien über Zeitreisepuzzles und deren Lösungsmöglichkeiten durch. So wartet er mit folgendem Beispiel auf, das noch irritierender als das Granny-Paradox ist und den gesunden Menschenverstand wahrhaft herausfordert: Ein Zeitreisender aus dem Jahr 1998 macht sich auf den Weg in das Jahr 2005 und hört dort von einer revolutionierenden Gleichung der Großen Einheitlichen Feldtheorie, die in einer Ausgabe der *Physical Review* 2005 von einem unbekannten jungen Wissenschaftler mit Namen Frank Weinstock veröffentlicht wurde. Ausgerüstet mit einer Kopie des Artikels, kehrt der Zeitreisende in sein eigenes Jahrhundert zurück und forscht nach dem jungen Wissenschaftler. Schließlich findet er ihn als Studenten der Physik im ersten Semester an der Universität seines Wohnorts. Der Zeitreisende händigt dem Physikstudenten die von ihm aus dem Jahr 2005 mitgebrachte Arbeit aus, die der Physiker Frank Weinstock dann im Jahr 2005 ordnungsgemäß in der *Physical Review* unter seinem Namen veröffentlicht. Das Paradoxon dieses zweifelhaften Vorfalls ist das Problem der Urheberschaft der brillanten Arbeit über die Große Einheitliche Feldtheorie. Wer ist nun der Verfasser? Wer fand die Lösung? Frank Weinstock war es offensichtlich nicht, ebensowenig wie der Zeitreisende, der ihm die Arbeit übermittelte. Wer war es also? Die nicht zu beantwortende Frage hinterläßt ein Gefühl der Unzufriedenheit. Noch etwas zum Kopfzerbrechen: Einem armen Erfinder ist endlich der große Wurf gelungen; in mühsamen Jahren voller Entbehrung hat er eine Zeitmaschine konstruiert, mit der er endlich zu Geld kommen will (nicht zuletzt, um das dafür aufgenommene Bankdarlehen abzulösen). Nun reist er mit seiner Zeitmaschine eine Woche in die Zukunft, um festzustellen, wer am vergangenen Samstag Hauptgewinner im Lotto war. Als sein Name nicht auf der Gewinnliste steht, beschließt er, sein Glück selbst zu steuern, und kopiert die Gewinnzahlen der Ziehungsliste. Dann reist er in die Zeit vor der Ziehung zurück und füllt einen Schein mit den Zahlen aus, die er in der Zukunft kopiert hat. Daß er am folgenden Wochenende glücklicher Hauptgewinner ist, läßt ihn kalt, schließlich hat er dafür vor einer Woche selbst gesorgt. Paradox ist lediglich, daß sein Name auf der Gewinnerliste, die er in der Zukunft eingesehen hatte, fehlt.

Wie lassen sich diese verwirrenden Widersprüche, die unsere Vorstellung von Zeit und Kausalität auf den Kopf stellen, lösen? Der Physiker Hugh Everett aus Princeton entwickelte bereits 1957 eine Auslegung der Quantentheorie, wonach die reale Existenz einer Vielzahl von Universen angenommen wird. Diese »Viele-Welten«-Theorie geht davon aus, daß alle auf quantenphysikalischer Ebene gegebenen Möglichkeiten real sind und eine jede sich in ihrem eigenen Universum verwirklicht. Daher spaltet sich das Universum in jedem Moment in eine unermeßliche Anzahl von Kopien-Welten, mit alternativen Optionen. Ein Beobachter registriert aber immer nur ein Ereignis. »Schrödingers Katze«, das berühmte Gedankenexperiment des Wiener Physikers und Nobelpreisträgers Erwin Schrödinger (1887-1961), ist ein klassisches Beispiel für diese Theorie.

Eine Katze ist in einer fest verschlossenen Kiste eingesperrt. In der Kiste befindet sich außerdem eine auf die Katze ausgerichtete Selbstschußanlage. Sobald ein radioaktiver Kern zerfällt, feuert sie mit fünfzigprozentiger Wahrscheinlichkeit einen Schuß auf die Katze ab. Wird die Kiste geöffnet, ist die Katze entweder tot oder lebendig. Doch bevor die Kiste aufgemacht wird, stellt sich der Quantenzustand der Katze als eine Mischung aus dem Zustand tote oder lebendige Katze dar. »Damit können sich einige Philosophen der Naturwissenschaften nur schwer abfinden«, mokiert sich Stephen Hawking. »Die Katze kann nicht halb erschossen und halb nicht erschossen sein, so wenig wie eine Frau halb schwanger sein kann. Ihre Schwierigkeit besteht darin, daß sie sich implizit an einem klassischen Wirklichkeitsbegriff orientieren, in dem ein Objekt nur eine einzige bestimmte Geschichte hat; die Besonderheit der Quantenmechanik liegt darin, daß sie ein anderes Bild der Wirklichkeit vermittelt. Danach hat ein Objekt nicht nur eine einzige Geschichte, sondern alle möglichen Geschichten. In den meisten Fällen wird die Wahrscheinlichkeit, eine bestimmte Geschichte zu haben, von der Wahrscheinlichkeit, eine etwas andere Geschichte zu haben, aufgehoben. Doch in bestimmten Fällen verstärken sich die Wahrscheinlichkeiten benachbarter Geschichten gegenseitig, und es ist eine dieser verstärkten Geschichten, die wir dann als die Geschichte des Objekts beobachten.«

Wie ist das nun mit Schrödingers Katze? Folgen wir der »Viele-Welten«-Theorie, werden zwei Geschichten herausgestellt. In der einen wird die Katze erschossen, ist tot, in der anderen bleibt sie am Leben. Nach der Quantentheorie existieren beide Möglichkeiten gleichzeitig. Die Katze ist tot lang lebe die Katze! Übertragen auf Granny: In der einen Welt kommt sie tragisch ums Leben; in der anderen Welt lebt die Großmutter, da sie nicht mit mir auf einer Klettertour in den Alpen war und daher auch nicht abgestürzt und tödlich verunglückt sein kann.

Wenn wir also theoretisch eine Zeitreise in unsere eigene Vergangenheit unternehmen würden, um dort ein Geschehen zu revidieren, könnte es nach der »Viele-Welten«-Theorie passieren, daß wir nicht in unserer ursprünglichen Welt enden würden, sondern in einer abgespalteten, sehr ähnlichen Quantenversion dieser Welt. In dieser Welt würden wir zwar in die Geschichte eingreifen, aber damit nicht in die Vergangenheit unserer Originalwelt.

Einer der stärksten Befürworter der »Viele-Welten«-Idee ist der Physiker David Deutsch, der an der Universität von Oxford und der texanischen Universität in Austin arbeitet. In seiner Abwandlung der »Viele-Welten«-Theorie kommt es im Moment des Quantenprozesses nicht zu Abspaltungen, mit anderen Worten: Es bildet sich kein neues Universum. Zwei vorher völlig identische Welten trennen sich vielmehr in zwei geringfügig voneinander abweichende. Dabei realisieren sich die beiden Möglichkeiten, zum Beispiel tote und lebendige Katze, in je einem Universum. Im Vergleich mit der klassischen »Viele-Welten«-Theorie hat diese These den Vorteil, daß hier die »schwer verdauliche« Schöpfung von neuen Universen entfällt. Wobei die Behauptung von der eventuellen Existenz unendlich vieler gleichartiger Universen dem gesunden Menschenverstand einiges abverlangt.

Das führt zur Überlegung, ob es wohl möglich sein könnte, die anderen Universen zu beobachten. Eine Frage, die derzeit nicht eindeutig zu beantworten ist. Der mit dem Hang zum Ungewöhnlichen behaftete Wissenschaftler David Deutsch ist überzeugt, daß Experimente auf mikroskopischer Ebene, in denen zwei oder mehrere Welten vorübergehend verbunden sind, prinzipiell durchgeführt werden können, wobei Informationen beziehungsweise physikalische Einflüsse von der einen Welt in die andere sickern. Was würden wir beobachten, wenn eine derartige vorübergehende Verbindung zustande käme? Würden wir etwa schemenhaft mit einer alternativen Realität konfrontiert werden? Könnten möglicherweise unsere Träume immer wieder einmal die Pforte zu diesen Parallelwelten mit ihren alternativen Szenarien sein? Zweifellos dient unsere Psyche unter bestimmten Umständen als Brücke zu diesen anderen Welten. Aber auch bestimmte physikalische Umstände führen hin und wieder zu einem Zusammentreffen der verschiedensten Zeitepochen in anderen Welten. Verständlicherweise hinterlassen »Zusammenstöße« dieser Art bei Augenzeugen Verwirrung.

Einen Vorfall dieser Art schilderte der amerikanische Schriftsteller Ken Meaux im *Strange Magazine 2* von 1988. Danach war er mit einem Mann, den er L. C. nennt, schon seit vielen Jahren befreundet, als dieser ihm von einem sonderbaren Erlebnis berichtete, das ihn seither nicht mehr zur Ruhe kommen läßt:

L. C. war mit einem Geschäftspartner unterwegs. Sie kamen gerade vom Lunch in der Kleinstadt Abberville im Südwesten von Louisiana. Während sie sich in den Wagen setzten, um auf dem Highway 167 zur etwa fünfzehn Meilen entfernten Stadt Lafayette zu fahren, griffen sie ihr Geschäftsgespräch wieder auf. Es war am 20. Oktober 1969, etwa gegen 13.30 Uhr; ein herrlicher Frühherbsttag mit strahlend blauem Himmel und angenehmer Temperatur, die es erlaubte, mit geöffnetem Wagenfenster zu fahren.

Der Highway war praktisch leer, bis sie in einiger Entfernung voraus einen sehr langsam fahrenden »Oldtimer« entdeckten. Als sie sich diesem Relikt aus der Vergangenheit näherten, kamen sie von ihren Versicherungsjobs auf das »antike« Fahrzeug zu sprechen, das den Anschein erweckte, als komme es geradewegs aus dem Ausstellungsraum.

L. C. und auch sein Geschäftsfreund konnten sich einen Laut der Bewunderung nicht verkneifen. Da sich der alte Wagen so langsam fortbewegte, entschieden sich die beiden Männer, ihn zu überholen. Zuerst bremsten sie allerdings ab, um das schöne Gefährt und seinen vorzüglichen Zustand gebührend würdigen zu können. Während des Überholvorgangs fiel L. C. dann ein leuchtend orangefarbenes Nummernschild mit der deutlich erkennbaren Jahreszahl 1940 auf. Ein äußerst ungewöhnlicher und wahrscheinlich nicht erlaubter Tatbestand, es sei denn, für den Oldtimer war eine

Sondergenehmigung erteilt worden, um an einer »Oldtimer-Sonderrallye« teilzunehmen.

Beim langsamen Überholen des »antiken« Autos bemerkte der auf dem Beifahrerplatz sitzende L. C., daß eine im Stil der vierziger Jahre gekleidete junge Frau am Steuer saß. 1969 eine junge Frau zu sehen, die einen mit einer langen farbigen Feder geschmückten Hut und einen Pelzmantel trug, fiel, gelinde gesagt, etwas aus dem Rahmen. Auf dem Nebensitz stand ein Kind, wahrscheinlich ein kleines Mädchen. Das Geschlecht des Kindes war schwer erkennbar, da es ebenfalls mit einem schweren Mantel und einer Kappe bekleidet war. Die Wagenfenster waren geschlossen. L. C. wunderte sich darüber, da es zwar frisch war, aber ein leichter Pullover genügt hätte, um sich wohl zu fühlen.

Als sie mit dem Oldtimer auf gleicher Höhe waren, erschraken sie über den Ausdruck von Furcht und Panik im Gesicht der Frau. Sie näherten sich dann auf Tuchfühlung und nahmen zu ihrem Befremden wahr, daß die Frau, anscheinend außer sich vor Angst und den Tränen nahe, nach vorn und hinten Ausschau hielt, als habe sie etwas verloren oder benötige dringend Hilfe.

L. C. rief zu ihr hinüber, ob sie Hilfe brauche. Sie nickte. Dabei sah sie erstaunt zum Auto von L. C. und dessen Geschäftsfreund hinunter (früher waren die Automobile höher gebaut als die heutigen modernen Autos). L. C. machte ihr durch Zeichen verständlich, an den Straßenrand zu fahren und anzuhalten. Er mußte seine Aufforderung einige Male durch Zeichensprache und lautlose Lippenbewegungen wiederholen, da sie ihr Fenster nicht öffnete und Schwierigkeiten zu haben schien, ihn zu verstehen.

Als L. C. und sein Geschäftsfreund sie dann langsam einschlagen sahen, beendeten sie ihren Überholvorgang und fuhren ebenfalls an den Straßenrand, um vor ihr anzuhalten. Sobald sie standen, sahen sie sich nach dem Oldtimer um. Aber zu ihrer maßlosen Überraschung war nicht die geringste Spur von ihm zu sehen. Der Oldtimer mit Frau und Kind war spurlos von der Bildfläche verschwunden, hatte sich in Luft aufgelöst.

Sprachlos und verwirrt blickten L. C. und sein Geschäftsfreund auf dem leeren Highway zurück, von dem es weder Ausfahrten gab noch eine Stelle, wo man ein Auto hätte verstecken können. Ihnen war klar, daß eine Suche erfolglos verlaufen mußte.

Mittlerweile hielt ein Wagen, dessen Fahrer L. C. und seinen Begleiter dringend ersuchte zu erklären, was aus dem Oldtimer geworden sei? Seiner Meinung nach hatte sich folgendes zugetragen: Als er auf dem Highway 167 nordwärts fuhr, sah er in einiger Entfernung einen moderner Wagen langsam an einen Oldtimer heranfahren, so langsam, daß es aussah, als würden beide Autos beinahe stehenbleiben. Er beobachtete, daß sich der moderne Wagen und der Oldtimer dem Straßenrand näherten. Für einen Moment verdeckte letzterer die Sicht auf den modernen Wagen, um dann plötzlich zu verschwinden. Unversehens stand nur noch der moderne Wagen am Straßenrand. Verzweifelt bemüht, diesen unfaßbaren Vorfall logisch zu erklären, dachte er an einen Unfall. Aber es gab keinen Unfall, vielmehr hatte sich etwas ereignet, das ihm fortan keine Ruhe mehr lassen sollte.

Die drei Männer tauschten ihre Erfahrungen über das jeweils Gesehene aus und durchsuchten dann über eine Stunde lang die Umgebung auf das gründlichste. Der aus einem anderen Bundesstaat stammende dritte Augenzeuge bestand darauf, den Vorfall der Polizei zu melden. Denn seiner Ansicht nach handelte es sich um einen Vermißtenfall, den alle drei Männer bezeugen konnten.

L. C. und sein Geschäftsfreund weigerten sich jedoch strikt, da sie nicht die geringste Ahnung hatten, wohin der Wagen mit seinen Insassen verschwunden sein konnte. Es ging natürlich um Vermißte, wenn ihrer Meinung nach auch keine Polizei der Welt in der Lage wäre, sie zu finden. Der dritte Mann ließ sich schließlich davon überzeugen, daß er ohne Mitzeugen keine Chance hatte, etwas zu erreichen, sondern vielmehr Gefahr laufen würde, als Verrückter, wenn nicht gar Verdächtiger eingestuft zu werden.

Die drei tauschten ihre Adressen aus und blieben jahrelang in Verbindung. Hin und wieder telefonierten sie miteinander, nur, um über den Vorfall zu reden und sich gegenseitig immer wieder zu versichern, daß tatsächlich geschehen war, was sie mit eigenen Augen gesehen hatten.

Nachträglich läßt sich dieses mysteriöse Geschehen auf seinen Wahrheitsgehalt hin natürlich nicht verifizieren. Aber setzen wir einmal voraus, daß die in den Vorfall verwickelten Augenzeugen eine Art Zeitsprung miterlebt haben. Ein in ihre Zeit versetztes Fragment aus der Vergangenheit. Dann stellt sich die Frage, ob hier nicht irgendwelche physikalischen Einflüsse kurzfristig Zeitverschiebungen verursacht haben könnten? Das würde bedeuten, daß Personen oder auch Ereignisse ungewollt in sich überlappende Zeitabschnitte geraten. Ein äußerst glaubwürdiges Geschehen dieser Art habe ich bereits in meinem Buch *Zeitriß* geschildert. Da es die Problematik der Zeitverschiebung besonders dramatisch dokumentiert, komme ich nicht umhin, diesen einzigartigen Vorfall aus dem Englischen noch einmal zu zitieren:

Am 10. August 1901 verließen Anne Moberly, Rektorin des St. Hugh College in Oxford, und ihre Kollegin Dr. Eleanor Francis Jourdain das Versailler Schloß und spazierten über die weitläufige Freitreppe zu den Parkanlagen hinunter. Sie wollten zum Petit Trianon, dem kleinen Lustschlößchen, das die bedauernswerte Königin Marie-Antoinette vor der Französischen Revolution 1789 einige Jahre bewohnt hatte.

Ein Feldweg führte die beiden Engländerinnen zu verödeten Gebäuden, vor denen ein alter Pflug dahinrottete. Zwei Männer in langen grünen Mänteln mit Dreispitzen auf dem Kopf kamen ihnen entgegen. Dr. Jourdains Frage nach dem Weg beantworteten sie mit einer wortlosen Handbewegung, die geradeaus zeigte.

Über die sonderbare Kleidung der Männer machten sich die Frauen keine Gedanken, da sie diese für eine zusätzliche Touristenattraktion hielten.

Schließlich gelangten sie zu einem alleinstehenden Haus, auf dessen Treppenaufgang eine Frau stand, die einen Wasserkrug in der Hand hielt. Sie beugte sich zu einem etwa vierzehnjährigen Mädchen hinunter, das die Hände nach dem Krug ausstreckte. Die beiden Gestalten wirkten wie in der Bewegung erstarrt. Ihre unter den Miedern befestigten Schultertücher leuchteten in blendendem Weiß.

Erstmals stieg in den beiden Engländerinnen ein Gefühl des Unbehagens auf. Hier schien etwas ganz und gar nicht zu stimmen. Zögernd gingen sie weiter, bis sie nach einiger Zeit bei einem Pavillon inmitten eines Geheges anlangten – ein trostloser Ort mit einer bedrückenden Ausstrahlung. Zu allem Übel saß dort auch noch ein Mann mit einem von Pockennarben abstoßend entstellten Gesicht, der mit einem dunklen Mantel und einem Sombrero bekleidet war, die Frauen aber nicht zu sehen oder einfach nicht zu beachten schien.

Plötzlich tauchte von irgendwoher ein junger Bursche auf, der einen langen dunklen Mantel und Schnallenschuhe trug und den Frauen im Vorbeilaufen etwas wie »Dort ist der Durchgang verboten« zurief – oder so ähnlich. Gleichzeitig zeigte er nach rechts mit den Worten: »Dort drüben ist das Haus.«

Die beiden englischen Lehrerinnen beherrschten zwar die französische Sprache, verstanden die Mundart des Mannes aber nur bedingt. Der dienerte mit einem neugierigen Blick und rannte davon. Das Echo seiner verhallenden Schritte lag noch eine Weile in der Luft.

In Gedanken versunken, setzten die Engländerinnen ihren Weg fort und erreichten nach einiger Zeit eine schmale, roh gezimmerte Brücke über einen Hohlweg. Auf der anderen Seite verlief ein Pfad unter Bäumen entlang einer Wiese zu einem nahe gelegenen Landhaus, dessen Läden geschlossen waren. Links und rechts schlossen sich Terrassen an.

Auf der Wiese vor dem Haus saß eine Dame, die einen großen Papierbogen in der Hand hielt und eine Zeichnung zu betrachten schien, an der sie offensichtlich gearbeitet hatte. Es war eine äußerst attraktive, nicht mehr ganz junge Frau, die ein Sommerkleid mit langgearbeiteter Taille und sehr fülligem, anscheinend kurzem Rock trug. Um die Schultern hatte sie ein zartgrünes Fichu drapiert, und das blonde Haar bedeckte ein breitrandiger, weißer Hut.

Als sich die beiden englischen Lehrerinnen einem Haus am Ende der Terrasse näherten, flog plötzlich eine Tür auf und ebenso abrupt mit einem Knall wieder zu. Ein Mann kam heraus, offensichtlich ein Bediensteter ohne Livree. Da die beiden Frauen vermuteten, unbefugt ein fremdes Grundstück betreten zu haben, folgten sie dem Mann – und fanden sich von einer Sekunde zur anderen von einer Menschenmenge umringt – offenbar eine Hochzeitsgesellschaft, von der jeder einzelne Teilnehmer nach der in den ersten Jahren des 20. Jahrhunderts herrschenden Mode gekleidet war.

Aus dem Urlaub zurück, wieder in England, besprachen die beiden Lehrerinnen noch einmal ihre Reiseerlebnisse. Zu ihrer Verwunderung mußten sie jedoch feststellen, daß jede von ihnen etwas anderes wahrgenommen hatte: So war zum Beispiel A. Moberly die Dame auf der Wiese mit dem Papierbogen in der Hand besonders aufgefallen, während es bei E. Jourdain der veraltete Pflug vor dem verlassenen Gehöft war.

Da die beiden Lehrerinnen für ihre zum Teil unterschiedlichen Beobachtungen keine Erklärung fanden, analysierten sie die Vorgänge jenes Nachmittags des 10. August 1901 systematisch. Danach beschlossen sie, sich alle nur verfügbaren Informationen über das Petit Trianon zu beschaffen.

Drei Jahre später fuhren die beiden Pädagoginnen aus Oxford abermals nach Versailles. Zu ihrer Verwunderung mußten sie bei diesem Besuch jedoch feststellen, daß das kleine Häuschen, auf dessen Treppe Dr. Jourdain die Frau mit dem Krug und dem Mädchen gesehen hatte, völlig anders aussah. Auch die Stelle, wo die Engländerinnen den Männern in den grünen Mänteln und den Dreispitzen begegnet waren, hatte sich total verändert. Und der Pfad, auf dem ihnen der Fremde den Weg zum Petit Trianon gewiesen hatte, existierte nicht mehr. Alles hatte sich verändert, die Anlagen schienen »geschrumpft« zu sein; es gab keine Holzbrücke und keinen Hohlweg mehr. Und an der Stelle, wo die anziehende Dame auf der Wiese gesessen hatte, breitete sich ein stattlicher Strauch aus.

Nun versuchten die Engländerinnen in jahrelangen systematischen Nachforschungen das Dunkel zu lichten. Sie beschafften sich Grundrißkarten über die Außenanlagen von Versailles, überprüften in der französischen Nationalbibliothek Dokumente und zogen Historiker zu Rate.

Allmählich kristallisierte sich folgendes heraus: Der Pflug, den E. Jourdain bemerkt hatte, gehörte zwar nicht zum Petit Trianon, wurde dort aber nachweislich einmal aufbewahrt und nach der Französischen Revolution verkauft.

Die Recherchen ergaben, daß im Versailles des 18. Jahrhunderts nur Bedienstete des Schlosses eine grüne Livree trugen. Und die beiden Männer in den grünen Mänteln mit den Dreispitzen konnten als die Brüder Bersey identifiziert werden, die am 5. Oktober 1789, als sich Königin Marie-Antoinette im Petit Trianon aufgehalten hatte, dort zum Wachdienst befohlen waren.

Historisches Quellenmaterial lieferte den Nachweis, daß es sich bei der Vierzehnjährigen um die Gärtnerstochter Marion handelte und bei dem Pockennarbigen mit Sombrero (der um 1789 gerade in Mode gekommen war) um den Grafen Vandreuil, einen Kreolen, der am Sturz von Marie-Antoinette wesentlichen Anteil hatte.

Der rennende Mann mit den Schnallenschuhen müßte der Page von Bretagne gewesen sein, der, historischen Unterlagen zufolge, vom Haushofmeister des Schlosses zum Petit Trianon geschickt worden war, um die Königin zur sofortigen Flucht vor dem aus Paris anrückenden Mob zu veranlassen. Darüber hinaus liegt der historische Beweis vor, daß Marie-Antoinette am 5. Oktober 1789 in den Gartenanlagen von einem Boten die Nachricht überbracht wurde, daß sie vom Petit Trianon aus in Sicherheit gebracht werden sollte.

In Archiven ist festgehalten, daß eine Madame Eloffe, die Modistin der Königin, 1789 noch zwei grüne Seidenfichus für diese angefertigt hatte.

Im Jahr 1902 kam A. Moberly dann rein zufällig ein Porträt Marie-Antoinettes von Wertmüller vor Augen. Zu ihrem maßlosen Erstaunen erkannte sie darin die Gesichtszüge der Dame vom Petit Trianon …

Näher über ihre Erlebnisse im Park von Versailles befragt, beschrieb die Rektorin das plötzliche Auftauchen einer Landschaft aus einem anderen Jahrhundert mit den Worten: »Alles sah plötzlich unnatürlich aus und war mir daher unangenehm. Selbst die Bäume hinter den Gebäuden wirkten flach und farblos – wie auf einem Gobelin. Es gab weder Licht noch Schatten. Kein Lufthauch war zu spüren. Es herrschte absolute Stille.«

Dr. Jourdain bestätigte diesen Eindruck. »Die ganze Szene – Bäume, Himmel und Gebäude – strahlte etwas Unheimliches aus«, sagte sie.

Was war geschehen?

Es wäre naheliegend, den Frauen zu unterstellen, sie hätten ein Tagtraum-Erlebnis gehabt. Doch dem Zufall auch nur die Chance einzuräumen, daß beide Frauen gleichzeitig am gleichen Ort das gleiche Traumerlebnis gehabt haben sollten, dürfte wahrscheinlich zu weit hergeholt sein. Ausgenommen die vage Möglichkeit, die Frauen hätten sich gegenseitig bewußt oder unbewußt beeinflußt.

Natürlich könnten die beiden Engländerinnen die Vorkommnisse aus Geltungsbedürfnis auch erfunden haben. Aber dagegen spricht der Sachverhalt, daß sie die am Petit

Trianon gemachten Erfahrungen erst viele Jahre später veröffentlichten. Doch ganz abgesehen davon, hatten die Pädagoginnen einen unantastbaren Ruf.

Vielleicht gäbe es noch eine, wenn auch ziemlich ausgefallene Erklärung: Die beiden Lehrerinnen könnten durch unbekannte Ursachen in eine andere Zeitdimension gelangt (versetzt worden) sein, in der sie Fragmente dieser vergangenen Epoche miterlebt haben.

In ihrer Arbeit »Die Quantenphysik der Zeitreisen« (*Scientific American,* März 1994) verteidigen David Deutsch und Michael Lockwood die physikalischen Möglichkeiten von Zeitreisen, die auf der »Viele-Welten«-Interpretation der Quantenmechanik beruhen. Nach dieser Auslegung der »Viele-Welten« Theorie hätte der sogenannte Zeitpfeil folgende Bedeutung: Die Vergangenheit verkörpert die Einfachheit, während die Zukunft durch die unterschiedlichsten Quantenmessungen eine Verkörperung der komplexen Vielfalt ist.

Nach der neuesten Deutsch- und Lockwood-Vorstellung würde sich das Universum nicht in Parallelwelten aufspalten, sondern alle Alternativwelten mit den unterschiedlichsten Szenarien würden von Beginn an existieren. Mit anderen Worten, es gibt von Anfang an unendlich viele Parallelwelten. Das Beobachten und Vermessen auf Quantenebene verursacht zwar keine Aufspaltung eines Universums, verändert die Alternativuniversen jedoch auf verschiedene Art und Weise, denn in unterschiedlichen Universen ist das Resultat des Experiments auch unterschiedlich: So lebt die Katze in einem Universum, stirbt aber im nebenan liegenden, während es vor dem Experiment in beiden Universen eine lebende Katze gab.

Wären Zeitreisen ohne die »Viele-Welten«-Lösung undurchführbar? Eine Frage, die nicht eindeutig zu beantworten ist, da sich das Granny-Paradox lediglich auf »Wenn(s), Aber(s), Falls« und akademische Sophistereien stützt!

Angenommen, Zeitreisende könnten tatsächlich in historische Ereignisse eingreifen und damit dem geschichtlichen Ablauf eine andere Wendung geben – auch dann würde die Geschichte für uns den bereits bekannten Ablauf nehmen. Denn als Produkt der Vergangenheit kennen wir nur eine (unsere eigene) Vergangenheit; ob sie nun durch Zeitreisende verändert worden wäre oder nicht, entzöge sich ohnehin unserer Kenntnis. »Entscheidend ist, daß alles, was wir über die Quantenwelt wissen, auf Rückschlüssen und Beobachtungen von Dingen im täglichen Leben beruht. Physiker arbeiten mit Modellen, die (wie sie hoffen) einer zugrundeliegenden Realität nahekommen. Aber oft vergessen sie, zwischen solchen Modellen und der Wirklichkeit selbst zu unterscheiden, weil unsere Vorurteile und kulturellen Einflüsse eben den Weg ›bestimmen‹, auf dem wir die Welt zu ergründen suchen. Um anerkennen zu können, was wir wirklich von der Quantenwelt begreifen, sollten wir wirklich zu verstehen suchen, was unter Verstehen zu verstehen ist«, schreibt John Gribbin in *Search of Schrödinger's Cat*.

Der Wissenschafts-Philosoph Sir Karl Raimund Popper (1902-1994) unterteilte das Universum in drei Welten:

Welt Nr. 1:
die physikalische mit belebten und unbelebten Substanzen;
Welt Nr. 2:
mit ihren bewußten Erlebnissen, Gefühlen, Absichten, Träumen etc. und subjektivem Wissen;

Welt Nr. 3:
mit ihren logischen Gehalten von Aufzeichnungen und Spei-
cherungen intellektueller Bemühungen und theoretischer
Systeme in Datenverarbeitungsanlagen, Facharbeiten,
Büchern und dergleichen mehr.

Zwischen diesen drei Welten besteht eine Interaktion mit einer gegenseitigen Beeinflussung von Welt 1 und 2 sowie einer Wechselwirkung zwischen 2 und 3. Es gibt jedoch keine
direkte Beeinflussung der Welten 1 und 3 untereinander.

»Wissenschaft ist Wahrheitssuche«, sagte Popper einmal,
»nicht der Besitz von Wissen, sondern das Suchen nach
Wahrheit ...«

Vielleicht sollte es sogar heißen: Suche nach einer allumfassenden Wirklichkeit, deren Resultat allerdings immer nur
eine subjektive Wirklichkeit sein wird. Was heute Bestand
hat, kann morgen wieder umgeworfen werden. Denn Wissenschaftler rütteln zum Beispiel bereits an den Fundamen-
ten der Einsteinschen Relativitätstheorie. So behaupten die
Physiker Georg Galeczki und Peter Marquardt in ihrem
Buch *Requiem für die Spezielle Relativität,* daß Relativität pas-
sé sei. Dabei beziehen sie sich mit ihrer massiven Kritik an
Einstein auf den österreichischen Physiker Paul Ehrenfest,
der bereits 1909 die Längenkontraktion der speziellen Relativitätstheorie in Zweifel zog mit dem Argument: Sollten
sich bewegte Objekte tatsächlich verkürzen, müßte sich eine
rotierende Scheibe stetig verkleinern und gleichzeitig ver-
biegen. Theoretisch wäre sie dann bei Lichtgeschwindigkeit
zur Nichtexistenz geschrumpft.

Dieses Ehrenfestsche Paradoxon überprüfte der Physiker
Thomas E. Phipps 1973 in einem Experiment: Er versetzte
eine Scheibe aus dünnen Stäben unter fortgesetzten Blitz-

lichtaufnahmen wochenlang in schnelle Rotation. Ergebnis: Die Längenkontraktion der speziellen Relativitätstheorie wurde nicht bestätigt, die Radialstäbe waren nicht verbogen. Das Für und Wider der allgemeinen und der speziellen Relativitätstheorie tobt seit Jahren im »Untergrund«, wobei die Relativitätstheorie vom Establishment nach wie vor anerkannt wird.

Es ist nicht weiter überraschend, daß die theoretischen und praktischen Aspekte von Zeitreisen zahllose Kontroversen über die physikalischen und philosophischen Probleme ausgelöst haben. Stephen Hawking ging sogar so weit, eine Chrono-Schutz-Hypothese vorzuschlagen, derzufolge die Natur immer einen Weg finden wird, um Paradoxa, die durch Zeitreisen in die Vergangenheit verursacht wurden, zu verhindern. Ein hier bisher noch nicht angesprochener Bereich liegt auf nichtphysikalischer Ebene.

Psi-Time

Es ist ein uralter Menschheitstraum, die Zeit beherrschen, besiegen zu können und damit in jede Epoche zu reisen – wenn nicht auf maschinellem Wege, dann doch wenigstens auf geistige oder paranormale Art. Daher ist es auch nicht verwunderlich, daß in vielen Kulturkreisen die unterschiedlichsten Methoden angewendet wurden, um zu versuchen, die Zeit zu meistern: Meditation, Trance, Autosuggestion beziehungsweise Hypnose oder Traumsteuerung. Selbst Psychodrogen dienten dazu, Bilder aus fernster Vergangenheit oder von zukünftigen Ereignissen heraufzubeschwören. So versetzten sich beispielsweise die Schamanen oder Priester untergegangener Kulturen oft in einen veränderten Bewußtseinszustand, um ihren feinstofflichen Zweitkörper auf eine Zeitreise zu schicken mit der Absicht, wichtige Informationen aus anderen Zeiten und jenseitigen Welten zurückzubringen. Schon immer bedeutete Wissen Macht – nicht zuletzt auch die Fähigkeit, die Zukunft vorauszusagen und somit das Volk vor bösen Überraschungen, vor Schaden bewahren zu können. So wird in einer Reihe von Überlieferungen demonstriert, welchen Einfluß Präkognition, Hellsehen, prophetische Träume und außerkörperliche Erfahrungen auf die menschliche Gesellschaft ausgeübt haben. Wegen eines Orakelspruchs der Priesterin von Delphi, Pythia, wurden beispielsweise Kriege angezettelt oder unterlassen. Manchmal wurde eine Warnung aber auch ignoriert, wie die der Seherin Kassandra, der Tochter des Priamos, die das Volk von Troja vor dem Holzpferd warnte, das vor seinen Toren stand. Das Volk verlachte sie und brachte das Pferd in die Stadt. In seinem Inneren aber waren feindliche Soldaten verborgen.

Aber was wären Wissenschaft und Kunst ohne den Einfluß der Träume?

»Ich saß im meinem Arbeitszimmer in Gent und kam nicht weiter. Ich drehte den Stuhl zum Kamin und verfiel in Halbschlaf. Vor meinen Augen gaukelten die Atome. Durch wiederholte Visionen ähnlicher Art geschärft, unterschied mein geistiges Auge jetzt größere Gebilde mannigfaltiger Gestalt. Lange Reihen, vielfach dichter zusammengefügt, alles in Bewegung, schlangenartig sich windend und drehend. Und siehe, was war das: Eine der Schlangen biß sich in den eigenen Schwanz, und höhnisch wirbelte das Gebilde vor meinen Augen. Wie durch einen Blitzstrahl erwachte ich. Auch diesmal verbrachte ich die restliche Nacht damit, den Rest der Hypothese auszuarbeiten. Lernen wir träumen, meine Herren, dann finden wir vielleicht die Wahrheit.«

Mit diesen Worten beendete August Kekulé von Stradonitz (1829-1896), Pionier der chemischen Großindustrie, 1890 seine Rede vor einem verblüfften Auditorium der Deutschen Chemie-Gesellschaft in Berlin, in der er erklärt hatte, wie er die Ringstruktur des Benzols entdeckt hatte.

Ähnliches erlebte der Atomphysiker Niels Bohr, der 1922 den Nobelpreis für seine Entdeckung des Atommodells erhielt, das ihm im Traum klar geworden war.

Selbst der größte Dichter Italiens – Dante – wurde durch Träume zu seinem Hauptwerk *Die göttliche Komödie* inspiriert.

Im Verlauf der Menschheitsgeschichte haben einzelne immer wieder behauptet, ihren physischen Körper in einem zweiten feinstofflichen, sogenannten Astralkörper verlassen zu haben, um sich auf Zeitreisen zu begeben. Ein aufsehenerregender Zwischenfall in diesem Zusammenhang, der nicht einer gewissen Komik entbehrt und sich Mitte des 19. Jahrhunderts zugetragen haben soll, ist in der Fachliteratur als Fallbeispiel aufgeführt:

Im Jahr 1845 wurde Mademoiselle Émilie Sagée, eine französische Sprachlehrerin, ihres Lehrpostens enthoben. Nicht etwa weil irgend jemand ihre Fähigkeiten bezweifelte, sondern weil sie ihre Schüler beunruhigte, die sie oft doppelt sahen. Es passierte nicht selten, daß Mademoiselle Sagée 2 neben Fräulein Sagée 1 an der Tafel stand oder mit ihr dieselbe Schulmahlzeit verzehrte. Manchmal saß die schemenhafte Lehrerin still in einer Ecke und beobachtete die leibhaftige bei der Arbeit. Manchmal verließ sie die erste, damit diese mit dem Unterricht fortfahren konnte, und ging selbst auf dem Schulgelände spazieren.

Das alles überstieg die Toleranz der Schuldirektion an der Schule für junge Damen in Riga. Nach fortgesetzten Beschwerden der Eltern legte der Direktor Mademoiselle nahe, ihre Koffer zu packen – wie es achtzehn andere Schulbehörden bereits vorher getan hatten.

Fräulein Sagée hätte wahrscheinlich bessere Chancen gehabt, wenn sie in Afrika beim Volksstamm der Azande gelehrt hätte. Denn dort herrscht der Glaube, daß jeder Mensch zwei Seelen hat, von denen eine – die *mbisimo* – den Körper während des Schlafs verläßt. Oder in Birma, wo die zweite Seele mit einem Schmetterling verglichen wird, wie der amerikanische Psi-Experte J. H. Brennan sagt. Oder bei den Bacairis von Südamerika, die ähnlich wie die Azande von einem Schatten sprechen, der den Körper während des Schlafes verläßt. So wurde bereits nachgewiesen, daß wenigstens siebenundfünfzig Kulturen fest an eine Art zweiten Körper glauben.

Ein klassischer Fall außerkörperlicher Erfahrung einer Reise durch Raum und Zeit mit dem Zweitkörper, trug sich zum Beispiel 1863 zu, als ein amerikanischer Fabrikant namens Wilmot an Bord des Schiffes »City of Limerick« in ein mittelatlantisches Sturmtief geriet. Dort hatte er nachts einen Traum, in dem seine Frau im Nachtgewand zu ihm kam und ihn küßte. Obwohl er mit niemandem über seinen Traum gesprochen hatte, hänselte ihn am nächsten Morgen sein Kabinengefährte mit dem mitternächtlichen Besuch einer Dame.

Als er nach Bridgeport in Connecticut zurückkehrte, fragte ihn seine Frau als erstes, ob er ihren Besuch in der Nacht wahrgenommen habe? Wegen der Berichte über Schiffbrüchige infolge des Sturms habe sie sich so geängstigt, daß sie den Entschluß gefaßt habe herauszufinden, wie es ihm ergangen sei, erzählte sie ihm. Sie sei außerhalb ihres Körpers über den Ozean geflogen, habe sein Schiff ausfindig gemacht und seine Kabine betreten. Aus der oberen Koje habe sie ein Mann beobachtet, ihr direkt ins Gesicht geschaut, aber sie sei unbeirrt weitergegangen und habe ihren Mann geküßt.

Genauer befragt, war sie in der Lage, das Schiff, den Fremden in der oberen Koje der Kabine, die ihr Mann mit diesem geteilt hatte, präzise zu beschreiben.

Schon 1886 veröffentlichte die Society for Psychical Research, London, einen umfassenden Band unter dem Titel *Phantasms of the Living,* in dem dreihundertfünfzig Fälle über

Zweitkörperprojektionen ausführlich behandelt wurden. Sylvan Muldoon und Hereward Carrington fügten in ihrer Arbeit »Phenomena of Astral Projection« 1951 noch weitere hundert hinzu.

Drei Jahre danach (1954) untersuchte Hornell Hart im *Journal of the American Society for Psychical Research* weitere zweihundertachtundachtzig Fälle. 1961 kam der Psi-Forscher Robert Crookall noch hinzu und veröffentlichte bis 1978 nicht weniger als neun Bücher mit Fallgeschichten.

In den späten sechziger Jahren wandte sich die englische Psychologin Celia Green mit der dringenden Bitte um Informationen im Zusammenhang mit diesem Thema an die Öffentlichkeit und erhielt dreihundertsechzig Zuschriften mit persönlichen Erfahrungen. John Poyton fügte der Liste 1978 hundertzweiundzwanzig weitere Fälle hinzu.

Inzwischen haben verschiedene wissenschaftliche Institute in den USA, die das Phänomen außerkörperlicher Erfahrung erforschen, faszinierende Resultate vorgelegt, welche die Realität dieses Phänomens dokumentieren. Unter anderem wurden Probanden unter Kontrollbedingungen veranlaßt, mit ihrem feinstofflichen Zweitkörper Zeitreisen durchzuführen.

Bereits in den zwanziger Jahren führte Dr. Duncan McDougal aus Havervill, Massachusetts, eine Reihe recht ausgefallener Experimente durch. Er entschloß sich nämlich, unter seinen Patienten diejenigen zu wiegen, die im Begriff waren, an Tuberkulose zu sterben. Zur praktischen Durchführung dieses Vorhabens ließ er die Todgeweihten mitsamt ihrem Bett auf eine sorgfältig ausbalancierte Waage transportieren und wartete ab! Bei Eintritt des Todes stellte er in vier von sechs Fällen einen Gewichtsverlust zwischen 56,7) und 70,87 Gramm fest. Daraus leitete der Arzt die Schlußfolgerung ab, daß den Körper irgend etwas bei Eintritt des Todes verläßt, und obwohl es offensichtlich unsichtbar und nicht greifbar ist, mußte es zumindest genug Substanz haben, um eine Meßgröße zu hinterlassen.

Dr. McDougals Versuch war von frappierender Schlichtheit, aber es ist nichts über nachvollzogene Versuche anderer Wissenschaftler bekannt geworden – möglicherweise aufgrund der Schwierigkeiten, auf die Dauer mit einem verläßlichen Angebot todgeweihter Patienten rechnen zu können.

Doch abgesehen davon, gelangten die in Den Haag arbeitenden Ärzte, die Doktoren Malta und Zaalberg Van Zelst zu ähnlichen Schlußfolgerungen, wenn auch auf ganz andere Art. Sie erfanden nämlich einen recht ausgefallenen Apparat, den sie Dynamistograph nannten. Das oben mit einem Zeiger auf einer Buchstabenskala versehene Gerät konnte – seinen Erfindern zufolge – in direkten Kontakt mit der Welt der Geister treten. Und zwar würde die in einem Raum untergebrachte und durch ein Fenster zu beobachtende Maschine durch Geister manipuliert, die über die Buchstabenskala Nachrichten übermittelten.

Wie Malta und Van Zelst die Maschine handhaben, um den feinstofflichen Körper zu messen, ist nicht ganz klar. Aber später behaupteten sie, er sei in der Lage gewesen, sein eigenes Volumen um etwa 1/40 Millionstel auszudehnen und um etwa 1/6, zweihundertfünfzigtausendstel, zusammenzuziehen. Er habe aus extrem kleinen und voneinander getrennten Atomen bestanden, seine Dichte sei 176,5 mal leichter als Luft gewesen und sein Gewicht habe durchschnittlich 69,5 Gramm betragen.

Diese Versuche können vom wissenschaftlichen Standpunkt her zwar kaum überzeugen, gehörten aber wenigstens zu den ersten, wenn auch erheiternden Experimenten, die Theorie eines feinstofflichen Zweitkörpers zu »beweisen«.

Etwa eine Dekade später startete der amerikanische Anatomieprofessor Dr. Harold Saxton Burr von der Yale-Universität eine Reihe von Experimenten, die insgesamt gesehen weit überzeugender waren. Burr interessierte sich für das elektrische Potential alles Lebendigen, ein in den dreißiger Jahren noch weniger populäres Forschungsgebiet, als es heute ist. Er installierte ein nach heutigem Standard »hinterwäldlerisches« Meßinstrumentarium, mit dem er dennoch in der Lage war, die elektromagnetische Feldenergie von Bäumen, Pflanzen, Tieren und auch Menschen zu registrieren.

Nach jahrelangen Versuchen war Burr von der Existenz eines bio-energetischen Feldes überzeugt. In seinem *Blueprint for Immortality* bemerkt Burr: »Wenn wir uns mit einem Freund treffen, den wir viele Monate nicht gesehen haben, gibt es in seinem Gesicht kein Molekül, das es gegeben hat, als wir ihn zuletzt gesehen haben. Aber dank seines steuernden Lebens beziehungsweise bio-energetischen Feldes haben sich die neuen Moleküle in das alte, gewohnte Muster eingefügt, und daher erkennen wir sein Gesicht wieder.«

Während seines Berufslebens wurden die Burrschen Theorien vom wissenschaftlichen Establishment größtenteils ignoriert.

Der englische Cambridge-Biologe Rupert Sheldrake liefert eine faszinierende, überzeugende Hypothese, die das formgebende Gedächtnis der Natur erklärt. Nach seinen Vorstellungen existieren eigene Felder – morphogenetische Felder, wie er sie nennt –, die für die Entstehung sämtlicher Formen in der Natur verantwortlich sind, ob es sich nun um

Kristalle, Pflanzen, Tiere oder Menschen handelt. Hier ist die herkömmliche mechanische Erklärung, beispielsweise eine Steuerung durch Gene, unzureichend. Nach Sheldrake ist jedes natürliche System einer bestimmten Art im Besitz seines eigenen spezifischen Feldes, und daher sprechen wir von einem Insulinfeld, einem Kornfeld, einem Krähenfeld und so fort. Solche Felder sind verantwortlich für die Formgebung aller Arten von Atomen, Molekülen, Kristallen sowie lebenden Organismen; von Gesellschaften, Konventionen und geistigen Gewohnheiten etc. Wie die bekannten Felder in der Physik sind morphische Felder immaterielle, sich in Raum und Zeit ausdehnende, unaufhörliche Informationszonen innerhalb und in der Umgebung des von ihnen organisierten Systems.

Jedem dieser Felder ist ein auf einer sogenannten morphischen Resonanz beruhendes Gedächtnis zu eigen. Durch morphische Resonanz mit früheren Organismen der eigenen Art wird allen ein artspezifisches kollektives Gedächtnis vererbt. Und da individuelle Organismen in morphischer Resonanz zu ihrer eigenen Beschaffenheit in der Vergangenheit stehen, bildet diese Eigenresonanz die Grundlage ihres individuellen Gedächtnisses und ihrer Gewohnheiten.

Wenn also die morphischen Felder über derartige Eigenschaften verfügen, kann nicht ausgeschlossen werden, daß in der Natur neue Gewohnheiten entstehen und sich ausbreiten.

Möglicherweise könnte morphische Resonanz in zwischenmenschlichen Beziehungen zu völlig neuen – ausgefallenen – Kommunikationswegen führen; und zwar durch psychokinetische Phänomene, Telepathie und auch durch außerkörperliche Erfahrungen. Solche Resonanzbeziehungen wären keinen Raum- und Zeitbeschränkungen unterworfen.

Seit ‚Jahrzehnten versuchen führende Wissenschaftler, dem Phänomen PK (Psychokinese) experimentell auf die Spur zu kommen. Unter anderem wollten sie ergründen, ob sich die Funktionen hochempfindlicher Geräte kraft des Geistes beeinflussen beziehungsweise dem menschlichen Willen unterordnen lassen.

Zwei Wissenschaftler des amerikanischen Princeton Engineering Anomalies Research Laboratory, Robert Jahn und Brenda Dunne, kamen in diesem Zusammenhang mit ihren Versuchen zu erstaunlichen Ergebnissen.

Zur Durchführung der Experimente wurde ein Zufallsgenerator eingesetzt. Er diente dazu, eine bestimmte Anzahl von Zahlenfolgen sowie deren ständiges Durchschnittsergebnis zu erzeugen. Es war nun die Aufgabe der Probanden, diesen Ablauf auf einem Bildschirm zu beobachten und sich gleichzeitig zu bemühen, die zufälligen Zahlenfolgen und deren Durchschnittswert durch geistigen Einsatz zu beeinflussen, also zu verändern. Mehr als fünftausend Versuche erbrachten schließlich den eindeutigen Beweis, daß der durch die Willenskraft der Probanden erzielte Durchschnittswert der Zahlenfolgen so augenfällig verändert wurde, daß von »Zufall« nicht mehr die Rede sein konnte.

Doch abgesehen davon blieb das Leistungsvermögen der Versuchspersonen im Verlauf vieler Experimente nicht nur unverändert erhalten, sie entwickelten teilweise vielmehr ein höchst persönliches Muster. Wenn beispielsweise ein Kandidat in der Lage war, eine Zahlenanordnung herabzusetzen, diese aber nicht erhöhen konnte, blieb diese Eigenart grundsätzlich in allen Experimenten – sozusagen als Wiederholungseffekt – erhalten.

Zur Kontrolle wurden bei den Versuchen die unterschiedlichsten Zufallsgeneratoren eingesetzt, um die Abhängigkeit von einem bestimmten Gerätetyp von vornherein auszuschließen. Auch ein nachgebauter »Galton Desk« – ein Gerät aus dem 19. Jahrhundert, das damals dazu diente, den Einfluß des Geistes auf zufällige Ereignisse zu erforschen – kam zum Einsatz. Durch diesen drei Meter hohen und zwei Meter breiten Schacht fallen zehn Zentimeter große Styroporkugeln in zufälliger Reihenfolge langsam abwärts. Unten werden sie in einem durchsichtigen, mit dreihundertdreißig Holzpflöckchen bestückten und einem Nagelbrett ähnelnden Kasten »aufgefangen«.

Natürlich stoßen die abwärts kullernden Kugeln zusammen und werfen sich gegenseitig aus der Bahn. Beim Aufprall auf die Holzpflöckchen geraten sie noch ein weiteres Mal aus der Richtung, bevor sie schließlich in einer Lücke zwischen den Stäbchen am Ziel sind.

Die Probanden vor dem »Galton Desk« hatten die Aufgabe, die Styroporbällchen durch psychokinetische – also geistige – Beeinflussung nach allen Richtungen hin zu verteilen. Ähnlich wie bei den Versuchen mit dem Zufallsgenerator war es den Versuchspersonen auch hier möglich, ein bestimmtes Ablaufmuster kraft des Willens positiv zu beeinflussen.

Telepathie, das heißt Übertragung geistiger und seelischer Inhalte ohne Hilfe der Sinnesorgane, Hellsehen, gleich außersinnliche Wahrnehmung von Orten oder Geschehnissen sowie Präkognition, also paranormale Wahrnehmung zukünftiger Ereignisse, waren Studienbereiche für weitere Versuchsreihen der Princeton-Wissenschaftler. Hier hatten die teilnehmenden Kandidaten unter anderem die Aufgabe, vor laufender Kamera zu beschreiben, wo sich der bereits abgefahrene Experimentator neunzig Minuten später befinden würde.

Eine Stunde vor Beginn des Experiments setzte ein Teilnehmer einen mit einem Zufallszahlenprogramm versehenen Rechner in Gang. Anschließend wurde eines von zehn Kuverts »blind« ausgesucht, die vorher von Unbeteiligten vorbereitet worden waren. In jedem dieser Briefumschläge war die Richtung zu jeweils einem anderen Ort angegeben, der in dreißig Minuten Fahrzeit zu erreichen war. Da mit dem ausgesuchten Briefumschlag das Zufallsziel festgelegt war, begab sich der Experimentator mit seinem Filmteam umgehend dorthin, um Aufnahmen zu machen. Zudem wurden auffällige Einzelheiten des Zielorts fotografisch festgehalten, damit diese später mit den schriftlichen Aufzeichnungen des Probanden verglichen werden konnten.

Im Verlauf von sechsunddreißig Monaten nahmen vierzig Versuchspersonen an dreihundertvierunddreißig erfolgreich durchgeführten Experimenten teil. Dabei waren Entfernungen bis zu achttausend Kilometern im Spiel, die im Zeitraum von bis zu fünf Tagen, vor Eintritt des jeweiligen Vorfalls, bewältigt werden mußten. Da die erzielten Resultate mit unantastbaren Einzelheiten verknüpft waren, konnte der »Zufallsfaktor« mit Fug und Recht ausgeklammert werden.

Im Labor für Elektronik und Biomechanik des Stanford Research Institute arbeiteten der Elektroingenieur Dr. Harold E. Puthoff und der Physiker Dr. Russell Targ mehrere Jahre an einem außerordentlich erfolgreichen Forschungsprojekt. Hier mußten sowohl versierte als auch unerfahrene Probanden versuchen, kraft ihrer Psyche weitentfernte Ziele zu »sehen« und danach zu beschreiben – beispielsweise Gebäude, eingerichtete Labors oder Straßen. Es handelte sich um den Nachweis präkognitiver Wahrnehmungen aus der Ferne.

Hella Hammid, eine der Versuchspersonen, die unglaubliche Erfolge mit dem Zufallsgenerator aufweisen konnte, wurde deswegen auch bei Fernwahrnehmungsexperimenten eingesetzt. Sie sollten sich ebenfalls als sehr erfolgreich erweisen. So mußte sie innerhalb einer Viertelstunde einen Zielort beschreiben, der erst zwanzig Minuten später ausgewählt wurde und den der Experimentator erst fünfunddreißig Minuten später aufsuchen würde.

Hella Hammid, für die ein solcher Versuch der erste seiner Art war, erkundigte sich, wie ein noch unbekannter Zielort paranormal überhaupt zu erfassen sei? Bei allen bisher durchgeführten Versuchen habe sie den Experimentator nur dann an einem bestimmten Ort wahrgenommen, wenn er sich dort auch tatsächlich aufgehalten hatte. Da der Verlauf des neuen Experiments auch für die Forscher »Neuland« war, gaben sie Hella Hammid den Rat, sich einfach zu entspannen, sobald der Experimentator das Labor verlassen hatte. Nach zehn Minuten sollte sie dann nach und nach alles schriftlich festhalten, was sich vor ihrem geistigen Auge »abspielte«, also alles, was sie »wahrnahm«. Auch dann, wenn noch weitere zwanzig Minuten vergehen würden, bevor Dr. Puthoffs Entscheidung für einen Zielort gefallen war. Sie sollte nur alle vor ihrem geistigen Auge auftauchenden Eindrücke und Bilder notieren, ohne einen Gedanken daran zu verschwenden.

Tag für Tag lief das Experiment nach unverändertem Muster ab: Um zehn Uhr vormittags verließ einer der drei SRI-Experimentatoren das Labor, ausgestattet mit zehn versiegelten Briefumschlägen, in denen die Wegbeschreibungen der verschiedenen Zielorte festgehalten waren. Aus einem Haufen von Kuverts wurden täglich zehn wahllos »herausgefischt«. Die darin angeführten Zielorte waren niemandem bekannt – weder dem jeweiligen Probanden noch den beiden im Labor zurückgebliebenen Experimentatoren. Der dritte von ihnen kurvte unterdessen im Auto zwischen 10.00 und 10.30 Uhr wahllos durch das Gelände, um so ein schlechtes Ziel abzugeben. Denn nach den Beobachtungen des Forscherteams sind Objekte oder Menschen in schneller Bewegung schlechte Ziele für die Fernwahrnehmung.

Nach halbstündiger Fahrzeit ließ der Experimentator seinen Zufallsgenerator während des Fahrens eine Zahl zwischen Null und Neun wählen, öffnete dann den dieser Zahl entsprechenden versiegelten Umschlag und fuhr zum darin angegebenen Zielort, wo er gegen 10.45 Uhr ankam.

Der Experimentator Puthoff traf um 11.00 Uhr wieder im Labor ein. Bis dahin hatten seine beiden Kollegen das vorgegebene Protokoll strikt durchgeführt; wie vereinbart, hatte die Versuchsperson Hella um 10.10 Uhr damit begonnen, den von Hal Puthoff fünfunddreißig Minuten später aufgesuchten Zielort in Einzelheiten zu beschreiben und Zeichnungen anzufertigen. Diese ihr im Rahmen des Experiments gestellte Aufgabe hatte sie bereits um 10.25 Uhr erledigt – und zwar fünf Minuten, bevor sich der Experimentator überhaupt für einen Zielort entschieden hatte.

Bei diesem so gewissenhaft überwachten Experiment war das Forscherteam nach logischen Erwägungen und dem Gesetz der Wahrscheinlichkeit von einem, höchstens aber zwei »Zufallstreffern« ausgegangen. Doch weit gefehlt! Die Versuchsperson Hella stellte bei allen Experimenten mit geradezu »furchterregender« Treffsicherheit die von Puthoff jeweils anzusteuernde Örtlichkeit fest.

Nur eines ließ sich nicht mit Sicherheit beantworten: Hatte Hella Hammid den Zielort aufgrund hellseherischer Fähigkeiten erkannt, oder lag eine geistige Beeinflussung des Zufallsgenerators zugrunde? Mit anderen Worten, handelte es sich hier um einen Fall von Präkognition oder von Psychokinese?

1970 hatte der für Boeing tätige Physiker Helmut Schmidt erstmals bei der Erforschung des Vorauswissens die Präkognition und die Teilchenaktivität auf subatomarer Ebene miteinander in Beziehung gebracht. Er bezog sich in diesem Zusammenhang auf die anscheinend völlig unerwarteten »Quantensprünge« subatomarer Teilchen, deren »zufällige Beschaffenheit« er für seine Versuche nutzen wollte.

Der von ihm zu diesem Zweck entwickelte Konverter »verwandelte« Quantensprünge dann ebenso zufällig in Lichtsignale, wie wir beispielsweise Kopf oder Zahl einer geworfenen Münze vorhersagen. Als Quantensprung-Quelle wählte Schmidt das nach durchschnittlich dreißig Jahren unerwartet in Teilchen zerfallende radioaktive Element 90. Zwei Geräte fungierten als »Münzenwerfer«: zum einen ein Geiger-Müllersches Zählrohr als Anzeiger für den Zerfall und die Freisetzung der Teilchen, zum anderen ein zwischen den Positionen »Kopf« und »Zahl« in der Sekunde eine Millionmal oszillierender Hochfrequenzschalter. Sobald sich der Schalter genau in der Position von Kopf oder Zahl befand, wurde ein Teilchen frei, und damit leuchtete eines von vier Kontrollämpchen auf.

Die mit präkognitiven Fähigkeiten ausgestatteten Versuchspersonen mußten nun voraussagen, wo das Lämpchen aufflackern würde: rechts bedeutete »Kopf«, links »Zahl«. Dem Gesetz der Wahrscheinlichkeit entsprechend, mußten sich die Nieten und Treffer bei einer größeren Anzahl von Versuchsdurchgängen ausgleichen.

Schmidt wählte unter seinen hundert Probanden drei aus, deren Voraussagen von Beginn an weit über dem Gesetz der Wahrscheinlichkeit lagen. Diese drei veranlaßte er, den Versuch jeweils viele tausend Male zu wiederholen. Das dabei erzielte Ergebnis lag bei jedem bei einer Milliarde zu eins gegen die Wahrscheinlichkeit beziehungsweise gegen den Zufall. In weiteren Versuchen konnte Schmidt mit Hilfe des subatomaren Zufallsgenerators den unumstößlichen Nachweis erbringen, daß die Quantensprünge im subatomaren Bereich durch den menschlichen Geist beeinflußbar sind.

Helmut Schmidts aufsehenerregendste Versuchsreihe entstand jedoch 1987 gemeinsam mit Marilyn Schlitz an der Mind Science Foundation in San Antonio, Texas. Die beiden Wissenschaftler ließen zunächst einen Computer tausend Tonfolgen von jeweils hundert Klangmustern nach einem Zufallsprogramm produzieren. Jede dieser Sequenzen setzte sich aus reinen, nur von explosionsartigen Geräuschen unterbrochenen Tönen zusammen, deren Länge von einem Zufallsgenerator bestimmt war. Diese vom Forscherteam Schmidt/Schlitz auf Tonband festgehaltenen Klangfolgen wurden den Versuchspersonen als Kopie ausgehändigt. Sie sollten sich kraft ihres Willens bemühen, die durchschnittliche Dauer der reinen Töne zu verlängern, dagegen die Länge der Störgeräusche zu verkürzen.

Aus einer Überprüfung der Originalaufnahme wurde ersichtlich, daß sich erstaunlicherweise tatsächlich eine Veränderung von Tonfolge und Geräuschkulisse in der vorgegebenen Richtung vollzogen hatte. Allem Anschein nach hatten sie das Prinzip von Ursache und Wirkung ins Gegenteil verkehrt, das heißt, nachträglich beeinflußt, und hätten sich somit auf eine geistige Reise in die Vergangenheit begeben.

Dieses Experiment und eine Reihe anderer ähnlicher Art führten zu einer geradezu unfaßbaren Schlußfolgerung: Unser Geist ist in der Lage, Zeitreisen zu unternehmen und damit Einfluß auf den Schicksalsstrom zu nehmen.

Als ich den Physiker Helmut Schmidt für das Zweite Deutsche Fernsehen in Mora, New Mexico, interviewte, sagte er zu mir:

»Es gibt kausale Gesetze und den sogenannten Zufall. Wir aber beweisen hier, daß der Zufall dem menschlichen Geist unterliegt, also ein reiner Zufall nicht existiert. Demzufolge muß die Quantenphysik modifiziert werden.«

Sowohl der amerikanische Geheimdienst CIA als auch der sowjetische, mittlerweile russische Geheimdienst KGB haben schon vor Jahren erkannt, daß paranormale Phänomene real sind, und sich ihre Möglichkeiten zunutze gemacht. So wurden auf beiden Seiten paranormal begabte Männer und Frauen engagiert und zu Psi-Agenten ausgebildet.

Die Psi- und Spionageprojekte der CIA, das sogenannte *remote viewing* (Fernwahrnehmung), liefen unter den verschiedensten Geheimcode-Namen wie beispielsweise »Grill Flame«, »Center Lane«, »Sun Streak« und »Star Gate«.

Die »remote viewers« beziehungsweise Psi-Agenten der US-Regierung führten in der ganzen Welt Psi-Spionagemissionen durch; sie konnten die Gedanken von Gegnern in hohen Positionen lesen, geheime Militärinstallationen des Gegners ausforschen und waren sogar in der Lage, in die Vergangenheit und in die Zukunft zu sehen.

Das berichtet der amerikanische Wissenschaftsjournalist Jim Schnabel nach jahrelangen Recherchen und dem Studium geheimer Unterlagen sowie Gesprächen mit ehemaligen Psi-Agenten. Typisch für die Arbeitsweise der CIA-Remoteviewers ist folgender Vorfall: Eines Tages kam ein CIA-Beamter in die Psi-Abteilung mit einem klassischen Geheimdienstproblem, der Art, mit dem sich Führungsoffiziere ständig befassen mußten. Es ging um einen Agenten auf der Gehaltsliste der CIA in einem bestimmten osteuropäischen Land. Wie die meisten wichtigen Agenten mußte er sich etwa jährlich einer Lügendetektor-Untersuchung unterziehen, um seine Zuverlässigkeit überprüfen zu lassen. Seine Jahresüberprüfung stand kurz bevor. Aber vorher wollte sein Führungsoffizier wissen, welche Fragen der CIA-Lügendetektor stellen sollte.

Die Instruktionen für Skip Atwater, den Leiter der Psi-Abteilung, enthielten lediglich den Namen des Führungsoffiziers, ein Datum und die Uhrzeit. Der CIA-Beamte, der die Unterlagen gebracht hatte, verlangte von dem Psi-Agenten, den Führungsoffizier zu dieser Zeit und an diesem Ort auszuspionieren, wissend, daß er sich dann mit seinem Agenten treffen würde. Auf diese Art und Weise schaffte es die CIA, die Aktion des Psi-Spions unbemerkt durchzuführen.

Der Psi-Spion schien das ihm von Atwater gestellte Ziel sehr schnell zu erfassen. Er beschrieb zwei Männer, die sich in einem Restaurant trafen, außerdem eine Aktentasche, die ein Mann – der Agent – bei sich hatte. »Was ist in der Aktentasche«, fragte Atwater den Psi-Spion. »Viel Geld«, antwortete McMoneagle. Der Remote viewer vermutete, daß es in der finanziellen Situation des Mannes Unregelmäßigkeiten gab, von denen der Führungsoffizier nichts wußte.

Die Ergebnisse der Psi-Aktion wurden schließlich dem Führungsoffizier nach Übersee gekabelt und gleichzeitig dem zuständigen Lügendetektor-Spezialisten zugänglich gemacht. Etwa eine Woche später führte dieser in einem abgesicherten Haus irgendwo in Europa ein geheimes Verhör über mög-

160

liche finanzielle Unregelmäßigkeiten des Agenten durch, die dieser energisch bestritt. Dann fragte der Lügendetektor-Spezialist: »Und wie reimt sich das mit all dem Geld zusammen, das Sie in der letzten Woche in Ihrer Aktentasche hatten?« Bei diesen Worten verschlug es dem Agenten den Atem. »Wie können Sie das wissen?« stammelte er.

Norm Everheart, ein Spezialist für technische Operationen, brachte eines Tages im Jahr 1980 die Fotografie eines fremdartig aussehenden Mannes, etwa Mitte Vierzig, mit nach Fort Meade, berichtet Jim Schnabel. Er war die Zielperson.

Skip Atwater und die Remote viewers, die Hellseher, wußten nicht, daß ein paar Wochen zuvor eine ähnliche Aufnahme irgendwo in Skandinavien auf dem Schreibtisch eines Regierungsbeamten gelandet war, als der Mann auf dem Foto einen Paß beantragt hatte. Wie sich herausstellte, handelte es sich um einen Einheimischen. Jedenfalls hatte ein westlicher Geheimdienst durch einen merkwürdigen Zufall zur gleichen Zeit derselben skandinavischen Regierung eine Warnung des Inhalts zukommen lassen, daß es sich bei dem Mann um einen illegalen KGB-Offizier höchster Geheimhaltungsstufe handle, der um eine fremde Staatsangehörigkeit bemüht sei. Die Warnung und die Aufnahme waren auf dem Schreibtisch desselben Beamten gelandet, der den Paßantrag des Mannes erhalten hatte.

Der Mann erhielt seinen Paß und machte sich damit schon sehr bald auf die Reise nach Afrika. Aber er war nicht allein unterwegs. Spionageabwehragenten der CIA und aus Skandinavien waren ihm hautnah auf der Spur. Sie unterrichteten die südafrikanische Spionageabwehr, baten inständig darum, den Mann in Ruhe zu lassen, während sie ihn beschatteten, zu welchem Ziel auch immer er unterwegs war.

Aber die Südafrikaner, vielleicht in Sorge, daß einige ihrer Staatsgeheimnisse auf diese Weise enthüllt werden könnten, ignorierten das Gesuch und brachten den Mann innerhalb eines Tages nach seiner Ankunft hinter Gitter. Er wurde zum Verhör in einen Raum irgendwo in Kapstadt gebracht.

Das Verhör führte zu nichts. Und obgleich die westlichen Geheimdienstoffiziere ebenfalls die Chance hatten, den Mann zu verhören, bekamen sie nichts aus ihm heraus. Schließlich traf ein CIA-Geheimdienstoffizier, Jim Morris, vom Hauptquartier ein, der Norm Everheart die wichtigsten Daten des Falles darstellte und fragte, ob die Grill-Flame-Psi-Agenten von Nutzen sein könnten? Sie hatten praktisch nichts zu verlieren.

Everheart, ein bärtiger Mann in den Vierzigern, leitender technischer Berater von John McMahon, dem CIA-Vizedirektor für besondere Operationen, war gebeten worden, die Stelle des Chefkoordinators für Grill Flame, Aufgaben des Operationsdirektorats der CIA, zu übernehmen. Beide Everheart und McMahon – waren seit den Anfängen der von der CIA gesponserten Experimente des Stanford Research Institute (SRI) in Psi-Spionageexperimente verwickelt gewesen. Sie hatten den Erfolg von Remote viewing erlebt und waren davon überzeugt. Sie waren bereit, den Psi-Agenten in der Ausführung bestimmter Operationen eine Chance zu geben.

Der Spionageabwehrmann Jim Morris sagte Everheart, daß er grundsätzlich daran interessiert sei, eine Frage über den KGB-Illegalen zu beantworten. Man ging von der Annahme aus, daß der Mann seine Instruktionen in einer Art Code über Kurzwellenradio erhielt. Die Frage war nun, wie der Mann seine Nachrichten entschlüsselte?

Everheart brachte eines Tages die Fotografie des KGB-Illegalen mit nach Fort Meade und übergab sie Scotty Watt. Normalerweise nahm Everheart Zielunterlagen persönlich mit und erhielt die Resultate am gleichen Tag zurück oder schickte den zuständigen Offizier selbst nach Fort Meade. Aber seitdem er seine Grill-Flame-Anweisungen von Scotty Watt 1979 erhalten hatte, ermutigte ihn Watt herüberzukommen, um selbst eine Operation mizuerleben. Dieses Mal machte er von der Einladung Gebrauch.

Watt brachte ihn zum Operationsgebäude und schob ihn in das Kontrollzimmer. Im angrenzenden Remote-viewing-Raum wartete Skip Atwater, während sich Ken Bell in Trance versetzte. Als die Sitzung begann, hörte Norm Everheart vom Kontrollraum aus per Kopfhörer zu. Er kannte den Namen von Bell nicht – die Identität des Remote viewers war das am strengsten gehütete Geheimnis des Programms; aber was er hörte, versetzte ihn in Erstaunen.

In seinem Psi-Zustand begann Bell einen Mann zu beschreiben, der in einem Appartement im zweiten Stock eines Gebäudes saß, in einer, von Wasser umgebenen Stadt. Der Mann war sonderbar angezogen. Er trug keinen Straßenanzug, sondern eher etwas, das wie ein Pyjama und grau aussah. Tatsächlich war es Häftlingskleidung.

Der Mann war mit zwei anderen Leuten zusammen, die normal angezogen waren. Sie sprachen eine andere Sprache als der Gefangene; aber er wußte, was sie von ihm wollten – Informationen. Und er würde sie ihnen nie geben. Er war unnachgiebig. Es war, als führe er im Geist Selbstgespräche, daß er seine Information nie preisgeben würde.

Jetzt schlug Atwater leise vor, Bell solle mit dem KGB-Mann »sprechen«, die Informationen telepathisch aus ihm herausholen. Bell versuchte es. Telepathisch fragte er den

Mann, was vor sich ging. Warum er hier sei? Was die anderen beiden Männer von ihm wollten? Aber es war sinnlos. Der KGB-Mann war ein Felsen; die telepathischen Fragen von Bell prallten einfach von ihm ab. Schließlich beendete man die Sitzung.

Norm Everheart war enttäuscht, daß sie nicht mehr Informationen erbracht hatte. Aber er war äußerst beeindruckt von dem, was er miterlebt (gehört) hatte. Ihm waren nur wenige Einzelheiten des Falls bekannt, aber was der Psi-Agent beschrieben hatte, klang auf jeden Fall richtig.

Everheart fuhr zum Gebäude 4554 hinüber; dort gab es ein abhörsicheres Telefon. Er rief Jim Morris im CIA-Hauptquartier an, um ihm zu erzählen, was der Psi-Agent erreicht hatte. Morris bestätigte alles; den Raum im zweiten Stock, die graue Kleidung, die zwei Verhörbeamten – alles.

Dann fragte Everheart Morris, ob er ihm persönliche Einzelheiten über den KGB-Mann nennen könnte oder sonst irgend etwas, auf das sich der Psi-Spion konzentrieren könnte. Morris nannte ihm die wirklichen russischen Namen des Sohnes und der Tochter des Mannes.

Everheart bedankte sich bei Morris und fuhr zum Gebäude 2560 zurück. Er veranlaßte Watt, für den Nachmittag eine weitere Remote-viewing-Sitzung anzuberaumen. Nach dem Mittagessen kam er zum Operationsgebäude zurück und setzte die Kopfhörer auf. Bell war wieder in Trance und begann, die geistige Barriere des KGB-Mannes zu durchbrechen. »Dein Sohn Sergej vermißt dich«, flüsterte er dem KGB-Mann telepathisch zu. »Deine Tochter Swetlana wüßte gern, wann du wieder zu Hause bist.«

Stückchen für Stückchen schien die Information zu fließen. Bell berichtete aus der Tiefe seiner Trance, daß der KGB-Mann nun Tränen in den Augen hatte. Bell führte ei-

nes der bizarrsten Verhöre in der Geschichte der Spionageabwehr durch, wenn es überhaupt als solches bezeichnet
werden konnte; und es schien zu klappen.

»Sergej möchte, daß ich mit ihm zum Skilaufen fahre«,
murmelte der KGB-Mann traurig. »Ich habe ihm versprochen, ihn zum Skilaufen mitzunehmen.«

»Ja, du hast es versprochen«, antwortete Bell. »Du mußt
schnell nach Hause, um mit ihm Ski zu laufen.«

»Ich muß nach Hause. Das sollte ohnehin mein letzter
Einsatz sein. Ich war dabei, in Pension zu gehen, wollte
zurück in die UdSSR.«

Nach einer Weile entschied Bell, daß die geistige Barriere des Mannes genügend geschwächt war, und er begann
über mehr operationelle Dinge zu sprechen. Als er den
KGB-Mann über seinen Tascheninhalt befragte, erfuhr er
von einem Taschenrechner. Später stolperte der Psi-Agent
Mel Riley in einer Sitzung ebenfalls über einen Taschenrechner.

Everheart wußte, daß Taschenrechner, entweder nicht-
modifiziert oder mit speziellen kryptographischen Geheim-
schrift-Computerchips versehen, von KGB-Illegalen allgemein benutzt wurden, um Nachrichten zu ver- oder
entschlüsseln.

Norm Everheart nahm die Informationen mit zum CIA-
Hauptquartier und übergab sie Morris. Daraufhin setzte sich
Morris mit der südafrikanischen Spionageabwehr in Verbindung, die das Verhör des KGB-Mannes durchführte. Über
den Taschenrechner befragt, antworteten sie, so etwas nicht
gefunden zu haben. Einige Tage später, ein zweites Mal befragt, gaben sie zu, daß einer von ihnen im Tascheninhalt
des KGB-Mannes tatsächlich einen Taschenrechner gefunden und mit nach Hause genommen hatte. Niemals wurde

von jemandem bestätigt, ob der Taschenrechner zum Entschlüsseln von Nachrichten benutzt wurde, aber Jim Morris und Norm Everheart waren sich ziemlich sicher, daß es der Fall war. Dank der Remote viewers konnte der Fall abgeschlossen werden.

Oberflächlich betrachtet ist Remote viewing ein High-Tech-Synonym für den überholten Begriff Hellsehen. Technisch gesehen, bedeutet Hellsehen lediglich, sich Ereignisse oder Dinge aus der Ferne in Realzeit zu vergegenwärtigen. Mit anderen Worten: Es ist ein Negieren des dreidimensionalen Raums. Aber Remote viewing ist ein Überbrücken der vierten Dimension – der Zeit …! »Die Rückwärtsbewegung in die Vergangenheit ist wie das Reisen in einer Zeitmaschine, wenn auch mit kleinen Fehlern in der Software, denn möglicherweise kommt man nicht dort an, wohin man möchte …«, resümiert Schnabel.

Der Quantenphysiker David Bohm war der Ansicht, daß unser Universum in ein größeres unteilbares »Ganzes« eingefaltet ist. Dann ist dort alle Zeit eins, und im allumfassenden Jetzt gibt es weder Vergangenheit, Gegenwart noch Zukunft.

Für Bohm hätten die Ergebnisse der modernen Naturwissenschaften nur noch dann einen Sinn, wenn wir bereit wären, eine innere, einheitliche und transzendente Wirklichkeit zu akzeptieren, die allen äußeren Daten und Fakten zugrunde liegt.

Bohm postulierte hinter dem scheinbaren Chaos und den ohne erkennbare Verbindung untereinander existierenden Materie-Teilchen eine verborgene Ordnung. Diese verborgene Dimension, diese implizite Ordnung mit unendlicher Tiefe ist ihm zufolge die Quelle jeder sichtbaren (impliziten)

Materie unseres raum-zeitlichen Universums. Bohm vermutet, daß die Welt, in der wir leben, multidimensional ist. Ihre offensichtlichste und oberflächlichste Ebene ist die dreidimensionale Welt der Objekte, die des Raums und der Zeitdimension – die »explizite Ordnung«. Ein klares Verstehen wird nur auf einer tieferen Ebene möglich – der impliziten Ordnung eben, dem allumfassenden Hintergrund unserer physischen, psychischen und spirituellen Erfahrung.

Besuch aus der Zukunft

Human- und Sozialwissenschaftler werden von vielen Naturwissenschaftlern als unpräzise, unlogische und »mystisch angehauchte« Typen betrachtet. Insbesondere ordnen sie in diese Kategorie gern Psychologen, Psychiater und Parapsychologen ein. Für viele Humanisten verkörpern dagegen Naturwissenschaftler engstirnige, geistig unbewegliche und ignorante, mit starken Vorurteilen belastete Zeitgenossen.

Jede Fakultät »aalt« sich in der eigenen Unfehlbarkeit und Überlegenheit und mokiert sich über die Kurzsichtigkeit der anderen. Wahrscheinlich gehören die Vertreter beider Hauptfakultäten, psychologisch gesehen, völlig unterschiedlichen Persönlichkeitsstrukturen an. Der Schweizer Psychologe und Psychiater Carl Gustav Jung (1875-1961) stellte zum Beispiel in diesem Zusammenhang grundlegende Unterschiede in der Art fest, wie Menschen die Welt wahrnehmen, Informationen verarbeiten und schließlich zu Schlußfolgerungen gelangen. C. G. Jung unterscheidet zwei mögliche Wege, um zu einer bestimmten Anschauung zu kommen: Denken oder Fühlen (warum eigentlich nicht beides zusammen?, der Autor), wobei – Jung zufolge – Denken auf dem unpersönlichen Prozeß der Begründung und der Logik beruht, einen Entschluß zu fassen. Gefühl wiederum basiert auf persönlichen, sozialen und kulturellen Werten. Denken sucht nach einer rationalen Ordnung und plant nach unpersönlicher Logik, wohingegen Gefühl nach einer

Ordnung in subjektiven Werten fahndet. Die meisten Naturwissenschaftler, Ingenieure und Technologen sind kopflastig – »Denk-Typen« –, die auf unpersönlicher logischer Basis zu ihren Überzeugungen gelangen.

Der überwiegende Teil der Sozial- und Humanwissenschaftler dagegen ist der Kategorie der »Gemütsmenschen« zuzuordnen, deren Überzeugungen breitgefächerte, persönliche und soziale Werte zugrunde liegen.

Das Wesen der Wissenschaft wird selbstverständlich geprägt von ihren Vertretern: den Wissenschaftlern. Da auch diese »nur« Menschen und keine Halbgötter sind, verwundert es nicht, hier sehr viel Menschliches anzutreffen. Wie in jeder anderen Branche gibt es ehrliche Leute, Faule und Fleißige, Begabte und Unbegabte, Idealisten und Opportunisten und leider auch Betrüger. Das mag banal erscheinen, aber man muß hin und wieder daran erinnern, daß immer noch sehr viele Menschen ein idealisiertes, geradezu magisches Bild von Wissenschaftlern in sich tragen, gepaart mit Respekt und Vertrauen.

Ich will keineswegs behaupten, letzteres sei immer unverdient, sondern nur zeigen, wie verhängnisvoll es sein kann, den falschen Menschen zu vertrauen. Diese »magische Verehrung« wird besonders Mathematikern, Physikern (speziell theoretischen) und Philosophen zuteil, und diese sorgen dafür, daß dies so bleibt.

»Ich selbst habe Physik und nebenbei Philosophie studiert und weiß, wovon ich spreche«, resümiert der Naturwissenschaftler Gerald Johannes in seiner provokanten Analyse *Über Irrtümer, Lügen und Desinformationen in Wissenschaft und Politik.*

Besonders wenn es um noch unverstandene Grenzbereiche der Wissenschaft oder ungewöhnliche Phänomene geht, wie zum Beispiel paranormale Ereignisse oder unbekannte Flugobjekte, kommen Vorurteile und subjektive Meinungsbildungen voll zum Tragen, und es ist wirklich erstaunlich, wie weit die Ansichten der Wissenschaftler in der Beurteilung des gleichen Phänomens auseinandergehen. In *Entführt von Außerirdischen* schreibt beispielsweise der Harvard-Professor für Psychiatrie und Pulitzer-Preisträger John E. Mack:

»UFO-Entführungen haben, so glaube ich, etwas mit der Evolution des Bewußtseins zu tun. Sie scheinen einen epochalen Wechsel anzukündigen, ein Hineintauchen in einen Kosmos, den wir in einer weniger zerstörerischen Weise bewohnen könnten. Das Phänomen öffnet das Bewußtsein der Entführten – und dadurch möglicherweise die Einstellung von uns allen – für ausgedehnte und geheimnisvolle Bereiche des Lebens, an dem wir uns fruchtbarer und freudiger beteiligen könnten. Einige vermuten, daß die außerirdischen Wesen Zeitreisen beherrschten und aus der Zukunft zu uns gekommen seien. Manchmal teilen uns die Wesen sogar mit, daß dies der Fall sein könnte. Wir wissen es nicht. Es scheint aber klar zu sein, daß es bei dem Entführungsphänomen um unsere allernächste Zukunft geht. Es bietet uns – durchaus im wörtlichen Sinne – Visionen über alternative Formen der Zukunft an, aber es überläßt uns die Wahl.«

Hudson Hoagland, Mitglied des Verwaltungsrates der American Association for the Advancement of Science, schrieb 1969 einen Leitartikel für die renommierte Zeitschrift *Science,* in dem er unter anderem feststellt:

»Seit dem Zweiten Weltkrieg ähnelt das Interesse an intelligent gesteuerten UFOs aus dem Weltraum sehr dem Interesse an sogenannten materiellen Phänomenen der Para-Forschung nach dem Ersten Weltkrieg. Spirituelle Medien behaupteten, Objekte durch übersinnliche Kräfte bewegen und Ektoplasma abgeben zu können. Der Glaube an diese Art von Ereignissen beschäftigte unter anderem namhafte Wissenschaftler, Kleriker, Ärzte, Schriftsteller und Geschäftsleute sowie die Gesellschaft der Para-Forschung. Sie veröffentlichten zahlreiche pseudowissenschaftliche Schriften zur Unterstützung ihrer Theorien ...«

Die meisten Fälle führt Hoagland auf falsche Berichterstattung, geistig verwirrte Beobachter, Wunschdenken, Gerüchte, Lügen und Betrug zurück. Der ungeklärte Rest sei jedoch keine Rechtfertigung zur Durchführung einer Untersuchung, da er nicht die Echtheit der Paranormalität, der Wesen aus dem All oder den Kontakt mit Verstorbenen beweisen würde.

Diese abwertende Äußerung über paranormale Phänomene beziehungsweise Fähigkeiten steht im krassen Gegensatz zur Einstellung des Stanford Research Institute und der CIA.

Der ehemalige US-Präsident Jimmy Carter äußerte sich beispielsweise über die Erfolge von Psi-Agenten folgendermaßen: »... sie fiel in Trance. Und in diesem Zustand nannte sie uns Längen- und Breitengradzahlen. Wir richteten unsere Satellitenkameras auf diesen Punkt und fanden so das vermißte Flugzeug ...«

Die Fernwahrnehmung der Psi-Agenten war durch nichts aufzuhalten. Kraft ihres Geistes konnten sie jede Barriere durchdringen – meterdicke Wände ebenso wie die massivsten Edelstahltüren von Tresoren oder schwerbewaffnete Absperrungen. Nichts blieb ihnen verborgen. Sie waren in der Lage, Raum und Zeit zu überbrücken; sie konnten auf ihre Art sowjetische Atom-U-Boote sowie streng geheime chinesische Militäranlagen ausspionieren.

Für Puthoff und Targ, die beiden Stanford-Wissenschaftler, war es besonders bedauerlich, daß ihnen die strenge Geheimhaltung versagte, ihre faszinierenden Psi-Spionageprojekte mit den großartigen Resultaten nicht mit anderen Wissenschaftlern diskutieren zu dürfen, berichtet Jim Schnabel in seinem aufregenden Report.

Die beiden entschieden sich daher, neben ihrer geheimdienstlichen Arbeit, den Fernwahrnehmungsprojekten, eine weitere ESP-Technik (Extra sensory perception = außersinnliche Wahrnehmung) zu erforschen, die zwar verwandt war, aber auf eine weniger offenkundige Spionageanwendung hindeutete. Diese Technik hatte zudem den Vorteil, ohne geographische Koordinaten auszukommen. Für Puthoff und Targ war die Anwendung von Koordinaten wissenschaftlich ohnehin fragwürdig, selbst wenn sie irgendwie zu funktionieren schien.

Auch wenn sich Parapsychologen offiziell als Wissenschaftler bezeichnen durften, wurden sie vom wissenschaftlichen Establishment nie richtig anerkannt. Die dogmatischen Skeptiker konnten sich immer darauf berufen, daß Parapsychologen außer statistischem Beweismaterial nichts Konkretes vorweisen konnten. Und die über die Arbeit von Hal Puthoff und Russell Targ nicht unterrichteten Naturwissenschaftler mokierten sich darüber mit der Frage, »wo denn der ›praktische Nährwert‹ der paranormalen Forschung zu finden sei?« Ihre Auffassung von Raum, Zeit und Kommunikation war mit einer psychologischen beziehungsweise parapsychologischen Ebene unvereinbar; für sie, die Naturwissenschaftler, gehörten diese Begriffe in den elementarphysikalischen Bereich. Daran änderten auch beeindruckende Versuche, wie der am Nachmittag des 4. Oktober 1973, nichts.

Für Puthoff und Targ hätte dieser Versuch nicht besser verlaufen können. Das Psi-Medium Pat Price ging mit Russell Targ in einen Versuchsraum. Dort setzten sich beide Männer an einen Tisch. Gleichzeitig begaben sich Puthoff und sein Zweigstellenleiter Earle Jones in das Büro ihres Abteilungsleiters Bert Cox. Ihm lag eine lange Liste möglicher Zielorte im Gebiet der Bucht von San Francisco vor, von denen er einen durch den Zufallsgenerator auswählen ließ. Dann nahm er die zugehörige Akte mit Ortshinweisen für das Gebiet zur Hand und übergab sie Puthoff. Dieser ging mit Jones zu seinem Wagen, öffnete die Akte und folgte den darin festgehaltenen Richtungshinweisen zum Zielort – dem Hoover Tower auf dem Campus der Stanford University im nahe gelegenen Palo Alto.

Puthoff und Jones sahen sich um, begaben sich zur Aussichtsterrasse und versuchten, allgemeine Eindrücke des Zielortes aufzufangen. Treffender gesagt, sie taten ihr Bestes, Price als ESP-Antenne zu dienen. Zum vereinbarten Zeitpunkt wieder im SRI-Labor, versuchte Price, sich zu vergegenwärtigen, wo sich Puthoff und Jones aufhielten.

»Ich sehe sie auf einer Anhöhe oder einem steilen Aussichtspunkt stehen und auf den Ozean hinausschauen«, sagte Price anfangs. »Meiner Meinung nach befinden sie sich knapp hundertvierzig Meter über dem Meeresspiegel. Ich hatte blitzartig den Eindruck, in einem mit spanischen Fliesen ausgelegten Raum zu sein und einer Kolonnade, fünf Kilometer südlich von hier. Außerhalb der Kolonnade hatte ich das Gefühl, als handele es sich um eine Bibliothek oder eine Art Museum mit einer Ausstellung. Ich habe mich nur umgeschaut. Der Ort dort scheint mir der Hoover Tower zu sein.«

Hal Puthoff war sich sehr bald darüber im klaren, daß die Resultate von Price wesentlich konkreter waren als üblicherweise. In einem weiteren Experiment waren zwei öffentliche Schwimmbäder am Rinconado Park in Palo Alto das Zielobjekt. Price gelang eine genaue Beschreibung der Größe und Form der Becken – eines war rund, das andere rechteckig; darüber hinaus entdeckte er in der Nähe ein Betonhäuschen. Zu Puthoffs und Targs Enttäuschung interpretierte er den Ort jedoch als Wasseraufbereitungsanlage. Außerdem schilderte er zwei große Wassertanks, von denen es dort nicht die geringsten Anzeichen gab.

Obwohl die Pricesche Beschreibung generell mit der Örtlichkeit übereinstimmte, nahmen Puthoff und Targ an, daß es sich bei der Wasseraufbereitungsanlage und den beiden großen Tanks um Einbildung, Hirngespinste, von Price handeln mußte. Aber eines schönen Tages – nach einundzwanzigeinhalb Jahren – las Targ zufällig den Jahresreport 1995 der City of Palo Alto. In einer Feier zum hundertjährigen Geburtstag der Stadt kam zur Sprache, daß »1913 ein neues städtisches Wasserwerk an der Stelle des heutigen Rinconado Parks gebaut wurde«. Auf einer zugehörigen Fotografie waren ein Turm und zwei Wassertanks zu sehen – etwa an der Stelle, die Price in seiner ESP-Sitzung haarklein beschrieben hatte.

Aufgrund seiner Psi-Fähigkeiten hat Price entweder eine Zeitreise in die Vergangenheit gemacht und dabei den Ort so wahrgenommen, wie er einmal gewesen ist, oder er ist mit den immer noch vorhandenen Informationen des ortsgebundenen morphogenetischen Feldes in Resonanz getreten.

Zwischen 1980 und 1988 führten der amerikanische Historiker und Psychologe Dr. Chet B. Snow und die Psychologin Dr. Helen Wambach, die 1985 starb, sowie Professor Leo

Sprinkle von der University of Wyoming aufsehenerregende Zeitreiseexperimente durch. Snow war damals Angestellter der US-Luftwaffe und arbeitete an Beiträgen zur Militärgeschichte. Aufgrund einer alten Verletzung litt er jedoch unter chronischen Rückenschmerzen und infolgedessen an einer gravierenden Schreibblockierung, die sein Berufsleben stark beeinträchtigte. Als er von Dr. Helen Wambachs großen Heilerfolgen hörte, die sie bei ihren Patienten über reinkarnationsbedingte Erfahrungen erzielen konnte, entschloß sich Snow, eine Behandlung dieser Art zu wagen. Schon nach einigen hypnotischen Sitzungen war sein Leiden geheilt.

Nachdem sich Helen Wambach in ihrem Berufsleben immer wieder erfolgreich mit Rückführungen in frühere Leben befaßt hatte, entstand nunmehr zwischen ihr, Snow und Professor Sprinkle die Idee, hypnotisch induzierte Progressionen in die Zukunft durchzuführen. Ein faszinierendes Projekt wurde ins Leben gerufen, an dem zweitausendfünfhundert Probanden teilnahmen, die während der Hypnose auf psychischer Ebene eine Zeitreise in das dritte Jahrtausend unternahmen.

So beschreibt Snow in seinen Zukunftsvisionen der Menschheit die durch hypnotische Progression aus der Zukunft »mitgebrachten« Eindrücke der Versuchspersonen. Danach sollen in den Jahren 2000 bis 2300 folgende Veränderungen auf die Menschheit zukommen:

Der Westen der Vereinigten Staaten soll durch eine Anzahl von Erdbeben und Vulkanausbrüchen im Pazifischen Ozean versinken, die Wassermassen das Land bis nach Nevada und Arizona überfluten und Japan zum großen Teil zerstört werden. In den nächsten Jahren sollen sich zwei Megabeben ereignen, und auch in Europa soll es zu Ausbrüchen der großen Vulkane kommen. Asche wird den Himmel verdunkeln; es werden Klimastürze und Mißernten folgen, bis die Überlebenden der Katastrophen eine neue Welt aufbauen.

Snow zufolge sollen sich im Jahr 2100 bereits Menschen in Raumstationen in Erdumlauf befinden oder auf unseren Nachbarplaneten Basen errichtet haben und mit außerirdischen Zivilisationen in Verbindung stehen. Im Bergland oder in Küstengebieten sollen sich ganzheitlich orientierte Gemeinden zusammengefunden haben, die ökologischen Landbau betreiben und Anhänger der Meditation und eines »spirituellen Lebensstils« sind. Im Gegensatz dazu sollen auch High-Tech-Siedlungen existieren, deren Bewohner in supermodernen, meist abgekapselten oder unterirdischen Kolonien leben. Weitere Überlebende sollen dagegen in armseligen Dörfern oder in den Trümmern einstiger Großstädte vegetieren.

Bis 2300 soll sich die ökologische Situation auf der Erde stabilisiert haben. Von den in dieser Zeit Inkarnierten weiß Snow von einer »regenerierten, grünen, fruchtbaren Umwelt« zu berichten, in der die Menschen vierhundert Jahre alt werden können, den Weltraum bereisen und andere bewohnte Planeten aufsuchen werden. Einerseits sollen Menschen mit ausgeprägter Spiritualität und ökologischem Bewußtsein in Harmonie mit ihrer Umwelt leben, während sich andere High-Tech-Kolonien in künstlichen, überkuppelten Städten auf der Erde und auf dem Meeresboden von der Außenwelt absondern.

Es wird sich zeigen, ob diese Progressionen tatsächlich Ausflüge in die Zukunft sind oder aber traumatische, durch Hypnose induzierte Phantasiegebilde.

Raum-Zeit-Reisen ganz anderer Art sind die außerkörperlichen Erfahrungen. In ihrem Bericht *Sehnsucht nach Hause* schildert die international bekannte »Nah-Tod«-Forscherin Dr. Elisabeth Kübler-Ross (mit freundlicher Genehmigung des Silberschnur Verlages) ihr eigenes »Out-of-body«-Erlebnis, wie es die Amerikaner bezeichnen, folgendermaßen:

»Es war am Monroe-Institut in Virginia, als ich Robert A. Monroe, den Gründer des Instituts und Autor des aufsehenerregenden Buches *Journeys out of the body,* zum erstenmal über Erfahrungen außerhalb des Körpers sprechen hörte. Er war in der Lage, solche außerkörperlichen Erfahrungen künstlich, durch die Einwirkung von Klang, herbeizuführen. Ich bin wie alle Wissenschaftler sehr skeptisch, und die Möglichkeit, eine solche Erfahrung künstlich hervorzurufen, an die ich noch nicht einmal denken konnte, war sehr verlockend. So entschied ich mich, mit einer kleinen Gruppe von ebenso skeptischen Wissenschaftlern, wie ich es war, dieses Experiment mitzumachen. Ich war entschlossen, auf meine eigene Weise damit zu experimentieren. Außerdem versprach Monroe, sich nicht einzumischen. Er war sehr großzügig und sichtlich erfreut, daß ich gekommen war.

Jeder von uns – wir waren fünf oder sechs an der Zahl – wurde an ein Wasserbett angeschlossen, und durch Kopfhörer lauschten wir Klängen, die für uns nicht identifizierbar waren. Ich hatte den Verdacht, daß unterschwellige Botschaften auf der Kassette waren, aber Monroe stritt dies entschieden ab. Als wir mit dem Experiment anfingen und er uns aufforderte, uns zu fokussieren, verließ ich meinen Körper. Ich hatte so etwas noch nie erlebt und fand es sehr aufregend. Sowie ich die Zimmerdecke erreicht hatte, beschloß ich, auf eigene Faust weiterzumachen. Ich wollte die Anzahl der Schichten der Decke herausfinden und später dann ein

Loch durch die Decke bohren und überprüfen, ob meine Beobachtungen stimmten. Doch als ich an der Decke schwebte, rief Monroe mich zurück und sagte: ›Elisabeth, Sie gehen zu weit.‹ Ich war sehr ärgerlich auf ihn, denn ich wollte weitermachen.

Dieses erste Experiment war nach zwei Stunden beendet, doch wir konnten es ein zweites Mal wiederholen. Bevor wir den zweiten Versuch starteten, faßte ich im stillen den Entschluß: ›Diesmal werde ich mich schneller fortbewegen wie das Licht und weiter gehen, als es je einem vor mir möglich war.‹ Kaum hatte Monroe mit dem Experiment begonnen, war ich auch schon in der horizontalen Lage, und es schien mir, als würde ich Tausende von Meilen reisen. Dann kam mir der Gedanke, mich wohl besser nicht in der Horizontalen fortzubewegen, ich könnte gegen eine Wand prallen.

Wie gesagt, das alles war noch Neuland für mich. Allein schon der Gedanke, meine Lage ändern zu wollen, veranlaßte meinen Körper, sich sofort aufzurichten. Daß ich allein durch meine Gedanken die Richtung ändern konnte, beeindruckte mich sehr. Und ich bewegte mich tatsächlich schneller als Lichtgeschwindigkeit.

Als ich zurückkam, hatte ich keinerlei Erinnerung mehr, wo ich gewesen war und was ich erlebt hatte. Nur eines wußte ich: Ich war vollkommen verändert. Vor diesem Erlebnis hatte ich aufgrund einer Geschwulst große Unterleibsschmerzen. Die Schmerzen waren kaum auszuhalten gewesen, und so hatte ich Medikamente einnehmen müssen, nur um überhaupt ausgestreckt auf dem Bett liegen zu können. Nach meiner Rückkehr waren die Schmerzen verschwunden. Ich wußte, ich war geheilt.

Ein Bandscheibenvorfall hatte mir ebenfalls große Pein bereitet, ich hatte nicht einmal eine Audio-Kassette vom Boden aufheben können. Nun fühlte ich mich wie Herkules: stark, belebt, jung und gesund. Ich hätte einen hundert Pfund schweren Zuckersack heben können. Alle bemerkten die Veränderungen und wollten wissen, was passiert war. Aber ich sagte nur: ›Ich habe keinerlei Erinnerung mehr an das, was geschehen ist.‹ Sicherlich wollte ich mich in diesem Moment auch nicht erinnern, da ich mein Erlebnis nicht mit den anderen teilen wollte.«

Außerkörperliche Erfahrungen werden mit den unterschiedlichsten Theorien erklärt: Die einen sind der Ansicht, daß Träume oder Halluzinationen der Auslöser sind, die anderen vermuten paranormale Erlebnisse. Es ist auch der Gedanke laut geworden, daß außerkörperliche Erfahrungen letztlich mit UFO-Begegnungen im Zusammenhang stehen könnten. Denn viele Zeugen berichten von Erfahrungen des Schwebens mit ihrem feinstofflichen Zweitkörper während der UFO-Entführungen oder von spontanen außerkörperlichen Erfahrungen nach UFO-Erlebnissen.

Einer Theorie zufolge soll es sich bei außerkörperlichen Erfahrungen im Zusammenhang mit UFOs um nichts anderes als falsch wahrgenommene, echte körperliche Erfahrungen handeln. Nach einer weiteren Theorie könnten außerkörperliche Erfahrungen auch auf Halluzinationen des Gehirns beruhen, die unter Umständen durch fremde äußere Einflüsse ausgelöst worden sein könnten. UFO-Entführungen und außerkörperliche Erfahrungen stünden also durch das Phänomen der Illusion miteinander in Beziehung.

Des weiteren werden UFO-Erlebnisse als reale Ereignisse hingestellt, die sich auf grob- oder feinstofflicher Ebene in Form energetischer Phänomene manifestieren können. Damit basiert eine außerkörperliche Erfahrung auf einer vorübergehenden Trennung des feinstofflichen vom materiellen Körper. Während einer Entführung wird dann entweder der physische Körper an Bord eines UFOs gebracht, in deren Verlauf es zu einer außerkörperlichen Erfahrung kommen kann; oder eine Entführung wird in Form einer außerkörperlichen Erfahrung vollzogen, in deren Verlauf der feinstoffliche Körper an Bord des UFOs erscheint, während der grobstoffliche zurückbleibt.

In seiner Studie *Begegnungen mit Außerirdischen* analysiert der amerikanische Wissenschaftler Richard L. Thompson eine Kategorie von Fällen, bei denen außerkörperliche Erfahrungen durch humanoide »UFOnauten« ausgelöst werden.

So berichtet zum Beispiel die Amerikanerin Betty Andreasson, daß sie im Juli 1986 in ihrem Wohnmobil auf dem Sofa lag und in der Bibel las, als sie ein sonderbares Geräusch vernahm und zur gleichen Zeit neben sich ein seltsames Wesen auftauchen sah. Kurz danach erblickte sie sich selbst, auf der Couch liegend. Zuerst hatte das fremde Wesen eine kleine Kiste auf der Couch abgestellt, dann sah sich Betty Andreasson dort auftauchen. Sie beobachtete sich beim Aufstehen und sah sich auf das Wesen zugehen. Dann drehte sie sich wieder zur Couch und beugte sich vor, um sich selbst zu berühren. »Aah«, stieß sie aus, als sich ihre Hand durch sie hindurch bewegte.

In diesem Fall war das Wesen ein »typisches« graues Männchen mit einem sehr großen kahlen Kopf, grauer Haut, riesengroßen, leicht schräg gestellten, dunklen Augen. Der Mund war schlitzartig und die Nase durch zwei Löcher angedeutet. In ihrem außerkörperlichen Zustand hatte Betty seltsame Visionen. Kristallkugeln tauchten auf, der Schatten eines riesigen vorbeiziehenden Vogels und ein schweben-des rundes Flugobjekt. Und ständig war das graue Wesen dabei.

Unter Hypnose erinnerte sich Betty Andreasson dann, als Teenager in einem Raumschiff gewesen zu sein, das unter Wasser tauchte und sich zu einer Anlage begab. Bis dahin spürte sie körperlich lediglich eine außergewöhnliche Beschleunigung. Jetzt sagten ihr die »Grauen«, daß sie nun nach Hause gebracht würde, um »den Einen« zu sehen. Unter Hypnose befragt, schildert Betty folgenden Vorgang:

»Wir kamen zu dieser Glasmauer und einer großen, sehr großen, nicht enden wollenden Tür aus Glas.«

»Hatte sie Angeln?« fragte der Hypnotiseur.

»Nein, sie war so unbeschreiblich groß, und es gab da etwas, das nicht zu beschreiben ist«, antwortete Betty. »Türen, Türen, Türen. Alle hintereinander. Der Graue blieb dort stehen und forderte mich auf, ebenfalls stehenzubleiben. Dann sagte er: ›Geh durch die Tür, um 'den Einen' zu sehen.‹

Ich stand dort und ging aus meinem Körper heraus. Nun sind zwei von mir da«, fuhr es mir durch den Kopf. »Es gibt mich zweimal!«

In den außerkörperlichen Zustand versetzt, ging sie nun durch die Tür: »Es ist sehr hell«, sagte sie. »Weiter kann ich Sie nicht mitnehmen.«

»Warum nicht?« wollte der Hypnotiseur wissen.

»Weil ... durch diese Tür kann ich Sie nicht mitnehmen.«

»Warum sind Sie so glücklich?« wunderte sich der Hypnotiseur.

»Ach nur so. Ich kann es Ihnen nicht sagen. Es gibt dafür keine Worte. Es ist einfach wunderbar. Ich erkenne, daß alles eins ist. Alles paßt zusammen, und es ist herrlich ...«

David Jacobs, Professor für Geschichte an der Universität in Philadelphia und Spezialist auf dem Gebiet der UFO-Entführungen, ist – wie Professor John Mack – der Überzeugung, daß Entführungen durch »UFOnauten« tatsächlich stattfinden. Allerdings handele es sich bei außerkörperlichen Erfahrungen um eine Fehldeutung ahnungsloser Entführter, die für das New Age typisch seien. Seiner Meinung nach würden die Entführten ihr Fehlurteil über außerkörperliche Erfahrungen revidieren, sobald sie über das tatsächliche Geschehen aufgeklärt werden: »Das Wissen über die Entführung liefert ihnen schließlich die gesuchte Antwort, und die Mehrzahl läßt dann von ihrer vorherigen Überzeugung ab, da sie ohnehin nie ganz befriedigend für sie gewesen ist.«

Entführungen durch UFOnauten lassen sich prinzipiell nicht über einen Kamm scheren, da sie sich in ihrer Art grundsätzlich unterscheiden. So sprechen die einen von kleinen, grauen, groß- und kahlköpfigen Außerirdischen, die ihre Entführungsopfer einer Reihe hochnotpeinlicher Untersuchungen aussetzen, in deren Verlauf unter anderem bei Männern Samenproben und bei Frauen Eierstockproben entnommen worden sein sollen. Für Opfer dieser Art geht es um ein unangenehmes, oft schmerzhaftes Erlebnis, das sichtbare und unsichtbare, das heißt, körperliche und seelische Narben hinterläßt.

Wie sich diese Kategorie der Entführungen mit der professionellen Auffassung von John E. Mack vereinbaren läßt, daß hier ein Geschehen feinstofflicher Art im Spiel sei, ist nicht recht einleuchtend, zumal eine Anzahl dieser Entführungsopfer behauptet, »mit außerirdischen Implantaten ausgestattet worden zu sein«.

Wie dem auch sei, bei einigen »Opfern« wurden tatsächlich winzige »dreieckige oder auch kugelförmige Fremdkörper« durch irdische Chirurgen entfernt. Damit läßt sich freilich nicht eindeutig beweisen, daß diese Fremdkörper wirklich außerirdischer Herkunft sind, beziehungsweise um was es sich da überhaupt handelt. Nur eines ist sicher: Sie sind nicht feinstofflicher Art!

Im Gegensatz zur »nahen Begegnung« der körperlichen Art sprechen andere Entführte von einem »überirdisch beglückenden Erlebnis transzendentaler Art«, wo die Zeit aufgehoben zu sein scheint. Die Kommunikation soll sich auf paranormaler Ebene abspielen, und die Botschaften der Außerirdischen sollen so profund sein, daß die Entführten sie bei ihrer Rückkehr in irdische Gefilde nicht in Worten wiedergeben können. Alles in allem hat das Geschehen – den Aussagen dieser Entführten zufolge – eine feinstoffliche beziehungsweise außerkörperliche Qualität.

Der amerikanische Kunstmaler und Bildhauer Budd Hopkins befaßt sich seit über zwanzig Jahren mit dem Phänomen der Entführung durch Außerirdische. Als Spezialist auf diesem Gebiet ist er einem der vielen Fälle, dem sogenannten Brooklyn-Bridge-Zwischenfall, der sich am 30. November 1989 um drei Uhr morgens zugetragen hat, besonders nachgegangen.

Es begann mit einem Brief der damals einundvierzigjährigen Linda Cortile aus Manhattan an Budd Hopkins, in dem sie ihm ihre mehrfachen Entführungserfahrungen seit ihrer Kindheit und Jugend mitteilte. Ende November 1989 erhielt Hopkins dann einen Anruf über ihre einige Stunden zuvor unter dramatischen Umständen stattgefundene Entführung:

Linda war an diesem 30. November 1989 erst gegen drei Uhr morgens zu Bett gegangen, da sie als »Nachtmensch« noch Wäsche gebügelt hatte. Doch kaum hatte sie sich hingelegt, spürte sie am ganzen Körper ein Kribbeln und Taubheitsgefühl aufkommen. Gleichzeitig wußte sie, daß irgend jemand in ihr Schlafzimmer eingedrungen war. Erfolglos versuchte sie, ihren Mann aufzuwecken. Schreckensstarr nahm sie dann eine kleine Gestalt mit großem Kopf wahr, die sich ihr langsam näherte und sie mit großen schwarzen Augen fixierte. Verzweifelt versuchte sie trotz des Taubheitsgefühls in Brust und Armen, dem Fremden ihr Kopfkissen entgegenzuschleudern, war aber im selben Augenblick bewegungsunfähig. Später konnte sie sich nur noch an kleine Hände oder Instrumente erinnern, die zart an ihrer Wirbelsäule aufwärts und abwärts glitten.

Budd Hopkins tat sein Bestes, um Linda Cortile zu beruhigen, und schlug ihr einen Hypnosetermin vor.

Während der Sitzung berichtete Linda, daß sie von drei oder vier kleinen Wesen aus dem Bett gehoben und ins Wohnzimmer getragen worden sei. Dort hätten sie Linda durch das geschlossene Fenster in einen blauweißen Lichtstrahl schweben lassen. Sie sei vom zwölften Stockwerk aus in Hockstellung langsam aufwärts geglitten und habe tief unter sich die Straßenbeleuchtung von Manhattan gesehen. Dann habe sie die kreisrunde Öffnung an der Unterseite eines großen, schräg über dem Gebäude schwebenden Objekts passiert.

In der Folge habe sie eine medizinische Untersuchung an Bord des Raumschiffs durchgemacht, in deren Verlauf kleine Hände behutsam ihre Wirbelsäule abklopften. Die Rückkehr sei weniger rücksichtsvoll gewesen. Sie spürte sich aus etwa dreißig bis fünfzig Zentimeter Höhe auf ihr Bett plumpsen. In Panik sah sie sofort nach ihrem Mann und ihren Kindern und stellte mit Erleichterung fest, daß ihnen nichts zugestoßen war. Danach habe sie sich erleichtert schlafen gelegt.

Die Tatsache, daß eine Frau in Manhattan nächtens in ein UFO entführt wird, ist schon exotisch genug; aber dafür auch noch Zeugen finden zu wollen ist zuviel verlangt. Jedenfalls ging Hopkins von dieser Voraussetzung aus. Fünfzehn Monate später erhielt Hopkins einen Brief von zwei angeblichen Polizeibeamten – Dan und Richard –, die sich später als Sicherheitsbeamte zu erkennen gaben. In der fraglichen Nacht hatten beide den damaligen UN-Generalsekretär Pérez de Cuellar zu einem New Yorker Hubschrauberflughafen begleitet und dabei die Entführung von Linda Cortile beobachtet, die sie bei einem späteren Trefen mit Hopkins als die »Frau im weißen Nachthemd« identifizierten.

Darüber hinaus stieß Hopkins noch auf weitere Zeugen, die ebenfalls Lindas Entführung beobachtet hatten. Darunter eine Frau, die mit ihrem Wagen auf der Brückenauffahrt, unter der die Limousine von Pérez de Cuellar parkte, stehengeblieben war und ebenfalls Lindas Entführung beobachtete.

Auf der Jahrestagung der amerikanischen UFO-Forschungsgruppe MUFON in Albuquerque, New Mexico, im Jahr 1992 erklärte Hopkins:

»Mittlerweile konnte ich insgesamt sieben Zeugen für die verschiedenen Aspekte des Falls interviewen. Mir liegen Videobänder vor, dazu wurden relevante Nummernschilder von Fahrzeugen überprüft. Eine große Hilfe war dabei ein FBI-Beamter, der über Erfahrung in vielen hier wichtigen Punkten verfügte. Mir liegen die Expertisen zweier Psychiater und zweier Psychologen vor, die verschiedene Gesichtspunkte des Falls untersucht haben … Sie alle lassen nur einen Schluß zu: Die Zeugen sagen die Wahrheit über das, was sie miterlebt haben. Die Ereignisse haben sich tatsächlich zugetragen.«

Ein weiterer Beweis für das Geschehen dürfte die Röntgenaufnahme des Nasenimplantats sein, das Linda in der fraglichen Nacht offensichtlich eingesetzt und später wieder entnommen wurde. Falls sich Exgeneralsekretär Pérez de Cuellar vielleicht doch öffentlich zu seiner Beobachtung äußern sollte, wäre der Fall Linda Cortile am Ende möglicherweise wirklich der UFO-Entführungs-Fall des 20. Jahrhunderts?!

Der Nuklearphysiker Stanton T. Friedman hat im Zusammenhang mit dem UFO-Problem im Anhang seines Buches *Top Secret* (Bettendorf Verlag) ein Schreiben an den Lt. Colonel der US Air Force Thomas W. Schubert veröffentlicht, in dem dieser die der Senatorin Patty Murray aus dem Bundesstaat Washington von Mr. Michael C. Atkins erteilten, irreführenden Auskünfte bezüglich des UFO-Problems berichtigt. Unter anderem heißt es dort:

»Von Mr. Michael C. Atkins erhielt ich freundlicherweise eine Kopie Ihres Schreibens bezüglich der UFO-Frage an die Senatorin Patty Murray aus dem Bundesstaat Washington vom 25. August 1993. Ich möchte Sie darüber in Kenntnis setzen, daß die in Ihrem Schreiben enthaltenen Auskünfte, wie ich im folgenden beweisen werde, nicht den Tatsachen entsprechen und irreführend sind.

Vielleicht sollte ich hinzufügen, daß ich mich seit 1958 intensiv mit der UFO-Frage beschäftige, vor über sechshundert Colleges und Fachgremien in allen fünfzig Bundesstaaten über das Thema ›Fliegende Untertassen sind Wirklichkeit‹ referiert habe, am 26. Juli 1968 in der Kongreßanhörung Zeugnis ablegte, zweiundsechzig Publikationen über UFOs veröffentlicht habe und Mitautor des Buches *Der UFO-Absturz bei Corona* bin, das sich mit der anschließend vertuschten Bergung der im Jahr 1947 in New Mexico abgestürzten Untertassen durch die amerikanische Regierung befaßt ...

Die USAF begann spätestens im Juni 1947 in der UFO-Frage zu ermitteln (der Begriff UFO kam in den fünfziger Jahren auf und geht auf USAF-Captain Edward Ruppelt zurück) und nicht, wie von Ihnen angegeben, erst im Jahr 1948. Im ganzen Land erschienen damals zahlreiche Zeitungsartikel, in denen von der großen Besorgnis der Regierung über die weit über tausend Meldungen von fliegenden Scheiben in über vierzig Bundesstaaten berichtet wurde, die kurz nach Bekanntgabe der von dem Piloten Kenneth Arnold am 24. Juni 1947 beobachteten neun Flugobjekte im Bundesstaat Washington eingingen. Ich lege diesem Schreiben Ruppelts Kommentar dazu bei ... Die in Ihrem Brief enthaltene Angabe, Projekt Blue Book und seine Vorgänger Sign und Grudge seien die einzigen UFO-Gruppen der Air Force gewesen, läßt sich mühelos widerlegen.

Einem FBI-Memorandum vom 31. Januar 1949 läßt sich entnehmen, daß die Geheimdienste der Army und der Air Force (nicht Sign, Grudge oder das spätere Blue Book) die UFO-Angelegenheit als ›streng geheim‹ einstuften. Bei den Blue-Book-Akten konnte ich jedoch keine Dokumente finden, die dieser oder einer höheren Geheimhaltungsstufe unterlagen.

Das Problem der unbekannten Flugobjekte steht in direktem Zusammenhang mit der Aufgabe des Air Defense Command, durch landesweite Radarbeobachtung, Computer-, Kommunikationssysteme und Aufklärungsflugzeuge unbekannte Ziele zu identifizieren und zu beobachten. Dabei spielt es keine Rolle, ob es sich um sowjetische Flugzeuge und Raketen handelt oder um fliegende Untertassen; der technische Aufwand ist derselbe.

Für Projekt Blue Book waren ein Major, ein Sergeant und einige Sekretäre tätig, es gab ein paar Aktenschränke, und einmal pro Monat kam ein Astronom vorbei. Computer, Radaranlagen, Meßinstrumente oder ein geschlossenes Kommunikationssystem waren nicht vorhanden. Von vielleicht noch größerer Bedeutung ist die Tatsache, daß keiner der Mitarbeiter Zugang zu streng geheimen Informationen des Air Defense Command hatte. Das Projekt nahm gelegentlich Meldungen von Zivilisten an und untersuchte sie. Weit aufschlußreicher sind jedoch Meldungen von Militärangehörigen.

Die Aktennotiz, die 1969 zur Einstellung von Projekt Blue Book führte (das Memo von General Carroll Bolender vom 20. Oktober 1969; Kopie liegt bei), enthält folgenden Satz: ›Weitere Berichte über UFOs hinsichtlich ihrer Auswirkung auf unsere nationale Sicherheit werden in Übereinstimmung mit JANAP 146 oder dem Air-Force-Leitfaden 55-11 angefertigt und sind nicht Teil des Blue-Book-Systems ...‹

Wie jedoch bereits erwähnt, werden Berichte über UFOs hinsichtlich ihrer möglichen Auswirkung auf unsere nationale Sicherheit auch weiterhin zu diesem Zwecke eingerichtete übliche AIR-FORCE-Verfahren durchlaufen ... Blue Book tauchte nicht einmal auf den Verteilerlisten für diese Berichte auf. Dabei ist es doch nur vernünftig anzunehmen, daß solche eindeutig beobachteten Objekte, die die nationale Sicherheit gefährden könnten, von weit größerer Tragweite sind als unbewiesene Beobachtungen von Zivilisten. Die Behauptung der USAF, alle Ermittlungen der Air Force seien unter Projekt Blue Book, Sign und Grudge durchgeführt worden, entspricht offensichtlich nicht der Wahrheit.

Ich besitze die Kopien zweier ehemals streng geheimer UFO-Dokumente des Geheimdienstes der Air Force. Keines der Schriftstücke hat etwas mit Blue Book, Sign oder Grudge zu tun. Die Kopien liegen bei. Dort, wo diese Unterlagen herkommen, lassen sich sicherlich noch weitere finden, die nur auf eine Freigabe warten.

Die Schlußfolgerungen des Projekts Blue Book, die Sie in Ihrem Schreiben erwähnen, sind auch heute nicht plausibler, als sie es 1969 waren. Es handelt sich dabei um gut geschriebene Propaganda:

Auch antarktische Pinguine geben keinerlei Hinweis darauf, eine ›Gefährdung für die nationale Sicherheit‹ darstellen zu können. Dennoch werden doch wohl auch Sie nicht bezweifeln, daß sie existieren. Die Frage lautet doch, ob einige der UFOs von intelligenten Wesen gesteuerte, extraterrestrische Flugobjekte sind. Die unter anderem in dem höchst spannenden Special Report 14 des Projekts Blue Book gesammelten Daten weisen eindeutig darauf hin, daß diese Vermutung in einigen Fällen zutrifft.

Wenn einige der beschriebenen Tätigkeiten – Meldungen anzunehmen, sie einzuschätzen und ihnen nachzugehen – von anderen Behörden wie zum Beispiel der CIA, DIA, ONI, NRO durchgeführt worden wären, wäre Ihre Aussage Nr. 1 zwar im Prinzip richtig, aber dennoch völlig bedeutungslos. Dasselbe gilt für die Aussage über die ›Beweise, die der Air Force bislang fehlen‹. Diese Informationen stünden fast naturgemäß unter höchster Geheimhaltung und könnten nicht freigegeben werden.

Letztlich muß eine Nation, die laut Angabe eines mit dem Pulitzer-Preis ausgezeichneten Journalisten jährlich vierunddreißig Milliarden Dollar in sogenannte Black-Budget-Programme investiert, zwangsläufig zu deren Schutz irreführende Informationen verbreiten.

Da ich selbst Wissenschaftler bin und für zahlreiche, mittlerweile eingestellte, streng geheime Forschungs- und Entwicklungsprogramme tätig war, kann ich mit Bestimmtheit sagen, daß die interstellare Raumfahrt nach heutigem Wissensstand ebensowenig außerhalb der Möglichkeiten liegt, wie die Mondlandung schon im Jahr 1947 machbar gewesen wäre. Es hätte lediglich unermüdlicher Bestrebungen und enormer Geldmittel bedurft, um die Theorie schließlich in die Praxis umzusetzen.

Schlußfolgerung Nummer drei ist völlig absurd. Jeder, der sich mit den ausführlichen wissenschaftlichen Studien auseinandersetzt, die ich in meinem beiliegenden Artikel »The Case for the Extraterrestrial Origin of Flying Saucers« darlege, wird erkennen, daß die Folgerung unausweichlich ist, daß einige der UFOs extraterrestrische Flugobjekte sein müssen. USAF-Projekt Blue Book Report 14 (der aus naheliegenden Gründen in keiner der offiziellen USAF-Erklärungen erwähnt wird) führt an, daß 21,5 Prozent der insgesamt 3201 untersuchten Beobachtungen, die nicht in die Kategorie der 9,5 Prozent der Fälle mit ›ungenügender Information‹ fielen, nicht identifiziert werden konnten.

Die Wahrscheinlichkeit, daß es sich bei den nicht identifizierten Objekten um nicht erkannte ›bekannte‹ Objekte handelte, wird mit weniger als einem Prozent angegeben. Weiter wurde herausgefunden, daß mit steigender Qualität der Sichtung die Wahrscheinlichkeit zunahm, daß diese in die Kategorie ›unbekannt‹ eingeordnet wurden. Die Kombination aus ungewöhnlichem Aussehen und Flugverhalten schließt eine irdische Herkunft dieser vor 1955 beobachteten unbekannten Objekte aus. Wenn zur damaligen Zeit irgend jemand auf der Erde in der Lage gewesen wäre, Flugzeuge mit diesen Merkmalen herzustellen, würden wir uns heute nicht mehr mit der Konstruktion der F-16, F-17, F-18, Mig 29 oder Mirage 5 abgeben.

Die Presseerklärung, die nach Fertigstellung des Special Report 14 herausgegeben wurde, war ebenso irreführend wie Ihr Brief. Der damalige Sekretär der USAF erklärt darin:

›Auf Grundlage dieses Berichts gelangen wir zu der Überzeugung, daß keines der landläufig als fliegende Untertassen bezeichneten Flugobjekte das Gebiet der Vereinigten Staaten überflogen hat. Selbst die drei Prozent betragende Gruppe der unbekannten Objekte wäre als natürliches Phänomen oder Sinnestäuschung identifiziert worden, hätten vollständigere Angaben vorgelegen.‹ Tatsächlich betrug die Gruppe der Unbekannten, wie bereits oben erwähnt, 21,5 und nicht drei Prozent. Im übrigen wurde diese Gruppe völlig unabhängig von der Gruppe der Beobachtungen, zu denen nicht ausreichend Informationen vorlagen, behandelt.

Nebenbei bemerkt, halte ich es für geradezu lachhaft, daß die USAF immer wieder betont, für lediglich fünf- bis sechshundert der Beobachtungen sei keine Erklärung gefunden worden. Weniger als ein Prozent der in der Natur auftretenden Isotope ist spaltbar, nur ein Prozent aller Chemikalien kann Krankheiten heilen, nur ein Prozent aller Menschen ist über 2,10 Meter groß – würde ein vernünftiger Mensch aber deshalb behaupten, Isotope seien grundsätzlich nicht spaltbar, Chemikalien könnten keine Krankheiten heilen oder Menschen würden nicht größer sein als 2,10 Meter?

In Absatz 2 stellen Sie folgende unglaubliche Behauptungen auf: ›Darüber hinaus ist uns nicht bekannt, ob eine andere Regierungsbehörde oder Abteilung, ausgenommen das Nationalarchiv, über UFO-relevante Schriftstücke verfügt.‹ Wenn dies der USAF bisher nicht bekannt ist, dann sollten Sie sich schnellstens aufklären lassen. Vielleicht kann ich Ihnen dabei behilflich sein:

Die CIA gab zu, über neunhundert Seiten UFO-relevante Schriftstücke gefunden zu haben, und veröffentlichte eine Liste mit siebenundfünfzig Dokumenten anderer Ursprungsbehörden, darunter einige aus dem Außenministerium und der DIA sowie achtzehn Dokumente aus der NSA. Als die NSA gerichtlich aufgefordert wurde, nach derartigen Dokumenten zu suchen, fanden sich 239 UFO-Unterlagen, von denen neunundsiebzig wiederum von anderen Behörden stammten, darunter dreiundzwanzig von der CIA, die diese bei ihrer ersten Suche offenbar übersehen hatte.

Natürlich verweigerte die NSA die Freigabe dieser hundertsechzig Dokumente und untersagte im Interesse der nationalen Sicherheit sogar Richter Gerhard Gesell die Einsicht. Jede einzelne Behörde sammelte UFO-Daten. Ich sollte hinzufügen, daß die CIA, wie in der Einleitung des beigelegten Artikels ›The Cosmic Watergate‹ erwähnt, darüber hinaus auch jene zweihundert UFO-relevanten Dokumente nicht fand, auf die in den neunhundert Seiten des freigegebenen Materials hingewiesen wird. Keines dieser Dokumente unterlag einer Geheimhaltungsstufe, die über ›geheim‹ lag.

Ich habe im Verlauf meiner Nachforschungen in fünfzehn Archiven recherchiert, in denen sicherlich eine große Zahl von streng geheimen Dokumenten gelagert wird. Auch Maxwell AFB verfügte über eine ganze Reihe von UFO-Unterlagen, die nicht Teil des Projekts Blue Book waren. Die US Army bewahrte zahlreiche CIRVIS-Berichte über UFOs auf. Es sieht mir ganz danach aus, als hätten Sie einiges an Arbeit nachzuholen.

Wenn die Air Force über keinerlei nicht-freigegebenes UFO-Material verfügt, warum gibt dann das USAF Office of Special Investigations seinen vielen Dienststellen Anweisung, die eigenen Vorschriften zu verletzen, sollte eine FOIA-

Anfrage von mir über UFOs eingehen? Die betreffende Aktennotiz liegt bei.

Die einzige ›nachvollziehbare‹ Begründung ist die, daß hier versucht wird, Daten vor der Öffentlichkeit geheimzuhalten. Das ist nicht nur unmoralisch, sondern vermutlich auch gegen zahlreiche Vorschriften.

Zusammenfassend möchte ich Ihnen dringend nahelegen, sich bei der Senatorin Murray und anderen Kongreßmitgliedern zu entschuldigen, denen Ihr Büro diese falschen und irreführenden Auskünfte erteilte. Es ist höchste Zeit, den Tatsachen ins Gesicht zu blicken und endlich aufzuhören, dem amerikanischen Volk und den von ihm gewählten Vertretern Lügen aufzutischen.

Durch meine zahlreichen Vorträge stehe ich mit vielen Menschen in Kontakt und weiß, wovon ich spreche. Ich saß bereits auf dem ›heißen Stuhl‹ und könnte Ihnen mit meiner Erfahrung vermutlich behilflich sein. Das GAO sollte zweifellos alle Daten über UFOs zur Verfügung gestellt bekommen.

Möglicherweise wissen Sie ja tatsächlich nicht, wo dieses Material aufbewahrt wird; aber vielleicht weiß es Majestic-12 oder eine ähnliche Organisation.

Schon Präsident Nixon mußte die Erfahrung machen, daß es sich nicht auszahlt, das amerikanische Volk zu belügen, und mußte letztlich die schwerwiegenden Konsequenzen dafür tragen.

In Erwartung Ihrer Antwort verbleibe ich mit freundlichen Grüßen

Stanton T. Friedman

Kopie an Senatorin Patty Murray, Kongreßabgeordneten Steven Schiff und andere ...

Vor kurzem trat der hochdekorierte US-Colonel Philip Corso mit seinem Enthüllungsbericht *The Day after Roswell* an die Öffentlichkeit und bestätigte darin sowohl die Aussagen von Stanton T. Friedman als auch meine Recherchen und Schlußfolgerungen in *Die Außerirdischen von Roswell. Protokoll einer Verschwörung.* Corso behauptet außerdem, daß einige der bedeutendsten Erfindungen des 20. Jahrhunderts auf die Auswertung von geborgenen UFO-Wracks zurückzuführen seien, beispielsweise Mikrochips, Glasfaseroptik, Laser, Kevlar-Beschichtungen, integrierte Schaltkreise, Mikroelektronik, Steuerungen etc.

Diese Technologie aus der Zukunft bringt Corso nicht nur in Relation zum UFO-Phänomen, sondern unterstellt, daß sie in Wirklichkeit Zeitreisemaschinen sind. Sollte diese Hypothese zutreffen, hätten zumindest einige dieser exotischen Flugobjekte Besucher aus der Zukunft an Bord.

Begegnung mit dem dritten Jahrtausend

Die 737-Maschine der British Airways befand sich in viertausend Fuß Höhe auf dem Landeanflug nach Manchester in Nordengland. Gerade war vom Tower der Sinkflug freigegeben worden, als der folgende Sprechfunkdialog zwischen dem Kapitän der BA 737 und dem Fluglotsen des Towers festgehalten wurde.

BA 737:
»Da ist gerade oberhalb unserer rechten Seite etwas an uns vorbeigeschossen.«
Tower:
»Well, aber auf dem Radarschirm ist nichts zu sehen. War es ein Flugzeug?«
BA 737:
»Nun, es hatte Lichter, es kam steuerbord sehr schnell herunter.«
Tower:
»Und über euch?«
BA 737:
»Hm, gerade etwas über uns, ja.«
Tower:
»Achtet darauf, ob da etwas ist. Hm, im Augenblick sehe ich gar nichts. Hm – muß – hm – sehr schnell gewesen sein. Oder sehr rasch runtergekommen, als es vorbeisauste. Was meinst du?«

BA 737:
»Okay. Gut. Das wär's also.«

Spätere Untersuchungen durch die Civil Aviation Authority
(CAA = Zivile Luftfahrtbehörde) ergaben, daß der Pilot das
Objekt für etwa zwei Sekunden sah, als es an der rechten
Cockpitscheibe und dem Seitenfenster der Maschine vor-
beiflitzte. Er beschrieb es als keilförmig mit einer Anzahl
kleiner weißer Lichter, ähnlich wie bei einem Christbaum.
Er wußte nicht, wie weit das Objekt entfernt war, obwohl es
seinem Gefühl nach sehr nah sein mußte.

Auch der Erste Offizier der 737 sah das Objekt auf der
rechten Seite des Flugzeugs mit hoher Geschwindigkeit passieren. Er beschrieb es als dunkel, keilförmig, mit etwas wie
einem schwarzen Streifen an der Seite. Er zeichnete ein Dia-
gramm des Objekts, das mit dem unabhängig davon ange-
fertigten des Piloten, völlig übereinstimmte. Seine Beschreibung differierte mit der des Piloten lediglich in bezug auf die
Lichter. Er glaubte nämlich, daß das Objekt von den zu diesem Zeitpunkt eingeschalteten Landungslichtern der BA 737
beleuchtet worden sei.

Die Größe des Objekts schätzte der Erste Offizier etwa
auf die zwischen einer einmotorigen Maschine und einem
Düsenflugzeug ein. Über die Entfernung war er sich nicht
sicher, sagte aber, daß er sich instinktiv »duckte«, als das
Objekt vorbeiflog.

Könnte es ein Tarnkappen-Bomber gewesen sein? Das
keilförmige, dunkle Erscheinungsbild ließ den Gedanken
daran unwillkürlich aufkommen. Der Erste Offizier hatte
Tarnkappen-Bomber allerdings schon früher zu Gesicht bekommen und behauptete, eine solche Maschine sofort zu erkennen.

196

Ungeachtet dieser Aussage des Ersten Offiziers überprüfte der CAA-Untersuchungsausschuß unter Einbeziehung von
Militärbehörden die Möglichkeit von in der näheren Umgebung eingesetzten Tarnkappen-Bombern. Aber dafür ließen
sich »keine Beweise aus irgendeiner zuständigen Quelle«
erbringen. Offizielle Dementis sowie die Unwahrscheinlich-
keit militärischen Flugverkehrs in der Nähe eines stark
frequentierten Verkehrsflughafens, mit oder ohne Benach-
richtigung der CAA, schlossen jede Möglichkeit der Ver-
wechslung des unbekannten Flugobjekts mit einem Tarnkappen-Bomber aus. Gleichzeitig wurde überprüft, ob es
sich um einen Gleitschirm, einen Drachenflieger oder ein
Ultraleichtflugzeug gehandelt haben könnte. Auch hier war
die Antwort negativ.

Obwohl das Bodenradar die BA 737 zu diesem Zeitpunkt
erfaßt hatte, traf dies auf das unbekannte Flugobjekt nicht
zu. Für die Untersuchungsbeamten war damit nichts Un-
gewöhnliches verbunden, da das Radarsystem über Witte-
rungs-Störungselemente verfügte, die möglicherweise in
Betrieb waren. Unter diesen Umständen hätte das Objekt
ein schwaches Radarecho abgegeben, das als Wetterphäno-
men interpretiert und nicht angezeigt worden wäre. Die
CAA-Untersuchungsgruppe verzeichnete den Zwischenfall
schließlich als ungeklärt, gab jedoch folgenden Kommentar
ab:

»... dieser von zwei verantwortungsbewußten Verkehrs-
flugzeugpiloten unterbreitete Bericht wurde sehr ernst genommen, und wir möchten den Mut der Piloten, zu dieser
Aussage zu stehen, und die vorurteilsfreie Einstellung ihrer
Gesellschaft, dies zu ermöglichen, lobend anerkennen. Berichte wie dieser sind oft Veranlassung zu Spott, aber die
CAA hofft, daß dieses Beispiel Piloten, die ungewöhnliche

Sichtungen erleben, zur Berichterstattung ermutigt, ohne befürchten zu müssen, der Lächerlichkeit preisgegeben zu werden.«

Keilförmige, mysteriöse dreieckige Flugobjekte tauchen schon seit einer Reihe von Jahren in UFO-Berichten, vor allem aber am Himmel auf. So wurde im März 1983 in Hudsonville, im Bundesstaat New York, ein riesiges V-förmiges Objekt am Himmel gesichtet.

Besonderes Aufsehen erregte diese Form jedoch 1989 und 1990, als sich in Belgien außerordentliche Vorfälle ereigneten. Viele Belgier berichteten damals übereinstimmend von in Dreiecksform angeordneten Lichtern am Nachthimmel und behaupteten, diese mysteriösen Lichter an der Unterseite eines gewaltigen dreieckigen Flugkörpers ausgemacht zu haben. Von diversen Bodenradarstationen des belgischen Militärs erfaßt, wurden sogar zwei F-16-Kampfflugzeuge der belgischen Luftwaffe beauftragt, das UFO zu jagen. Doch das fremde Objekt schaffte es, einfach »wegzutauchen« und innerhalb weniger Sekunden mühelos vom Schwebezustand auf mehrere tausend Stundenkilometer zu beschleunigen und damit unbehelligt das Feld zu räumen.

Wilfried de Brower, Generalmajor der belgischen Luftwaffe, gab der Öffentlichkeit schließlich bekannt, daß es sich bei dem unbekannten Flugobjekt um ein »solides Luftfahrzeug« gehandelt habe, das unerlaubt in den belgischen Luftraum eingedrungen sei.

Ebenfalls 1990 wurde über der russischen Stadt Tagresk ein riesiges fliegendes Dreieck fotografisch festgehalten. Und Ende März 1993 verunsicherte ein fliegendes Dreieck viele Engländer in den frühen Morgenstunden auf dem Weg zur Arbeit.

Es wäre immerhin möglich, daß ein futuristisches Testflugzeug der Amerikaner hinter dem ominösen fliegenden Dreieck steckt. Denn inzwischen hat sich herumgesprochen, daß das »LoFlyte« (low observable flight test experiment) ein keilförmiger Prototyp ist, der bis zu fünftausend Stundenkilometer erreichen kann. Für Fernsteuerung – also unbemannt – ausgelegt, wurde er gemeinsam von der US Air Force und der NASA entwickelt.

Schon seit Jahren arbeiten die Amerikaner an der Technologie des dritten Jahrtausends. Im Zuge ihres Aurora-Projekts auf der top secret US Air Force Base Area 51 in Nevada – entwickeln amerikanische Wissenschaftler exotische Antriebssysteme für die Luft- und Raumfahrt. Nachdem das öffentliche Interesse an Area 51 beziehungsweise Groom Lake ein für das Militär beunruhigendes Ausmaß angenommen hatte, wurde ein Teilbereich des supergeheimen Entwicklungsprojekts in den US-Staat Utah verlagert. Eine Reihe von Indizien spricht dafür, daß auch mit Elektrogravitationsantrieben und mit Antigravitation experimentiert wird. Die Anfänge dieser phantastischen Technologie gehen allerdings schon auf die zwanziger Jahre unseres Jahrhunderts zurück.

Thomas Townsend Brown, ein junger amerikanischer Physiker, experimentierte 1921 mit der Röntgenstrahlen erzeugenden »Coolidge-Röhre«. Dabei wurde er auf ein sonderbares Phänomen aufmerksam: Sobald er die Röhre in Betrieb nahm, kam sie in leichte Bewegung.

Es dauerte nicht lange, bis Brown die Ursache für die leichte Schwingung herausgefunden hatte. Beim Einschalten des Starkstroms zur Inbetriebnahme der Röhre entstand ein bestimmter, gegen die Schwerkraft wirkender Druck. Diese Beobachtungen wurden durch weitere Experimente mit dem

»Gravitator« – einer von Brown entwickelten Versuchskonstruktion – bestätigt: Beim Einschalten einer Hundert-Kilovolt-Starkstromquelle büßte ein Versuchsobjekt bis zu einem Prozent seines Gewichts ein. Brown war überzeugt, einem neuen elektrischen Prinzip auf die Spur gekommen zu sein: dem Einfluß von Elektrizität auf Schwerkraft. Während seines Studiums am California Institute of Technology (Caltech) ging keiner seiner Professoren auf seine Entdeckung ein. Erst als er 1923 sein Studium an der Denison-Universität in Granville, Ohio, fortsetzte, traf er auf offene Ohren.

Der aus der Schweiz stammende Professor der Physik Paul Alfred Biefeld, einstiger Kommilitone von Albert Einstein, nahm sich seiner an. Überzeugt von der Entdeckung Browns, wurde er schließlich dessen Mentor. In gemeinsamen Experimenten stellten sie unter Beweis, daß sich ein an einem Faden aufgehängter Kondensator unter sehr hoher elektrischer Spannung von selbst in Richtung seines positiven Pols zu bewegen begann. Dieses Phänomen erhielt den Namen »Biefeld-Brown-Effekt«. Bei vertikal ausgerichteten Polen des unter starker elektrischer Spannung stehenden Kondensators findet eine Bewegung in Richtung des positiven Pols – von der Gravitation unbeeinflußt, also gegen die Schwerkraft – statt.

1926 konstruierte Brown auf der Basis seiner bisher durchgeführten Experimente eine von ihm als »Raumfahrzeug« bezeichnete Flugmaschine von so exotischer Art, daß dagegen unsere heutigen Flugzeuge »vorsintflutlich« anmuten müssen. Dieses Raumfahrzeug war nicht mit beweglichen Teilen ausgerüstet, und sein Antriebs- und Steuerungssystem stützte sich lediglich auf die Veränderung und Verstärkung der elektrischen Polarisation. Gemäß dem »Biefeld-Brown-Effekt« bewegte es sich stets in Richtung des positiven Pols, der bei einer Richtungsänderung dann nur entsprechend verlagert werden mußte.

Brown stellte Versuche mit den verschiedensten Formgebungen und Körpern an, um die ideale für seinen Flugkörper zu finden; schließlich kam er auf die Scheibenform. Brown war dem Geheimnis des UFO-Antriebs angeblich auf die Spur gekommen, längst bevor die amerikanische Öffentlichkeit durch das Auftauchen »Fliegender Untertassen« in Aufregung versetzt wurde.

Das Brownsche »Raumfahrzeug« schien sein eigenes, unabhängig von der irdischen Schwerkraft funktionierendes Elektrogravitationsfeld erzeugen zu können, mit dem es den Weltraum erkunden sollte. Mit anderen Worten, dieses exotische Flugobjekt soll, Beobachtungen zufolge, je nach Belieben beschleunigen, abbremsen, »Haken schlagen«, sprich: Winkel fliegen, starten, landen oder sich im Raum fortbewegen können, ohne die im eigenen Gravitationsfeld der Scheibe befindlichen Insassen auch nur im geringsten zu beeinträchtigen.

Brown beschrieb den Ablauf 1938 so: »Das Feld verhält sich wie eine Welle mit dem negativen Pol an der Oberseite und dem positiven Pol an der Unterseite. Die Scheibe gleitet über diese aufsteigende Welle, die durch ihren Elektrogravitationsgenerator ständig in Bewegung gehalten wird. Da sich die Orientierung des Feldes steuern läßt, kann sich die Scheibe auf ihrer eigenen, permanent erzeugten Elektrogravitationswelle in jede beliebige Flugrichtung fortbewegen. Aufgrund der elektrostatischen Entladungen wäre die Scheibe von einem ständig in der Farbe variierenden Leuchten umgeben.«

Wenn T. Townsend Brown auch davon überzeugt war, die theoretische Grundlage für eine revolutionierende Technologie gefunden zu haben, dauerte es dennoch etwa zwei Jahrzehnte, bis seinen Forschungsergebnissen die längst fällige Aufmerksamkeit zuteil wurde.

Bis dahin arbeitete der hochqualifizierte Physiker unter anderem mit Albert Einstein zusammen; 1939 leitete er in den Forschungslaboratorien der US-Navy ein Team von fünfzig promovierten Wissenschaftlern mit einem Fünfzig-Millionen-Dollar-Etat; während des Zweiten Weltkrieges war er unter anderem für Projekte des »Nationalen Verteidigungs-Forschungs-Komitees« (NDRC) tätig, dem späteren »Büro für wissenschaftliche Forschung und Entwicklung« (OSRD), unter Leitung von Professor Vannevar Bush. Seinen Forschungen auf dem Gebiet der Elektrogravitation konnte er während dieser Zeit nur im privaten Rahmen nachgehen.

Mit dem Auftauchen sogenannter »Fliegender Untertassen« im Jahr 1947 wurde dann kein geringerer als der Oberkommandierende der Pazifischen Flotte der US Navy, Admiral Arthur W. Radford, auf die Brownschen Forschungen aufmerksam. Seiner Meinung nach war Brown der einzige Physiker, der das Antriebssystem der mysteriösen UFOs enträtseln konnte. Das führte 1952 in Cleveland zum »Projekt Winterhaven« unter der Leitung von T. T. Brown. Im Rahmen dieses Projekts gelang es Brown, ein Gerät zu entwickeln, das angeblich sein gesamtes Eigengewicht in den Schwebezustand versetzen konnte.

In einem weiteren Versuch hängte er zwei sechzig Zentimeter im Durchmesser betragende und mit einer Variante des Zwei-Platten-Kondensators versehene, scheibenförmige Objekte an einer Rotationsvorrichtung auf. Bei einer Elektrodenspannung von 50 KV und einer konstanten Energiezufuhr von 50 Watt erzielten die Körper auf einer waagerechten, kreisförmigen Bahn von sechs Metern Durchmesser, Brown zufolge, eine Geschwindigkeit von neunzehn Stundenkilometern.

Bei einem anderen Experiment wurden Scheiben mit einem Durchmesser von neunzig Zentimetern mit einem Rotationsumlauf von siebzehn Metern und einer Aufladung von 150 KV verwendet. Nach der Fachzeitschrift *Interavia* waren die erzielten Resultate »so beeindruckend, daß sie umgehend unter Geheimhaltung gestellt wurden«. Brown versicherte in diesem Zusammenhang, mit einer ausreichend starken Energiequelle könne er auch einen flugfähigen, bemannten Elektrogravitationsflugkörper konstruieren.

Am 18. November 1955 wurde in New York eine Konferenz zum Thema »Gravitation« abgehalten, an der die damals führenden Physiker der USA teilnahmen, darunter der Erfinder der Wasserstoffbombe, Professor Edward Teller (geb. 1908); der Leiter des »Manhattan-Projekts«, Professor Dr. (Julius) Robert Oppenheimer (1904-1967), der die erste Atombombe entwickelt hatte; die Physiker Dr. Freeman, John Dyson und Professor John Archibald Wheeler. Die Debatten und Themen dieser Konferenz faßte der Wissenschaftsredakteur der *New York Herald Tribune* folgendermaßen zusammen:

»Eine Anzahl amerikanischer Luftfahrt- und Elektronikunternehmen sieht die Möglichkeit, magnetische und Antigravitationsfelder als Antriebssysteme für Flugmaschinen auswerten zu können, da sie unabhängig vom Luftwiderstand sind. Raumschiffe dieser Art wären in der Lage, in wenigen Sekunden auf mehrere tausend Stundenkilometer zu beschleunigen, ohne negative Einflüsse der g-Kräfte auf die Passagiere.«

Der japanische Physiker Professor Shinichi Seiki soll eine Möglichkeit zur Erzeugung eines künstlichen Gravitationsfeldes gefunden haben. In seinem Buch *The Principles of Ultra Relativity* beschreibt er, wie Gravitationsenergie unter Umständen in elektromagnetische Energie umzuwandeln wäre. Er ging dabei von der sogenannten Kramer-Gleichung aus, in der die vierdimensionale Gyrationsbewegung der Atome in ihrer Abhängigkeit von äußeren elektrischen und magnetischen Feldern beschrieben wird.

Das rotierende elektrische Feld wurde von Professor Seiki unter Anwendung von drei kugelförmigen Kondensatoren hergestellt, deren Ladung und Entladung alternativ über drei Magnetspulen erfolgte. Es bedurfte einer externen Energiequelle, um den Antrieb in Gang zu setzen.

Die Gesamtleistung des Seikischen Antriebssystems wurde auf 3 mal 10^9 KW berechnet, eine Leistung, die weit über die der »Saturn«-Rakete hinausgeht. Sobald sich ein Flugobjekt der Erde mit eigenem Gravitationsfeld nähert, treten – Seiki zufolge – bestimmte Effekte auf; so wären elektromagnetische Geräte Störungen ausgesetzt, Pflanzen würden beschädigt und dergleichen mehr …

Nach der New-York-Konferenz von 1955 wurde das Thema »Elektrogravitation« plötzlich »totgeschwiegen«. Mit Sicherheit wurden aber unter dem Deckmantel militärischer Geheimhaltung die Forschungen fortgesetzt. Eine Studie über Elektrogravitationssysteme vom Februar 1956 beweist, daß sich nahezu alle großen Rüstungsunternehmen und Flugzeugherstellungsfirmen mit dieser Technik befaßten. Bezeichnend ist, daß gerade diese Studie, in der »Technischen Bibliothek« der Wright-Patterson-Air-Force-Base, dem Sitz des Lufttechnischen Nachrichtendienstes (ATIC) der US Air Force, »versteckt«, aufgefunden wurde.

Darin heißt es, daß inzwischen die meisten großen Firmen, wie Douglas, Glenn Martin, Lear Inc., Bell Aircraft und General Electric, Arbeitsgruppen gebildet haben, um elektrostatische und Elektrogravitationsphänomene zu studieren.

Ein leitender Ingenieur einer dieser Firmen stellte fest: »Schwerelose Flugobjekte und Antigravitationsantriebe könnten in der gleichen Zeit gebaut werden, die benötigt wurde, um die erste Atombombe herzustellen.« Kurz nach dieser öffentlichen Verlautbarung verfielen all die hier aufgeführten Firmen in geheimnisvolles Schweigen. Freiwillig oder gezwungenermaßen?

Das ultrakonservative Schweizer Luft- und Raumfahrtmagazin *Interavia* stellte damals dazu fest: »Ergebnisse von US-Experimenten, in die maßstabsgetreue Modelle elektrisch geladener Flugscheiben verwickelt waren, stellten sich so beeindruckend dar, daß sie als ›super geheim‹ klassifiziert wurden.«

Bis zum heutigen Tag immer noch als streng geheim eingestufte Elektrogravitationsprojekte werden in den USA und anderen Ländern mehr denn je in von der Öffentlichkeit abgeschirmten Anlagen durchgeführt.

Ein Bericht des aus dem Jahr 1990 in Los Angeles ansässigen Militär-Vertragspartners Science Application International Corp. analysierte die Methoden für potentielle Antigravitationsantriebsaggregate. Und ein Bericht von 1990 in *Aviation Week* schließt ein Interview mit Luft- und Raumfahrtingenieuren ein, die den Mut hatten, das Schweigen zu brechen und zu reden.

Sie gaben zu, daß »supergeheime« Schwarze-Welt-Projekte durchgeführt werden, und beschrieben einige elektrostatische Antriebsmethoden, an denen zu jener Zeit gearbeitet wurde. Einer von ihnen ließ wörtlich verlauten: »Sie sind sehr schwarz [das heißt, die Projekte wurden mit einem schwarzen Etat finanziert, der offiziell nicht existiert]. Davon abgesehen, wären mehr als zwanzig Stunden erforderlich, die Prinzipien zu erklären, die ohnehin nur wenigen verständlich wären.«

Recherchen haben ergeben, daß derzeit an Antigravitationsforschungsprojekten mit revolutionierenden Techniken und neuartigen Materialien aus High-Tech-Keramik – die Elementarteilchen in Rotation versetzt – und Supraleitern gearbeitet wird. So werden beispielsweise bei dem streng geheimen Delta-G-Projekt in Antigravitationsexperimenten rotierende Scheiben eingesetzt. Unter anderem sind die Firma Super Conductor Performance in Columbia, Ohio, und die NASA in Huntsville, Alabama, beteiligt.

Durch Gravitationsmanipulation beziehungsweise Erzeugung von Antigravitation könnte unter Umständen auch die Geometrie lokaler Raum-Zeit-Gebiete – eine wichtige Voraussetzung für Zeitreisen – dynamisch verändert werden. Es ist daher auch nicht weiter überraschend, daß immer wieder Gerüchte über Zeitexperimente amerikanischer oder russischer Wissenschaftler auftauchen.

Bedauerlicherweise erscheinen Berichte dieser Art aber meist in unseriösen, sensationell aufgemachten Magazinen und Büchern. Der Konsument dieser »Berichte« ist natürlich oft verunsichert, weil er nicht beurteilen kann, ob »etwas dran« ist oder nicht.

Ein klassisches Beispiel für diese Problematik ist das sogenannte Montauk-Experiment, an dem der herausragende Wissenschaftler Erich von Neumann beteiligt gewesen sein soll. Danach haben sich Dr. von Neumann und seine Mitarbeiter in den Forschungslabors von Brookhaven mit Zeitmanipulationsexperimenten beschäftigt. Es wird behauptet, daß um 1980 in einer ehemaligen Navy-Basis in Montauk geheime Experimente mit der Zeit in Angriff genommen wurden. Dieses sogenannte Montauk-Projekt hatte zum Ziel, bereits in der Gegenwart mit der Zukunft in Verbindung zu treten.

Die erste direkte Verbindung wurde angeblich 1980 durch die Erzeugung eines Raum-Zeit-Wirbels unter Einsatz gewaltiger Energie vollzogen, also der Weg in die Zukunft über einen hyperdimensionalen Tunnel geöffnet. Mensch und Materie sollen tatsächlich durch einen Zeittunnel geschickt und wieder zurückgebracht worden sein.

Märchen oder Science-Fiction? Höchstwahrscheinlich! Allerdings kann nicht ausgeschlossen werden, daß es auch in dieser Richtung Experimente gibt.

Ob es nun um Zeitreisehandlungen in Science-Fiction-Romanen beziehungsweise in -Filmen oder um Zeitreisemodellvorstellungen wissenschaftlicher Forschungsgruppen geht, es handelt sich im Prinzip immer nur um die Problematik der Zeitschleife: Können wir vergangene Ereignisse aufgrund von Erkenntnissen über zukünftige Entwicklungen nachträglich verändern, damit diese zukünftigen Entwicklungen nicht eintreten?

Die theoretischen Grundlagen für die Möglichkeit von Zeitreisen sind beeindruckend. Dagegen sprechen lediglich die Varianten des Kausalitätsparadoxons, das entsteht, wenn jemand eine Zeitreise in die Vergangenheit macht und dort etwas durchführt, was im Widerspruch zu seiner eigenen Lebensgeschichte und Erfahrung steht.

Die »Viele-Welten«-Theorie ist deshalb ein eleganter Ausweg, um die paradoxen Verwicklungen bei Zeitreisen zu vermeiden. Rekapitulieren wir noch einmal: Nach der nicht unumstrittenen »Viele-Welten«-Theorie ergibt sich mit der Verbindung zur Vergangenheit eine neue Parallelwelt, durch die das Paradoxon aufgelöst wird. Es entsteht kein Widerspruch alternativer Handlungsabläufe, sobald sie sich in Paralleluniversen tatsächlich vollziehen.

So gesehen sind Zeitreisen Reisen in Parallelwelten. In diesem Zusammenhang läßt sich Zeit also nicht mehr eindeutig als lineare Dimension festlegen, sondern als komplex verzweigtes Netz von Zeitpfaden. Beim Überwechseln auf einen parallel verlaufenden Zeitpfad werden zwei Auswirkungen und Informationen vom Ausgangsuniversum in ein abgespaltenes Paralleluniversum übertragen, die also nicht auf Ursachen vergangener Ereignisse der Parallelwelten beruhen.

Folgen wir der quantenmechanischen Auslegung von Hugh Everett, besteht kein Zweifel an der realen Existenz unzähliger Alternativwelten. Solange sie der Quantenphysik entsprechen, sind alle nur möglichen Szenarien vorhanden; als Konsequenz muß es in irgendeiner Welt auch bereits die Zeitmaschine geben.

Die »Vielen Welten« mit ihren unendlichen Varianten aller nur denkbaren Szenarien sind für die Menschheit Herausforderung und Hoffnung zugleich. Denn die Entscheidung, in welche zukünftige Welt wir vorstoßen wollen, liegt bei uns. So könnte die Menschheit in der einen Welt überleben, während sie in einer anderen durch eigenes Verschulden unterginge.

Die Katze lebt, die Katze ist tot!

Neugierde und Wanderlust haben dem Menschen Fortschritt und Rückschritt zugleich beschert. Warum brechen wir in den Weltraum auf, untersuchen fremde Welten, durchforsten das Universum mit Weltraumteleskopen und versuchen schließlich, die Zeit zu beherrschen? Offensichtlich haben wir keine andere Wahl, denn intelligentes Leben ist wohl von Natur aus neugierig, eine Eigenschaft, die sich im Zuge der Evolution als vorteilhaft erwiesen hat. Ohne diese Neugierde, diesen Wandertrieb, ohne unsere Fähigkeit, zu staunen und zu träumen, würden wir wahrscheinlich unser Dasein immer noch in kalten, feuchten Höhlen fristen, hätten keinen Stein zum Werkzeug geformt und die Flamme des Fortschritts nicht entfacht. Es ist die Neugier, die uns über den Horizont unserer Raum-Zeit hinauskatapultiert hat.

»Neunundneunzig Prozent unserer Geschichte haben wir Menschen als Jäger und Sammler verbracht«, äußerte der unlängst verstorbene Astronom und Exobiologe Dr. Carl Sagan einmal in einem Gespräch mit dem NASA-Direktor Dan Goldin.

»Wir wanderten und gingen dem Wild nach. Der Erkundigungsdrang ist uns angeboren. Sobald der ganze Planet – bis auf den Meeresboden – erforscht ist, finden wir in den anderen Planeten ein neues Forschungsziel. Dann ist da noch die Frage nach dem Ursprung des Lebens, dem Ursprung unseres Planeten, dem Ursprung der Natur und dem Geschick des Universums. Profunde Fragen, wie sie sich jede Gesellschaft auf die eine oder andere Weise stellt. Ich glaube, man müßte aus Holz geschnitzt sein, wenn uns diese Fragen nicht wenigstens etwas berühren würden ...«

Eine Frage bleibt allerdings immer noch unbeantwortet: Wo bleiben eigentlich die Zeitreisenden, wenn die Konstruktion von Zeitreisemaschinen sowie die theoretische Durchführbarkeit von Zeitreisen gewährleistet ist? Eine pessimistische Antwort auf diese Frage lautet, die Menschheit würde nicht lange genug existieren, um eine Zeitreisetechnologie zu entwickeln.

Weiterhin wäre darauf zu antworten, daß wir seit eh und je und bis heute immer wieder von Zeitreisenden aufgesucht wurden, die wir als solche aber nicht erkannt haben. Dann gäbe es auch die Möglichkeit, daß sie nicht unsere, sondern Parallelwelten besuchen. Doch ganz davon abgesehen, ist die Geschichte der Menschheit eine einzige Zeitreise – auf Zeit!

Dank

Theresia Brandstätter für ihre geduldige Arbeit am Computer; meiner Frau Elis für die noch größere Geduld im Laufe einer mehr als schwierigen Zeitreise – bis diese endlich bei meinem verständnisvollen Verlagsleiter, Peter E. Molden, und meinem Lektor, Elmar Kupsch, ihr Ziel erreichte.

Dank auch meinen Partnern und Freunden, die während dieser Zeit unter mir gelitten haben.

Glossar

ALH 84001:
Der vielleicht erste Beweis für die Existenz von außerirdischem Leben in Form eines Meteoriten vom Mars, der vor zwölftausend Jahren in der Antarktis in einer Eisregion mit der Bezeichnung Allen Hills niederging und 1984 durch eine Meteoritenexpedition der National Science Foundation entdeckt wurde.

Allgemeine Relativitätstheorie:
Die von Albert Einstein entwickelte Gravitationstheorie. Nach dem Grundgedanken dieser Theorie ist die Gravitation eine Folge der Krümmung des Raum-Zeit-Kontinuums.

Antimaterie:
Dieser Begriff beschreibt das physikalische, auf der Erde nicht vorhandene Gegenstück der normalen Materie. So bestehen zum Beispiel Antilithiumkerne aus drei negativ geladenen Antiprotonen und drei bis fünf Antineutronen. Für jedes Teilchen gibt es ein entsprechendes Antiteilchen. Gewisse vollkommen neutrale Teilchen, wie das Photon und das Meson, die ihre eigenen Antiteilchen verkörpern, bilden hier eine Ausnahme. Antimaterie setzt sich aus Antiprotonen, Antineutronen und Antielektronen – also Positronen – zusammen. Bei der Wechselwirkung mit gewöhnlicher Masse zerstrahlt Antimaterie.

Antiteilchen:
Elementarteilchen, aus denen sich die Antimaterie zusammensetzt und die nahezu die gleichen Eigenschaften haben wie die Elementarteilchen der Materie. Ein wesentlicher Unterschied liegt in der entgegengesetzten Ladung. Das Antiteilchen des Elektrons ist das Positron, das des Protons ist das Antiproton usw. Neutrale Teilchen wie das Photon sind ihre eigenen Antiteilchen. Wenn ein Teilchen und sein Antiteilchen zusammenstoßen, vernichten sie sich gegenseitig und verwandeln sich in Strahlung. Wir leben in einem Universum aus Materie. Antimaterie ist extrem selten: sie tritt nur in kosmischen Strahlen auf oder wird in den Hochenergieteilchenbeschleunigern erzeugt.

Astralreisen:
Ein Zustand, in dem der sogenannte feinstoffliche Körper seine leibliche Hülle verläßt, um sich bewußt zu den unterschiedlichsten Orten und Zeitperioden auf die Reise zu begeben.

Astrophysik:
Modernes Teilgebiet der Astronomie, das die physikalische und chemische Eigenschaft kosmischer Objekte erforscht.

ASW:
Außersinnliche Wahrnehmung.

Biosphäre:
Gesamtlebensraum der Erde.

Bootstrap-Theorie:
Eine aus der S-Matrix-Theorie abgeleitete Hypothese über die Beschaffenheit von Elementarteilchen. Danach ist keine

Teilchenart elementarer als die andere. Vielmehr entstehen sie alle in völlig demokratischer und selbstkonsistenter Weise. Das heißt, die Elementarteilchen bringen sich aus eigener Kraft (by their own bootstraps) in die Welt.

Calibi-Yau-Räume:
Diese sechsdimensionalen Räume entstehen, wie angenommen wird, wenn die zehn Dimensionen der Superstring-Theorie bis auf vier Dimensionen kompaktifiziert werden. Sie stehen auch in Beziehung zu Orbifold-Räumen.

Casimir-Effekt:
Der holländische Physiker Hendrik Casimir wies nach, daß zwischen zwei parallel angeordneten Metallplatten durch Quantenvakuumfluktuationen – mit anderen Worten: das Einschließen virtueller Photonen – ein winziger negativer Druck entsteht.

Chaos, deterministisches:
Bezeichnung für das irreguläre Verhalten eines nichtlinearen Systems, dessen zeitliche Entwicklung durch mathematische Gleichungen eindeutig beschrieben wird – determiniert ist. Die Lösungen dieser Gleichungen lassen sich aber in einer geschlossenen analytischen Form nicht angeben. Daher können vergangene oder zukünftige Zustände des Systems nicht beliebig angegeben werden. Die Zustände des Systems hängen von den Anfangsbedingungen ab. Die zeitliche Entwicklung von zwei beliebig nahe benachbarten Zuständen läuft exponentiell auseinander. Diese empfindliche Abhängigkeit der Lösungen von den Anfangsbedingungen zusammen mit der Tatsache, daß wir weder beliebig genau messen noch beliebig genau rechnen können, verhindert eine lang-

fristige Vorhersage des Verhaltens eines deterministisch chaotischen Systems.

Chaotische Inflation:
Nach neuesten Theorien hat sich unser Universum, neben vielen anderen, aus einer Art sprudelndem »Raum-Zeit-Schaum« in chaotischer Unordnung durch inflationäre Aufblähung gebildet.

Cherenkow-Strahlung:
Elektromagnetische Strahlung, die zum Teil im optischen Spektralbereich liegt und auftritt, wenn sich geladene Teilchen mit Überlichtgeschwindigkeit in einem Medium fortbewegen.

Chiralität:
Eine Bezeichnung für die fundamentale Händigkeit der Natur. Grundlegende Theorien über Elementarteilchen und über Superstrings müssen Chiralität besitzen.

Determinismus:
Der weltweite Glaube, daß eine Kenntnis der Naturgesetze sowie des Zustands eines Systems zu einem Zeitpunkt das Verhalten dieses Systems für alle Zeiten, Vergangenheit und Zukunft, eindeutig und genau berechenbar macht. Der Determinismus hatte seine Blütezeit im 18. und 19. Jahrhundert als Folge der großen Anfangserfolge der Newtonschen Mechanik bei der Beschreibung der unbelebten Natur.

Dichte:
Die Masse eines Stoffes pro Volumeneinheit. Energiedichte ist die Dichte pro Volumeneinheit. Dichte wird gewöhnlich in Gramm pro Kubikzentimeter angegeben.

Differentialrotation:
Eigenschaften eines Systems – etwa eines Sternensystems oder eines Schwarzen Lochs –, bei dem die äußeren Regionen eine andere Rotationsgeschwindigkeit haben als die inneren.

Dimension:
Art und Zusammensetzung einer physikalischen Größe aus Faktoren von Grundgrößen und deren Potenzen zu einem Produkt.

Diracsche Theorie:
Eine atomphysikalische Theorie, in der die theoretische Methode der Quantenmechanik mit den Lehren der speziellen Relativitätstheorie verbunden wird.

Doppler-Effekt:
Die Frequenzveränderung einer Welle, zum Beispiel des Lichts oder des Schalls, die durch eine relative Bewegung der Quelle und des Empfängers verursacht wird.

Druck:
Das Verhältnis zwischen der senkrecht auf eine Fläche wirkenden Kraft und der Größe der Fläche.

Dualismus Welle-Korpuskel:
Die Tatsache, daß Wellen auch Korpuskeleigenschaften zeigen und umgekehrt.

Einstein-Rosen-Brücke:
Die unmittelbare Passage von einem Teil des Universums zu einem anderen, also die Verbindung zwischen einem Schwarzen Loch zu einem zugehörigen Weißen Loch. Einstein und sein

Kollege Rosen erwähnten diese Art Brücken erstmals 1935. Inzwischen wurden sie durch andere Theoretiker bestätigt.

Elektron:
Das Elementarteilchen mit der geringsten Masse. Sämtliche chemischen Eigenschaften von Atomen und Molekülen beruhen auf den elektrischen Wechselwirkungen von Elektronen miteinander und mit den Atomkernen. Elektronen sind Elementarteilchen mit negativelektrischer Ladung. Ort und Geschwindigkeit eines Elektrons sind niemals genau meßbar. Nach der Heisenbergschen Unschärferelation sind unseren Erkenntnisfähigkeiten hier Grenzen gesetzt.

Der französische Physiker Jean Charon betrachtet das Elektron sogar als denkende Einheit, als Elementarteilchen mit Geist. Für Charon bildet das Elektron eine Art von Mikrokosmos, in dessen Innerem eine Unzahl masseloser Photonen gewissermaßen einen Gedächtnisspeicher verkörpern. Durch den Photonenspin wird das Elektron zum Lernen und Nachrichtenaustausch befähigt. Und nach Charon können je zwei Photonen im Elektron ihren Drehsinn ändern und so zum Datenspeicher werden.

Elektronen können sich gegenseitig durch den Austausch von Photonen Informationen und Erfahrungen zuleiten. Durch die Wanderung der Photonen von einem Elektron zum anderen erfolgt eine Vermittlung ihres Spinzustandes – also ihrer »Nachricht« – zum Empfängerelektron. So ziemlich alles um uns herum ist von Elektronen abhängig, auch das Leben wäre ohne sie nicht entstanden.

Elektroschwache Kraft:
Eine Vereinheitlichung von Elektromagnetismus und schwacher Wechselwirkung.

Elementarteilchen:
Grundbaustein der Materie und der Strahlung. Die Bedeutung des Begriffs »elementar« hat sich im Laufe der Zeit mit der Erweiterung unserer Erkenntnisse gewandelt. So galten Proton und Neutron einst als elementar, doch weiß man heute, daß sie sich aus drei Quarks zusammensetzen. Elementarteilchen sind zum Beispiel das Elektron, das Neutrino und das Photon.

Entartete Sterne:
Weiße Zwerge und Neutronensterne.

Entropie:
Ein Maß der Information. Wenn sich die Dinge abnutzen, nimmt Entropie zu, der Informationsgehalt ab. Ein Glas Wasser mit einem Eiswürfel darin enthält mehr Informationen und weniger Entropie als dasselbe Glas Wasser, wenn der Eiswürfel geschmolzen ist. Die stetige Zunahme der Entropie im ganzen Universum ist ein Grundmaß für den Ablauf der Zeit.

Ereignishorizont:
Im Makrokosmos: Umgebung eines kosmischen Schwarzen Lochs – ein Bereich, von dem aus keine Kommunikation mit der Außenwelt mehr möglich ist, weil die Fluchtgeschwindigkeit über der Lichtgeschwindigkeit liegen müßte. Rotierende Schwarze Löcher besitzen zwei Ereignishorizonte: einen inneren und einen äußeren. Ein Schwarzloch-Weißloch-Verbundsystem – auch Einstein-Rosen-Brücke genannt – besitzt somit vier Ereignishorizonte. Im Mikrokosmos: Randbereiche der rotierenden Mini-Schwarz- und Mini-Weißlöcher (analog zu den Makro-Verwandten).

Ergosphäre:
Bereich des Raums in der Nähe eines rotierenden Schwarzen Lochs, aus dem grundsätzlich Energie gewonnen werden kann.

Euklidische Geometrie:
Die Geometrie, wie wir sie in der Schule gelernt haben, bei der sich die Winkel eines Dreiecks zu hundertachtzig Grad addieren und Parallelen bis in die Unendlichkeit denselben Abstand zueinander beibehalten.

Explizite Ordnung:
Nach David Bohm die entfaltete Ordnung der für uns wahrnehmbaren, materiellen Welt.

Feld:
Hier handelt es sich um einen grundlegenden Begriff zur Beschreibung von Zuständen und Wirkungen im Raum.

Feldtheorie, einheitliche:
In Erweiterung der allgemeinen Relativitätstheorie versuchte Albert Einstein, die elektrischen, magnetischen und Gravitationsfelder von einem einheitlichen Standpunkt aus zu deuten.

Feynman-Diagramme:
Mit ihrer Hilfe berechnet man die Kräfte und Wechselwirkungen zwischen Elementarteilchen. Feynman-Diagramme sind wichtig für die S-Matrix. Ähnliche Diagramme findet man in der Twistor- und in der Superstring-Theorie.

Fraktal:
Ein Fraktal ist eine geometrische Struktur, deren Dimension nicht ganzzahlig ist. Denkt man sich die Struktur durch sehr

viele Punkte in einem n-dimensionalen Raum und legt man um einen Punkt der Struktur eine Kugel, so nimmt die Zahl der Punkte innerhalb dieser Kugel mit einer bestimmten Potenz des Durchmessers der Kugel zu. Ist der diese Skalierung beschreibende Exponent für alle Punkte gleich und nicht ganzzahlig, so wird die Struktur ein einfaches Fraktal genannt. Der Wert des Exponenten ist dann gleich der Dimension des Fraktals. Ist der Exponent für verschiedene Punkte unterschiedlich und nicht ganzzahlig, wird die Struktur als multifraktal bezeichnet.

Frequenz:
Anzahl der Schwingungen pro Zeiteinheit.

Friedmann-Modell:
Hier handelt es sich um ein mathematisches Modell der Raum-Zeit-Struktur des Universums, das auf der allgemeinen Relativitätstheorie und dem kosmologischen Prinzip beruht.

Fusion:
Der Vorgang, in dem sich leichte Atomkerne miteinander zu schweren Kernen verbinden und dabei Energie freisetzen. Energiequelle aller Sterne, auch unserer Sonne.

Galaxie:
Ein durch Schwerkraft zusammengehaltener Schwarm Sterne, wie zum Beispiel unsere Milchstraße. Eine typische Galaxie kann hundert Milliarden Sterne von der Größe unserer Sonne enthalten.

Galaxiengruppe:
Ansammlung von etwa zwanzig Galaxien, die durch Gravitation verbunden sind. Eine Galaxiengruppe ist etwa sechs

Millionen Lichtjahre groß und hat durchschnittlich eine Masse zwischen tausend und zehntausend Milliarden Sonnen.

Galaxienhaufen:
Dichte Ansammlung von mehreren tausend Galaxien, die durch Gravitation miteinander verbunden sind. Ihre durchschnittliche Größe beträgt sechzig Millionen Lichtjahre; ihre durchschnittliche Masse entspricht einigen Billiarden Sonnenmassen.

Galaxiensuperhaufen:
Ansammlung von Zehntausenden in Gruppen und Haufen zusammengefaßten Galaxien, die durch Gravitation verbunden sind. Superhaufen sind flach und pfannkuchenförmig und erreichen durchschnittlich eine Größe von neunzig Millionen Lichtjahren. Die Masse eines Superhaufens beträgt zehn Billiarden (10^{16}) Sonnenmassen.

Geodäte:
Kürzester Abstand zwischen zwei Punkten. Auf einer ebenen Fläche sind Geodäten gerade.

Geometrodynamik:
Durch die Verbindung der Quantentheorie und der allgemeinen Relativitätstheorie entwickelte Wheeler die Geometrie der gekrümmten Raum-Zeit – seine sogenannte Geometrodynamik.

Geonen:
Aus der Geometrodynamik von John Archibald Wheeler ergeben sich Raumquanten, die er Geonen nennt.

Geonenraumwand:
John Archibald Wheeler vergleicht unser Universum auch mit einem Kranz, auf dessen fester, gekrümmter Oberfläche, der sogenannten Geonenraumwand, auf der sämtliche Sterne und Galaxien angesiedelt sind; das Kranzloch symbolisiert den zeitlosen Hyperraum.

Geschlossene zeitähnliche Schleife:
Eine Reise durch Raum und Zeit, die an ihren Ausgangspunkt in Raum und Zeit zurückkehrt und deshalb zwangsläufig auf einem Teil eine Reise rückwärts in der Zeit einschließen muß. Diese Schleifen sind nach den Gesetzen der Physik nicht verboten.

Granny-Paradox, das:
Kausalitätsproblem. Wenn Großmutter als junges Mädchen (bevor sie schwanger wurde) versehentlich von ihrem zeitreisenden Enkel getötet wird, kann der Enkel offensichtlich nicht existieren – kann er aus diesem Grund auch die Zeitreise nicht durchführen und den Tod von Granny verschulden. Er müßte also doch geboren werden, um die Zeitreise unternehmen zu können etc. ... Durch die Parallelwelten-Hypothese würde dieses Paradoxon aufgelöst.

Gravitation:
Eine Eigenschaft der Raum-Zeit-Struktur, die durch die Masse eines Objekts verursacht wird.

Gravitationskonstante:
Die fundamentale Konstante in der Newtonschen und Einsteinschen Gravitationstheorie.

Gravitationsradius:
Radius der Fläche rings um ein Schwarzes Loch (Schwarz-schild-Horizont), aus der nichts entweichen kann.

Gravitationswellen:
Durch die Störung des Gravitationsfeldes – zum Beispiel durch Änderung des Orts oder Dichte der Masse – hervor-gerufene Wellen, die sich ausbreiten. Gravitationswellen, die sich aus den Einsteinschen Feldgleichungen ergeben, wurden in den siebziger Jahren in den USA mit einiger Sicherheit durch Professor J. Weber nachgewiesen.

Graviton:
Das noch nicht nachgewiesene Quant des Gravitationsfeldes in der allgemeinen Relativitätstheorie und der Quanten-theorie der Wellenfelder.

Große Vereinheitlichung:
Ein Versuch zur Vereinheitlichung aller Naturkräfte. Wäh-rend es ganz gut gelang, die Farbkraft, die zwischen Quarks wirkt, mit der elektroschwachen Kraft zu vereinheitlichen, stieß das Bemühen, die Gravitation einzubeziehen, stets auf Schwierigkeiten. Deshalb wurde die Große Vereinheit-lichung schließlich durch die Superstring-Theorie ersetzt.

Halbwertzeit:
Die Zeit, in der die Hälfte einer radioaktiven Substanz zer-fallen ist.

Hauptsätze der Thermodynamik:
1. Hauptsatz: Wärme kann als eine Energieform nur ver-
   wandelt, aber nicht vernichtet oder geschaffen werden; es

ist unmöglich, eine Maschine zu bauen, zum Beispiel ein Perpetuum mobile, die aus nichts Energie liefert.

2. Hauptsatz: Es ist unmöglich, eine Wärmemenge restlos in mechanische Arbeit umzuwandeln.

3. Hauptsatz: Der absolute Nullpunkt kann prinzipiell nicht erreicht werden.

Hawking-Strahlung:
Die von einem im Hawking-Prozeß verdampfenden Schwarzen Loch emittierte Strahlung.

Hawking-Verdampfung:
Die Art, in der ein Schwarzes Loch infolge von Quanteneffekten Energie abstrahlt.

Heisenbergsche Unschärferelation:
Die für die moderne Physik grundlegende Erkenntnis, daß Ort und Geschwindigkeit – genauer gesagt: der Impuls eines atomaren Teilchens – prinzipiell nicht gleichzeitig mit beliebiger Genauigkeit angegeben werden können, da ein Teilchen neben seiner korpuskularischen Natur auch Wellencharakter besitzt.

Holismus (griechisch: »holos« = ganz):
Ganzheitslehre nach Professor S. Moser. Alle psychischen, biologischen und physikalischen Vorgänge können danach in einem hierarchischen System aus einem universalen Ganzen abgeleitet werden.

Hologramm:
Das Prinzip des Hologramms besteht darin, daß man aus einem Teilbereich das Ganze reproduzieren kann. Hier: räumlich wirkendes (3D)-Gebilde; materiell erscheinende Projektion.

Hubble-Effekt:
Die Radialgeschwindigkeit eines Sternensystems, die durch
die Rotverschiebung im Spektrum festgehalten wird, hängt
mit der Entfernung der Galaxie zusammen. Das entsprechende Verhältnis zwischen Geschwindigkeit und Entfernung wird Hubble-Konstante genannt.

Hypnose:
Ein durch Suggestion herbeigeführter, schlafähnlicher Zustand, in dem der Hypnotisierte annehmbaren Suggestionen
bewußt Folge leistet.

Hypnotische Progression:
Die oder der Hypnotisierte wird geistig in die Zukunft versetzt.

Hypnotische Rückführung:
Die oder der Hypnotisierte wird in eine vorgeburtliche Existenz zurückgeführt.

Implizite Ordnung:
Ein Begriff, den der Physiker David Bohm geprägt hat, um
jene Art Ordnung zu beschreiben, die für die Quantentheorie typisch ist. Sie steht im Gegensatz zu den expliziten Ord-
nungen der Newtonschen Physik. Bohm glaubt, daß diese
implizite Ordnung von universeller, also nicht nur physika-
lischer Bedeutung ist.

Impuls:
Die Bewegungsgröße – das Produkt aus Masse und Geschwindigkeit eines Körpers.

Inertialsysteme:
Bezugssysteme, die im absoluten Raum ruhen oder relativ zu ihm geradlinig, gleichförmig bewegt sind; in denen also Trägheitskräfte ausschließlich proportional der Masse und Beschleunigung sind.

Inflation:
Phase zwischen der $10^{-35\text{ten}}$ und $10^{-32\text{ten}}$ Sekunde nach dem Urknall, in der das Universum besonders stark expandierte und seine Größe pro 10^{-34} Sekunden verdreifachte. Diese Inflation wird von den Vereinheitlichungstheorien der Kräfte vorhergesagt und auf die bei der Spaltung der elektronuklearen Kraft in die elektroschwache und die starke Kernkraft entstehende Energiespritze zurückgeführt.

Intergalaktischer Raum:
Der Raum zwischen den Galaxien bzw. dem Sternensystem.

Interplanetarischer Raum:
Der Raum zwischen den Planeten unseres oder eines anderen Sonnensystems.

Interstellarer Raum:
Der Raum zwischen den Sternen.

Interstellarer Staub:
Zwischen den Sternen ist der Weltraum nicht leer, sondern enthält extrem verdünnte Staubmassen und Gase.

Ionisation:
Erzeugung von Ionen durch Abspaltung und Anlagerung von Elektronen.

Isotherme Fluktuation:
Dichtefluktuation, bei der sich ausschließlich die Materiedichte verändert, während die Strahlung gleichförmig bleibt.

Isotropie:
Die dem Universum zugeschriebene Eigenschaft, daß es für einen typischen Beobachter nach allen Richtungen hin gleich aussieht.

Kaluza-Klein-Theorie:
Ein früher Versuch zur Vereinheitlichung von allgemeiner Relativitätstheorie und Elektromagnetismus durch Rückgriff auf fünf Dimensionen. Das elektromagnetische Feld ergibt sich durch Aufwicklung oder Kompaktifizierung der zusätzlichen Dimension. Als man anfing, höherdimensionale Theorien wie die Superstring-Theorie zu entwickeln, kam auch der Kaluza-Klein-Ansatz wieder in Mode.

Kausalität:
Die Kausalität (lateinisch »causa« = Grund, Ursache) verknüpft verschiedene Ereignisse über einen gesetzmäßigen Zusammenhang als Ursache und Wirkung. Das Kausalitätsprinzip sagt aus: keine Wirkung ohne Ursache.

Kausalitätsprinzip/Kausalgesetz:
Auf der Verknüpfung von Ursache und Wirkung beruhendes Gesetz. Über Raum- und Zeitgrößen sind in der Quantenmechanik nur statistische Aussagen möglich. Da in der Mikrophysik alles von der Beobachtungsart abhängt, werden Aussagen über die Kausalität prinzipiell unmöglich.

Kerrsches Schwarzes Loch:
Ein rotierendes Schwarzes Loch, das immer eine Ergosphäre aufweist. Nach dem Neuseeländer Roy Kerr benannt.

Klartraum:
Im Zustand des Klartraums weiß der Schlafende, daß er träumt, und kann den Ablauf seines Traums steuern.

Koch-Kurve:
Die Koch-Kurve ist eine in sich geschlossene fraktale Kurve. Sie schließt ein endliches Volumen ein, ist selbst aber unendlich lang. Die Koch-Kurve ist selbstähnlich, das heißt, sie sieht bei jeder Vergrößerung gleich aus.

Kompaktifizierung:
Das »Aufwickeln« von sechs der zehn Dimensionen der Superstring-Theorie.

Kosmische Strings:
Dünne Fäden aus ultradichter Energie, viel schmäler als der Kern eines Atoms, doch über riesige Entfernungen ausgedehnt; Überbleibsel aus dem Urknall, wahrscheinlich als gravitationsbedingte »Kondensationskeime« wirksam, aus denen Galaxien entstanden.

Kosmische Zensur:
Die Vorstellung, daß es ein Naturgesetz geben sollte, wonach jede Singularität von einem Ereignishorizont umgeben sein muß, so daß sie nie von außerhalb des Universums sichtbar ist. Die Vorstellung ist wahrscheinlich falsch.

Kosmologie:
Ein Zweig der Astronomie, der sich mit der Untersuchung der physikalischen und mathematischen Struktur des Universums als Ganzem befaßt.

Kosmologische Konstante:
Einsteins allgemeine Relativitätstheorie läßt auch im leeren Universum eine Raum-Zeit-Krümmung zu. Das Ausmaß dieser Krümmung gibt die kosmologische Konstante an. Nach neuesten Erkenntnissen muß sie Null sein, doch warum sich das so verhält, bleibt ein Geheimnis.

Lichtjahr:
Die Entfernung, die Licht in einem Jahr zurücklegt: 9,4605 Billionen Kilometer.

Lichtkegel:
Der in einem Minkowski-Diagramm von Lichtstrahlen darstellenden Linien umschlossene Bereich der Raum-Zeit. Ereignisse an einem Punkt in der Raum-Zeit lassen sich nur durch Ereignisse beeinflussen, die im eigenen Vergangenheitslichtkegel dieses Punktes eintreten, und sie können ihrerseits nur Ereignisse beeinflussen, die in ihrem eigenen Zukunftslichtkegel liegen.

Lorentz-Kontraktion:
Eine zuerst von Hendrik Antoon Lorentz zur Erklärung des Michelson-Versuchs angenommene Verkürzung – Kontraktion – bewegter Körper in Richtung ihrer Bewegung. Sie macht sich erst bei relativistischen Geschwindigkeiten bemerkbar.

Lorentz-Transformation:
Ein System von Gleichungen zur Umrechnung von Orts-
und Zeitkoordinaten eines Bezugssystems in diejenigen eines anderen, relativ zu ihm gleichförmig bewegten Bezugssystems. Die spezielle Relativitätstheorie beruht auf der Lorentz-Transformation.

Massenzunahme:
Die von der Relativitätstheorie geforderte und experimentell an Elementarteilchen nachgewiesene Zunahme der Masse eines sich sehr schnell fortbewegenden Objekts.

Meta-Universum:
Das Universum ist alles, über das wir je direkte Erkenntnisse erlangen können. Das Meta-Universum ist alles, was über
das Universum hinausgeht.

Minkowski-Diagramm:
Darstellung der drei Dimensionen des Raums und der einen
Dimension der Zeit in zweidimensionalen Graphiken; vom
Litauer Hermann Minkowski (1864-1909) entwickelt.

Morphogenetisches Feld:
Eine hypothetische Feldkraft, die für die Bildung sowie mögliche Regeneration der Form und Gestalt von Organismen
verantwortlich ist.

Multiversum:
Nach theoretischen Überlegungen ist unser Universum eine
gigantische Raum-Zeit-Blase, die vor etwa zwanzig Milliarden Jahren neben einer Unzahl anderer Universen entstanden ist.

Neutrino:
Elektrisch neutrales Teilchen, entweder masselos oder mit sehr kleiner Masse (je nachdem, welche Theorie zutrifft); entsteht bei manchen Kernreaktionen (auch beim umgekehrten Beta-Zerfall). Neutrinos reagieren praktisch nicht mit alltäglichen Materieformen und durchdringen die Erde.

Neutron:
Elektrisch-neutrales Teilchen mit etwa derselben Masse wie das Proton, kommt im Atomkern vor.

Neutronenkern:
Durch umgekehrten Beta-Zerfall kann es im Mittelpunkt eines entarteten Weißen-Zwerg-Sterns zur Bildung eines Neutronenkerns kommen.

Neutronenstern:
Sehr dichter, alter, ganz aus Neutronen bestehender Stern. Ein Neutronenstern ist praktisch ein einziger Atomkern, der etwa so viel Masse wie unsere Sonne in einer Kugel vom Volumen des Mount Everest enthält.

Nicht-Euklidische Geometrie:
Die Geometrie gekrümmter Flächen und des gekrümmten Raums, in der sich zum Beispiel die Winkel eines Dreiecks nicht zu hundertachtzig Grad addieren.

Nichtlinearität:
Nichtlinear heißt ein System, wenn es auf eine Eingabe (Änderung eines Parameters, Störung, Fluktuation) anders als direkt proportional reagiert. In der Natur sind praktisch alle Vorgänge nichtlinear.

Nukleon:
Oberbegriff für Protonen und Neutronen. Nukleonen bestehen aus Quarks.

Oppenheimer-Volkoff-Grenze:
Eine auf der Zustandsgleichung eines entarteten Sterns aufbauende Schätzung der höchsten Masse, die ein solcher Stern aufweisen kann, ehe er zu einem Schwarzen Loch kollabiert. Diese Grenze liegt nur bei einigen Sonnenmassen.

Proton:
Lichtquant. Kleinste vorkommende Menge der elektromagnetischen Strahlung.

Plancksche Skala:
Raum und Zeit sind vielleicht nicht stetig, sondern »gequantelt«, und deshalb gibt es eine kleinste Länge und eine kürzeste Zeit, die überhaupt von Bedeutung sind. Die Plancksche Zeit beträgt etwa 10^{-43} Sekunden, die Plancksche Länge rund 2 mal 10^{-33} Zentimeter (die Entfernung, die das Licht in der Planckschen Zeit zurücklegen kann), und die Plancksche Masse, also die Masse, die in einem Schwarzen Loch mit einem der Planckschen Länge entsprechenden Durchmesser enthalten wäre, beträgt 2 mal 10^{-5} Gramm. Das hört sich bescheiden an, bedeutet jedoch, daß die Dichte eines Planckschen Schwarzen Lochs 6 mal 10^{92} (eine sechs mit zweiundneunzig Nullen) Gramm pro Kubikzentimeter beträgt. Ein Proton hat einen 10^{20} mal so großen Querschnitt als ein solches Plancksches Schwarzes Loch.

Plancksches Wirkungsquantum:
Diese Plancksche Konstante mit dem Zeichen »h« ist eine fundamentale Naturkonstante von der Dimension einer Wirkung – Energie mal Zeit.

Plasma:
Neben den drei üblichen Zuständen – fest, flüssig, gasförmig – existiert eine vierte Erscheinungsform eines Stoffs, das Plasma; also eine Materie, deren Atome keine Elektronen mehr besitzen. Jede Substanz, die auf über zweiundzwanzigtausend Grad Celsius erhitzt wird, verändert sich in Plasma.

Positron:
Anti-Elektron. Ein Elementarteilchen, das dem Elektron entspricht, jedoch elektrisch positiv geladen ist.

Präkognition:
Vorherwissen durch außersinnliche Wahrnehmung.

Proton:
Ein positiv geladenes Teilchen, das neben dem Neutron in gewöhnlichen Atomkernen enthalten ist.

Pulsar:
Ein Neutronenstern, der in regelmäßigen Intervallen Energie-Impulse ausstrahlt.

Quant:
Die kleinste Menge von irgend etwas, die überhaupt existieren kann. Die Lichtenergie besteht zum Beispiel aus Quanten, den sogenannten Photonen, die man sich als Lichtteil-

chen vorstellen kann. Es gibt keine Lichtmenge, die mehr als nichts, aber weniger als ein Photon ist.

Quanten:
Bezeichnung für die kleinsten Energie-Einheiten, die bei mikrophysikalischen Vorgängen als Ganzes, zum Beispiel von Atomen, aufgenommen oder abgegeben werden.

Quanten-Geometrodynamik:
Geometrie der gekrümmten Raum-Zeit auf Quantenebene. Das Heimsche Modell der Quanten-Geometrodynamik umfaßt sechs Dimensionen (vier raum-zeitliche und zwei sogenannte Transkoordinaten).

Quantengravitation:
Ein allgemeiner Ausdruck, um die Versuche zur Quantisierung der Gravitation zu bezeichnen. Das Elementarteilchen des Gravitationsfeldes ist das Graviton.

Quantenmechanik:
Die Mechanik atomarer Teilchen, die sowohl die Teilchen- als auch die Wellennatur der Elektronen berücksichtigt. In den Bewegungsgleichungen der Quantenmechanik werden Energie, Impulse und Ortskoordinaten durch Matrizen bzw. durch Systeme von Differentialgleichungen ersetzt, aus deren Lösungen sich wiederum beobachtbare Größen, wie zum Beispiel Ladungsdichte, ableiten lassen. Die Heisenbergsche Unschärferelation ist hier von fundamentaler Bedeutung.

Quantensprung:
Nach den Erkenntnissen der Quantenphysik gehen die Elektronen spontan (sprunghaft) vom Anfangs- zum End-

zustand über, ohne dabei Zwischenzustände einzunehmen; sie springen übergangslos von einem Energieniveau zum anderen (hier jedoch nur im übertragenen Sinn zu verstehen).

Quantentheorie:
Eine Theorie, nach der Energie nicht gleichmäßig, sondern sprunghaft in Portionen entsteht.

Quark:
Elementarbaustein der Materie, angeblich in nichts Kleineres mehr aufzuspalten. Es gibt verschiedene Quarkarten; Protonen und Neutronen bestehen jeweils aus drei Quarks in bestimmten Kombinationen.

Quasar:
Energiereicher Kern einer aktiven Galaxie, im Universum wegen der intensiven Energieabstrahlung weithin sichtbar.

Raum-Zeit:
Einsteins spezielle Relativitätstheorie führte zu der Erkenntnis, daß sich Raum und Zeit geometrisch als verschiedene Facetten eines vierdimensionalen Ganzen, der Raum-Zeit, beschreiben lassen. In Einsteins allgemeiner Relativitätstheorie ist die Schwerkraft als von der Krümmung der Raum-Zeit verursachter Effekt beschrieben.

Raum-Zeit-Koordinaten:
Vierdimensionale Darstellungsform raum-zeitlicher Vorgänge.

Reinkarnation:
Wiedergeburt, Seelenwanderung. Nach der Reinkarnations-
Vorstellung gibt es ein Weiterleben nach dem Tod mit der
Konsequenz einer Wiederverleiblichung.

Relativitätstheorie:
Von Albert Einstein 1905 und 1916 begründete Theorie
über die Struktur von Raum und Zeit, die sich als relativ erweisen.

Remote Viewing:
Fernwahrnehmung von Objekten, Gedanken und Gesprächen auf weite Entfernung.

Resonanz:
Allgemein das Mitschwingen eines Systems bei einer peri-
odischen Anregung von außen. Dieses Mitschwingen ist besonders ausgeprägt, wenn die Anregungsfrequenz einer Ei-
genfrequenz des Systems entspricht.

Rotverschiebung:
Von einem fernen Objekt im expandierenden Universum
ausgehende Lichtwellen werden auf dem Weg zu uns ausgedehnt, weil sich der leere Raum ausdehnt, während sie
schon unterwegs sind. Rotes Licht weist eine größere Wel-
lenlänge auf als blaues Licht. Deswegen heißt die Erscheinung Rotverschiebung. Ein ähnlicher Effekt zeigt sich bei
Objekten, die sich mit hoher Geschwindigkeit durch den
Raum bewegen, wobei die Bewegung des Objekts von uns
weg die Lichtwellen, wie wir sie von ihm emittiert sehen,
ausdehnt. Aus einem Gravitationsfeld herauskommendes
Licht ist ebenfalls rotverschoben.

Schwarzes Loch:
Ein bis zur unendlichen Dichte kollabiertes Himmelsobjekt,
das mit großer Wahrscheinlichkeit aus unserem Universum verschwindet, aber einen rotierenden Schwerkraftstrudel hinterläßt. In dieser Region ist die Raum-Zeit-Struktur entartet. Mit
großer Wahrscheinlichkeit taucht die in dem Schwarzen Loch
verschwundene Materie in einem anderen Teil unseres Universums durch sein Pendant – Weißes Loch – wieder auf. Heute
vermuten einige Wissenschaftler in Quasaren Weiße Löcher.

Schwarzschild-Radius:
Ereignishorizont eines Schwarzen Lochs.

Selbstähnlichkeit:
Selbstähnlichkeit ist die Eigenschaft einer Struktur, bei jeder
beliebigen Vergrößerung stets wieder ähnliche Strukturen zu
zeigen. Beispiele für selbstähnliche Strukturen in der Natur
sind Bäume mit ihrer Verzweigung vom Stamm in Äste, von
Ästen in Zweige, in kleine Zweige und so fort. In der Mathematik gibt es eine Reihe selbstähnlicher Strukturen, die
alle fraktale Dimensionen haben.

Selbstorganisation:
Bilden sich in einem System ohne unmittelbaren Zwang von
außen im Laufe der Zeit Strukturen mit einem zunehmenden Grad an Organisation, so spricht man häufig von Selbstorganisation. Beispiele sind Muster bei chemischen Reaktionen, die Entstehung des Lebens.

Singularität:
Der mathematische Mittelpunkt eines Schwarzen Lochs, wo
die Dichte praktisch unendlich ist.

Spezielle Relativitätstheorie:
Das 1905 von Albert Einstein veröffentlichte revolutionäre Konzept über Raum und Zeit. Daraus ergibt sich, daß die Geschwindigkeit des Lichts, unabhängig von der Bewegungsgeschwindigkeit seiner Quelle oder der eines Beobachters, unverändert bleibt und niemals die maximale Grenze von rund dreihunderttausend Kilometern pro Sekunde überschreitet. Ein System, in dem sich Teilchen mit annähernd Lichtgeschwindigkeit fortbewegen, wird relativistisch genannt und muß nach den Regeln der speziellen Relativitätstheorie behandelt werden, nicht nach denen der klassischen Mechanik.

String:
Die ursprüngliche Überlegung, daß die Elementarteilchen als ausgedehnte, eindimensionale Objekte zu beschreiben sind, wurde als String-Theorie bezeichnet. Da die Enden der Strings mit Lichtgeschwindigkeit herumwirbeln, nannte man sie auch Lichtstrings. Spätere Versuche, die Spin-1/2-Fermionen in die String-Theorie einzubeziehen, führten zu der Bezeichnung »spinning«-Strings. Supersymmetrische Strings werden Superstrings genannt. Heterotische Strings verbinden Räume zweier unterschiedlicher Dimensionalitäten. Der Terminus String dient als Gattungsbezeichnung aller unterschiedlichen String-Spielarten, einschließlich der Superstrings.

Supernova:
Explosion eines sehr massereichen Sterns am Ende seines Lebens. Eine Supernova leuchtet für kurze Zeit so hell wie eine Galaxie von hundert Milliarden Sternen und hinterläßt einen Neutronenstern oder ein Schwarzes Loch.

Superraum:

Ein von dem amerikanischen Astrophysiker John Archibald Wheeler postuliertes Universum, das Seite an Seite mit unserem Universum existiert, in dem aber gänzlich andere physikalische Gesetze gelten. Zeit und Raum im üblichen Sinn haben dort ihren Wert verloren.

Tachyonen:

Hypothetische Teilchen, die sich nur mit Überlichtgeschwindigkeit fortbewegen.

Telepathie:

Gedankenübertragung. Das heißt, Erfassen seelischer Vorgänge eines anderen ohne Vermittlung durch Sinnesorgane.

Twistor:

Der Twistor ist ein Objekt ohne Masse, aber mit linearem Impuls und Drehimpuls. Er läßt sich durch ein Spinorenpaar definieren. Twistoren sind die Koordinaten des Twistorraums, aber sie haben auch eine geometrische Deutung in der Raum-Zeit. Twistoren mit der Helezität Null entsprechen Null-Linien, während allgemeinere Twistoren als Kongruenzen von Null-Linien darzustellen sind.

Uhrenparadoxon:

Aufgrund der Relativitätstheorie ergibt sich folgendes Paradoxon: Die sich mit nahezu Lichtgeschwindigkeit fortbewegende Mannschaft eines Raumschiffs würde nach ihrer Rückkehr auf die Erde jünger sein – also weniger Lebensjahre zählen – als zum Beispiel zur gleichen Zeit geborene Menschen, die auf der Erde geblieben sind.

Unbestimmtheitsprinzip, Heisenbergsche Unschärferelation:
Von dem deutschen Physiker Werner Heisenberg formulier-
tes Prinzip, nach dem es selbst mit den besten Meßinstru-
menten unmöglich ist, Geschwindigkeit und Position eines
Teilchens gleichzeitig beliebig genau zu messen; man bezeichnet dies auch als Unschärfe. Das Unbestimmtheitsprinzip gilt auch für die Energie eines Elementarteilchens mit
sehr kurzer Lebensdauer. Die Energieunschärfe ermöglicht
die Erscheinung virtueller Teilchen und Antiteilchen im
Quantenvakuum.

Unbewußte, das:
Inbegriff für alle Inhalte, die dem Bewußtsein nicht gegenwärtig sind: unbewußte physiologisch-körperliche Vorgänge, noch nicht oder nicht mehr Bewußtes.

Urknall:
Der Materie- und Strahlungsausbruch, in dem das Universum in einer Singularität (oder möglicherweise einem Gebilde in Planckscher Größenordnung) vor rund achtzehn
Milliarden Jahren entstanden ist.

Viele-Welten-Theorie der Quantenmechanik:
Hugh Everett und John Archibald Wheeler führten 1957 die
Hypothese der Existenz unendlich vieler orthogonaler, das
heißt dimensional versetzter Parallelwelten ein.

Virtuelle Teilchen:
Aus der Heisenbergschen Unschärferelation ergibt sich, daß
überall, selbst im leeren Raum, Teilchen für einen unglaub-
lich kurzen Zeitraum – für höchstens eine trilliardstel Sekunde – sozusagen aus dem »Nichts« (obwohl ein Nichts

natürlich nicht existiert) entstehen und vergehen. Bei diesen Teilchen handelt es sich um sogenannte virtuelle Teilchen.

Wasserstoff:
Das leichteste und häufigste chemische Element. Der Kern von gewöhnlichem Wasserstoff besteht aus einem Proton.

Weiße Löcher:
Sie sind das Pendant zu den Schwarzen Löchern. Im Gegensatz zu letzteren stoßen sie Materie und Energie aus.

Weißer Zwerg:
Alter Stern, in dem die Kernreaktion nicht mehr aufrechterhalten werden kann, da der Wasserstoffhaushalt aufgebraucht ist. Es bleibt ein Weißer Zwerg von Erdgröße mit der ungefähren Masse unserer Sonne übrig.

Weltlinie:
Linie in einem Minkowski-Diagramm, die die Lebensgeschichte eines Teilchens auf dem Weg durch die Raum-Zeit darstellt.

Wurmlöcher:
Winzige Öffnungen Schwarzer Minilöcher, die auftauchen und sich umgehend wieder schließen. Wahrscheinlich verkörpern sie Verbindungen zu den sogenannten Weißen Minilöchern. Nach hypothetischen Zeitreisemodellvorstellungen sollen Wurmlöcher durch Techniken der Aufrechterhaltung genutzt werden.

Zeitdilatation:
Mit diesem Begriff ist die Zeitdehnung in der speziellen Relativitätstheorie, entsprechend der Lorentz-Transformation, gemeint (siehe: Uhrenparadoxon).

Zufall:
Ein Ereignis heißt zufällig, wenn verschiedene Ereignisse möglich sind und kein feststellbarer Zusammenhang zwischen den Ereignissen besteht. Man kann daher nicht vorhersagen, welches der möglichen Ereignisse tatsächlich eintritt.

Literaturverzeichnis und Quellennachweis

Atwater, P. M. H.: *Future Memory*. New York 1996.

Barrow, John D./Frank J. Tipler: *The Anthropic Cosmological Principle*. Oxford 1986.

Bell, John S.: *Speakable and Unspeakable in Quantum Mechanics. Collected Papers on Quantum Physics*. Cambridge 1987.

Beloff, John: *New Directions in Parapsychology*. London 1974.

Blumenthal, Howard J./Dorothy F. Curley/Brad Williams: *Führer für Zeitreisende. Touristik-Informationen für Reisende in die 4. Dimension*. Essen 1994.

Bohm, David: *Die implizierte Ordnung. Grundlagen eines dynamischen Holismus*. München 1985.

Bohm, David/J. Bub: »A Proposed Solution for the Measurement Problem in Quantum Mechanics by Hidden Variable Theory.« In: *Reviews of Modern Physics*, Nr. 38, 1966.

Bohm, David/David F. Peat: *Das neue Weltbild Naturwissenschaft, Ordnung und Kreativität*. München 1990.

Bouslough, John: *Masters of Time*. New York 1992.

Brennan, J. H.: *The Astral Projektion Workbook*. Wellingborough 1989.

Brennan, J. H.: *Time Travel, A New Perspective*. St. Paul, Minnesota, 1997.

Buttlar, Johannes v.: *Das Ufo-Phänomen*. München 1978.

Buttlar, Johannes v.: *Die Einstein-Rosen-Brücke*. München 1982.

Buttlar, Johannes v.: *Unsichtbare Kräfte*. München 1985.

Buttlar, Johannes v.: *Sie kommen von fremden Sternen*. München 1986.

Buttlar, Johannes v.: *Supernova*. München 1988.

Buttlar, Johannes v.: *Zeitriß*. München 1989.

Buttlar, Johannes v.: *Drachenwege*. München 1990.

Buttlar, Johannes v.: *Adams Planet*. München 1991.

Buttlar, Johannes v.: *Gottes Würfel*. München 1992.

Buttlar, Johannes v.: *Die Wächter von Eden*. München 1993.

Buttlar, Johannes v.: *Terraforming*. München 1995.

Buttlar, Johannes v.: *Die Außerirdischen von Roswell.* Bergisch Gladbach 1996.

Buttlar, Johannes v.: *Leben auf dem Mars.* München 1997 (ergänzte Neuauflage).

Buttlar, Johannes v.: *Mars the New Earth.* Quest 1997.

Chapman, Barry: *Reverse Time Travel.* London 1996.

Clark, Ronald W.: *Albert Einstein.* München 1974.

Coveney, Peter/Roger Highfield: *The Arrow of Time. A Voyage through Science to Solve Time's Greatest Mystery.* London 1990.

Davies, Paul C. W.: *The Physics of Time Asymmetry.* London 1974.

Davies, Paul C. W.: *About Time: Einstein's Unfinished Revolution.* New York, London 1995.

Deutsch, David: »Quantum Theory, the Church-Turning Principle and the Universal Quantum Computer.« In: *Proceedings of the Royal Society,* London, S. 97-117.

Deutsch, David: *The Fabric of Reality.* London 1995.

Drake, Frank/Sobel, Dava: *Signale von anderen Welten. Die wissenschaftliche Suche nach außerirdischer Intelligenz.* Essen 1994.

Feinberg, Gerald: »Precognition: A Memory of Things Future?« In: *Conference of Quantum Physics and Parapsychology,* 1. August 1974.

Feynman, Richard: *QED: The Strange Theory of Light and Matter.* Princeton (New Yersey) 1985; London 1990.

Fraser/Gordon/Lillest: *The Search for Infinity.* New York 1994.

Friedman, Stanton T.: *Top Secret. Die Akte Majestic-12.* Essen 1997.

Gardner, Martin: »On the Contradiction of Time Travel, Mathematical Games.« In: *Department-Scientific-American,* Mai 1974.

Gardner, Martin: *Time, Travel and Other Mathematical Bewilderments.* New York 1988.

Glashow, Sheldon: »Desperately Seeking Superstrings.« In: *Physics Today,* Mai 1986, S. 7-9.

Glashow, Sheldon/Ben Bova: *Interaction.* New York 1988.

Gleick, James: *Chaos – Making a New Science.* London 1988.

Gleick, James: *Genius. The Life and Science of Richard Feynman.* New York 1992.

Goldwirth, D. S./M. J. Piran/T. Perry (Hg.): *General Relativity and Gravitation,* Bd. 25, Nr. 1, 1993.

Gribbin, John: *Timewarps.* London 1979.

Gribbin, John: *In Search of Schrödinger's Cat. Quantum Physics and Reality.* Toronto 1984; New York, London 1986.

Gribbin, John: *Jenseits der Zeit.* Essen 1994.

Guth, Alan H.: »Inflationary Universe.« In: *Physical Review*, 1981, Bd. 23, S. 347.

Halpern, Paul: *Time Journeys. A Search vor Cosmic Destiny and Meaning.* New York 1990.

Harrison, Albert A.: *After Contact.* New York 1997.

Hawking, Stephen William: *A Brief History of Time. From the Big Bang to Black Holes.* London 1988.

Hawking, Stephen William: *Black Holes and Baby Universes.* New York 1993.

Heffern, R.: *Time Travel: Myth or Reality.* New York 1977.

Hesemann, Michael: *Geheimsache U.F.O.* Neuwied 1994.

Hopkins, Budd: *Witnessed.* New York 1996.

Kaku Michio/Jennifer Trainer: *Die Suche nach der Theorie des Universums.* Frankfurt/Main, Leipzig 1993.

Kaufmann, William J.: *The Cosmic Frontiers of General Relativity.* Boston 1977; London 1979.

Kübler-Ross, Elisabeth: *Sehnsucht nach Hause.* Güllesheim 1997.

Lindlay, David: *The End of Physics.* New York 1993.

Mack, John E.: *Entführt von Außerirdischen.* Essen 1995.

Macvey, John: *Time Travel. The Prospect of Travelling Through Time.* Scarborough 1988.

Matthews, Paul T.: *Introduction to Quantum Mechanics.* London 1974; Maidenhead 1985.

Monroe, Robert A.: *Journeys out of the Body.* Garden City 1971.

Morfill, Gregor/Herbert Scheingraber: *Chaos ist überall und es funktioniert.* Berlin 1991.

Morris, Michael S./Kip S. Thorne/Ulvi Yurtsever: »Wormholes, Time Machines and the Weak Energy Condition.« In: *Physical Review Letters*, Nr. 13, 1988.

Morris, Michael S./Kip S. Thorne/Ulvi Yurtsever: »Was war vor dem großen Knall?« In: *Der Spiegel*, Nr. 42, 1988.

Morris, Michael S./Kip S. Thorne/Ulvi Yurtsever: »The Search for the Beginning of Time.« In: *The New York Times Magazine*, New York, 11. Februar 1990.

Morris, Michael S./Kip S. Thorne/Ulvi Yurtsever: »Die Zertrümmerung der Zeit.« In: *Der Spiegel*, Nr. 45, 1991.

Morris, Richard: The Fate of the Universe. New York 1982.

NASA Fact Sheet: Space Exploration. Voyages to Other Worlds. Dezember 1990.

NASA Fact Sheet: Mars Observer. Juli 1992.

NASA: High Resolution Microwave Survey. März 1993.

NASA Information Summaries, September 1990: Living and Working on the New Frontier; June 1991: Our Solar System at a Glance.

NASA: S.E.T.I., Search for Extraterrestrial Intelligence. 1993.

Oppenheimer, Julius Robert/H. Snyder: »On continual gravitational Contraction«. In: *Physical Review*, 1939, Nr. 56, S. 455-459.

Parker, Barry R.: *Time Travel. A Cosmic Time Travel.* New York 1991.

Peat, David F.: *Superstrings*, Hamburg 1989.

Peat, David F.: *Der Stein der Weisen.* Hamburg 1992.

Penrose, Roger: »Gravitational Collaps and Space-time Singularities.« In: *Physical Review Letters*, 14, 1965, S. 57 ff.

Penrose, Roger: *The Emperor's New Mind.* Oxford 1989.

Penrose, Roger: *Computerdenken.* Heidelberg 1991.

Penrose, Roger: *Shadows of the Mind.* Oxford 1994.

Penrose, Roger/Wolfgang Rindler: *Spinors and Space-time*, Bd. 2. Cambridge University 1986.

Prigogine, Ilya/Isabell Stengers: *Order out of Chaos.* London 1984.

Randles, Jenny: *Time Travel-Fact, Fiction and Possibility.* Blandford 1994.

Redmount, Ian: »Wormholes, Time Travel and Quantum Gravity.« In: *New Scientist*, 28. April 1990.

Rindler, Wolfgang: *Essential Relativity. Special, General, and Cosmological.* Dallas (Texas), New York 1969.

Rucker, Rudy: *The Fourth Dimension and How to Get There.* New York 1985.

Schmidt, Helmut: »Quantum-mechanical Random-Number Generator«. In: *Journal of Applied Physics*, Nr. 91, 1970.

Schnabel, Jim: *Geheimwaffe Gehirn.* Essen 1998.

Schwinger, Julian: *Einstein's Legacy.* New York 1986.

Sciama, D. W.: *Modern Cosmology.* Cambridge 1973.

Sheldrake, Rupert: *Das Gedächtnis der Natur.* Bern 1990.

Sheldrake, Rupert: *Die Wiedergeburt der Natur.* Bern 1991.

Sheldrake, Rupert/T. McKenna/R. Abraham: *Denken am Rande des Undenkbaren.* Bern 1993.

Shostak, Seth: »The New Search for Intelligent Life«. In: *Mercury*, Juli/August 1992, S. 115.

Smoot, George: *Wrinkles in Time.* London 1995.

Snow, Chet B.: *Zukunftsvisionen der Menschheit.* Genf 1991.

Sobel, Dava: »The Search for a Real E.T.« In: *Life*, 1992, S. 61.

Talbot, Michael: *Das holographische Universum.* München 1992.

Targ, Russell/Harold Puthoff: *Jeder hat den sechsten Sinn.* Köln 1977.

Thompson, Damian: *The End of Time.* London 1996.

Thompson, Richard L.: *Begegnungen mit außerirdischen Intelligenzen.* Essen, München 1997.

Tipler, Frank: *The Physics of Immortality.* London 1995.

Walker, J. A./R. P. Feynman: »The Quantum Theory of Psi Phenomena.« In: *Psychoenergetic Systems,* Nr. 3, 1979.

Walter, William I.: *Space Age.* New York 1992.

Weinberg, Steven: *Der Traum von der Einheit des Universums.* München 1993.

Whitrow, G. J.: *The Nature of Time.* New York, London 1973.

Wilber, Ken (Hg.): *Das holographische Weltbild.* Bern 1986.

Will, Clifford: *Was Einstein Right?* New York 1986.

Wright, Robert: »Science, God and Man.« In: *Time,* Dezember 1992.

Register

Atlantis

Lucia Pavesi · Stefano Siccardi

Die magische Kraft der Pyramiden

Seit ihrer Errichtung haben die Pyramiden die Menschen fasziniert. Doch welche Geheimnisse, welche Mysterien bewahren sie wirklich? Ist es möglich, von der magischen Kraft der Pyramiden zu profitieren?
Jahrelang erforschten die Autoren die Energie dieser Bauwerke. Sie entdeckten deren geheimen Kräfte, wie man sie richtig nutzt und wie man sich der Pyramide anvertrauen kann, um Wünsche zu erfüllen, Schutz, Entspannung, Gedanken- oder Meditationskraft zu erhalten oder um Glücksbringer »aufzuladen«, denn anscheinend sind die Pyramiden mit den großen Kräften des Universums verbunden.
Dieses Buch zeigt Ihnen, wie Sie Schritt für Schritt dahin kommen, alle Wohltaten einer jahrhundertealten Form zu nutzen.

ISBN 3-404-70157-7

Atlantis

Luigi Ranieri
Die Loge
Macht und Geheimnis
der Freimaurer

Schon in ferner Vergangenheit finden sich Spuren der
Freimaurerei und begleiten den Lauf der Geschichte
bis heute. Wie ist diese Geheimgesellschaft entstanden?
Wie hat sie sich ausgebreitet? Wie wirkt sie? Und wer
sind die Freimaurer eigentlich, zu denen Persönlichkeiten wie Abraham Lincoln, Napoleon Bonaparte,
Goethe, Mozart und Wagner gehörten?
Luigi Ranieri schildert die Legenden und Mythen, die
sich um die Freimaurerei gebildet haben. Er erzählt
aber auch von den Gesetzen, Riten und Einweihungs-
traditionen dieses so mächtigen Geheimordens. Zum
Schluß gibt er denen, die selbst Freimaurer werden
möchten, wertvolle Hinweise.

ISBN 3-404-70159-3

BASTEI
LÜBBE

ATLANTIS

Penny McLean
Das unsichtbare Dritte
Das Geheimnis
menschlicher Energiefelder

Jeder Mensch erzeugt durch sein Verhalten ein spiri-
tuelles Energiefeld, das sich auf ihn selbst beziehungsweise auf seine Umwelt positiv oder negativ auswirkt.
Wenn aus den Energiefeldern einzelner Individuen
Mischfelder entstehen, tritt jenes »unsichtbare Dritte«
auf den Plan, das zu Chaos, aber auch zu Erfüllung und
Glück führen kann.
Penny McLean lehrt, wie man – vor allem in der Part-
nerschaft – das »unsichtbare Dritte« erfährt, es positiv
einsetzen kann und somit der Manipulation von innen
und außen entgeht. Mit dieser Erkenntnis läßt sich
auch mit der Liebe besser umgehen, so daß man die
damit verbundenen Ängste und Komplikationen vergessen kann. Es eröffnen sich neue Möglichkeiten des
Verstehens und des Vertrauens.

ISBN 3-404-70158-5

BASTEI
LÜBBE